ベスト パートナーの 対話術

After the Affair

Healing the Pain
and Rebuilding Trust
When a Partner Has Been Unfaithful
[Third Edition]

Janis Abrahm
Michael Sprin

ジャニス・エイブラムズ・スプリング / マイケル・スプリング 著

永井二菜 訳

私の良き理解者、アーロン、マックス、マイケルに捧ぐ

はじめに

私はカップル向けのセミナーを始めたばかりのころ、最後の十五分間を不倫について話し合う時間にあてていました。そのときに分かったのは、不倫問題から立ち直ろうとしているカップルに向けた著作物がほとんどないということです。そこで私は、セミナーのテーマや、カウンセラーとしての専門をこの分野に絞ることにし、やがてこのような本を書くことになりました。

執筆を決めたときの反響はさまざまでした。クライエントや同業者からは「それはいい。いつ書店に並ぶの？」と聞かれ、友人たちには「おめでとう。出版記念パーティをやろう」と激励されました。

しかし、出版社や編集者からは「そういう本を望む声はあるが、実際に購入する勇者はいるんだろうか」という懸念の声も相次ぎました。

不倫というテーマが、自分たちの結婚生活を混乱させると考えたのでしょう。「うちの夫婦は順調にいっている。こういう題材に波風を立ててもらいたくない」と、ある編集者に言われたこともあります。最終的には無事に出版元が決まり、夫のマイケルが執筆を手伝ってくれることになりました。

クライエントや知人から体験談を聞くうちに、それぞれが不倫という危機にどう対処して乗り切ったのか、あるいは乗り切れなかったのかが見えてきました。胸の内を正直に詳しく打ち明けてもらったおかげで、心情の変化や癒しのプロセスを体系化できたのです。

私を指導してくださった恩師や同僚に感謝します。大学院を出たばかりのころ、認知療法の第一人者であるアーロン・T・ベック教授に認知療法センターを見学させていただきました。そこでクライエントの話に口を挟むタイミングや見解を正すタイミングを習得できたのです。面談療法の模範を示していただいたおかげで、一人前の臨床心理士になれました。

また、デイビッド・D・バーンズ教授にご指導をいただいたことも幸いでした。教授はクライエントの自己回復力を引き出す方法を、ユーモアとウィットを交えて伝授してくださいました。

そして、ジェフリー・ヤング教授。ヤング教授は既存の療法を活用しながら、認知療法の応用範囲を難治の精神疾患にまで拡大した功績をお持ちです。本書の監修にあたってはセクションごとに原稿をチェックしていただき、幼少期の影響について詳細なアドバイスをいただきました。

リチャード・スチュアート、ニール・ジェイコブソン、ノーマン・エプスタイン、ドン・ボーコム、クリス・パデスキー、デイビッド・ブリッカーの各教授の教えは、認知行動療法を夫婦問題に応用するときに役立ちました。

また、インターネット絡みの不倫問題やセックス依存症についてはキャスリン・ハートライン、キンバリー・ヤングの両教授にお世話になりました。

文献のリサーチにあたっては、ウェストポート市立図書館のクレアー・クウィグリー、ノース・カロライナ大学のクリスティーナ・クープの協力を得ました。

本書の売れ行きが疑問視されるなかで、私を支え、励ましてくれたのがエージェントのクリス・トーマシノ。原稿の一字一句にまでチェックを入れ、的確なアドバイスをくれました。アシスタントのジョナサン・ダイアモンドも全力を尽くしてくれました。ハーパーコリンズの担当編集者で、丁寧な指導をしてくれたピーターネル・バン・アーズデイルとジャネット・ゴールドスタイン、広報担当のクリオ・マニュエリアン、校閲担当のクリステン・オークレアーにもこの場を借りてお礼を申し上げます。

第一版からお世話になったゲイル・ウィンストンは友人として、また編集者として私を支えてくれました。マヤ・ジブ、アリシア・タン、アシスタントの皆さん、そしてダイアン・バローズにも多大な尽力をいただきました。

そして、私の家族へ。

両親のドリー&ルイス・リーフは苦労をしながら私に最高の教育を受けさせてくれました。自己主張の大切さを教えてくれたのもこのふたりです。兄のジョエルは私をいたわり、見守ってくれました。

義理の息子デクランとエバン。あなたたちの利発さと、パソコンの前を離れて一緒に過ごした楽しいひとときに感謝しています。息子のマックスとアーロン。あなたたちは私の太陽であり、生きがいです。ふたりの母親であることに幸せを感じます。

最後に、夫のマイケルへ。一緒に本を書くなんて、これほど親密な共同作業があるかしら。あなたの徹底したプロ意識と明晰な頭脳には脱帽（そして嫉妬）しました。パソコンの前で言い回しやアイデアに激論を闘わせた日々はいい思い出になるでしょう。執筆に多くの時間を割いてくれたことに、そしてあなたの素晴らしい人柄に感謝します。おかげで無事に、この本を書き終えることができました。

目次

プロローグ　カップルは本当に不倫問題を乗り切れるのか？

臨床心理士として悩めるカップルを四三年間指導してきた立場から、私は「乗り切れる」とお答えします。ただし、条件があります。それぞれが自分と相手に正面から向き合い、この難局を乗り切るためのスキルを身につけなくてはいけません。

そのためにも、苦しんでいるのは自分だけではないと知ってほしいと思います。ある調査によると、既婚男性の実に三七％、既婚女性の二〇％に不倫の経験があるとか。配偶者に嘘をつく人が、アンケートに正直に回答するとは考えにくいので、正確な数字は不明です。しかし、少なくともアメリカでは二・七組に一組のカップル（二一〇〇万人以上）が不倫問題を経験したと考えて間違いないでしょう。

不倫の定義

不倫とは、性交でしょうか。では、キスは？　食事をともにすることは？

結局、何をもって不倫とするかはあなたの一存にかかっていますから、個人的な見解は控えたいと思います。何を違反と見なすのかは、どんな約束を交わしたのか（あるいは交わさなかったのか）によって異なります。しかし、配偶者が第三者と肉体関係を持った場合、それが一回限りの火遊びであれ、愛情が絡んだ長期の関係であれ、ほとんどの人が不倫と見なすでしょう。

その一方で、ハグをしたり、きわどいメールを送信したりといった親密な行為を不貞と考え、脅威に感じる人も少なくありません。五年前、私のクライエント（来談者）のシャロンは自分のセミヌード写真を昔のボーイフレンドに送信しました。二人のあいだにそれ以上のことは起きませんでしたが、この事件以来、シャロンの夫は妻の非常識な行いを忘れられずにいます。

この第三版では新たなセクションを設け、今まで紹介しきれなかったカップルの悩みを取り上げます。クライエントから実際に受けた相談と具体的な回答を記しました。

あえて明言を避けている事柄

1．不倫の是非

不倫は当事者にとって天国、そのパートナーにとって地獄、ふたりにとって爆弾です。不倫を容認しているカップルは別として、長期の不倫はパートナーとの関係に頑固なしこりを残すため、愛情や信頼の回復が困難になります。あなたが不倫の当事者であり、本気でパートナーとやり直すつもりなら、愛人とはきっぱり手を切るべきです。

2．加害者と被害者の区別

カップルのあいだに起きた問題は、どちらにも相応の責任があります。責任を押しつけ合うのではなく、不倫という事態を招いた責任はそれぞれにあることを自覚し、信頼関係の回復に向けて変わる努力をしてください。同等の責任を負えとは言いませんが、不倫の当事者はどちらか一方ですから。ただ、第三者につけ入るすきを与えたことについては、どちらにも反省する余地があります。

3．離別か復縁かの判断（不満があるなら即離婚、何があっても離婚は回避すべきといった助言）

その代わり、判断の材料を提示していきたいと思います。なぜ愛人との関係を解消するのか、しないのか。なぜパートナーとやり直すのか、やり直さないのか。結論を出すには、慎重の上にも慎重を重ねなければいけません。一時の感情に流されることは避けてください。

表現上の注意

文中では一貫して**傷ついたパートナー**、**不実なパートナー**という表現を使います。傷ついたパートナーとは「一対一を前提とした愛情関係において、その前提を無効にされた側」を指します。不実なパートナーは「不倫の当事者」です。

この表現に決めるまで、かなり悩みました。不実なパートナーも傷ついている場合があるからです。しかし、一般的には不倫をされた側のほうが大きな痛手を受けます。

だましたパートナー、**だまされたパートナー**という言い方を避けたのは、一方のパートナーだけを悪者にしかねないからです。そんなケースはまったくと言っていいほどありません。また不実なパートナー

（＊１）こんな人に読んでほしい

● **不倫問題が原因で配偶者や恋人と別れた人**
立ち直るきっかけが欲しい、破局の原因と責任の所在を明らかにしたい

● **不倫に対する理解を深めたい人**
両親の不倫問題を見てきたので、同じ轍《てつ》を踏まないようにしたい

● **不倫願望のある人**
取り返しのつかない行動に出る前に、願望が生じた理由を知りたい

● **パートナーの不倫を疑っている人**
疑いを本人に直接ぶつけることができない

● **不倫以外の問題を抱えているカップル**
コミュニケーションの問題など

● **倦怠期を迎えたカップル**
倦怠期に起きやすい不倫を防ぎたい

が関係を持った相手を**愛人**、または**不倫相手**としました。前者は不実なパートナーに向けた記述のなかで、後者は両パートナーに向けた記述のなかで使用します。両者を使い分けることにしたのは、**愛人**という表現にロマンチックな響きがあるため、傷ついたパートナーを不快にさせてしまうと考えたからです。

対象とする読者

主な対象は、不倫問題を乗り越えて、やり直したいと考えているカップル。夫婦はもちろん、同性のカップルや、同居中のカップルも含まれます。

また、傷ついたパートナー、不実なパートナーに関する記述には同じ比重を置くつもりです。このほかに対象としているのは上（＊１）のとおりです。

三つのステップ

本書は次ページのような三つのステップ（これを地雷原と呼ぶ人もいますが）で構成されています。

本書では不倫が発覚していることを前提に話を進めますが、そうでないケースもあると思います。エピローグでは、不実なパートナーに向けて、不倫を告白すべきかどうかを検討していきます。告白するにせよ、しないにせよ、パートナーとの関係をリセットすることはできます。

不倫問題はひとつの警告かもしれない

不倫問題を蒸し返したら、苦悩や失望が大きくなると考える人もいるでしょう。壊れかけた関係に背を向けるのはもっとも手っとり早い解決法かもしれませんし、希望だけを頼りに未来を模索する手間もかかりません。しかし、それでは人間として成長する機会を逃してしまいます。人生や愛や自分自身について学ぶこともなく、やり直しに向けた努力が報われる瞬間にも出会えません。

不倫問題に苦しみながらも、パートナーと生きることを選び、責任を分かち合い、信頼と愛情の回復に向けて努力する――本書は、そんな覚悟と勇気を持ったふたりに、きっと役立つと思います。

関係を修復するなかで、不倫は単なる苦い経験ではなく、ひとつの警告だったことに気づくでしょう。不倫という爆弾によって、もろかった関係がリセットされ、今まで以上に健全で成熟したパートナーシップが構築される可能性もあります。試練を迎えた今こそ、ふたりの絆の強さが問われます。どうか関係

本書の構成

ステップ1　現在の心理状態をつかむ

不倫が発覚したら、どちらのパートナーも平常心ではいられなくなります。傷ついたパートナーは深い喪失感に、不実なパートナーは矛盾した思いに圧倒されるはずです。各パートナーの心理状態を言葉にしますので、今の自分は決して異常ではないこと、ほかにも同じ苦しみと動揺を経験した人が大勢いることを理解してください。

▼

ステップ2　やり直すかどうか、決断する

結論を出す前に迷いや不安と向き合う必要があります。さまざまな選択肢を比較検討して初めて、悔いのない冷静な決断ができるのです。自分の恋愛観、結婚観にゆがみはないか、この気持ちは本物なのか、パートナーは自分にふさわしい伴侶なのか、一緒に考えていきましょう。

▼

ステップ3　パートナーとの再出発

やり直しを決意したら、数カ月あるいは数年がかりで信頼と絆を立て直していくことになります。そのための方法を紹介しますので、次ページの項目（＊2）を実現させましょう。

（＊２）再出発のために実現したいこと

- 不倫問題の背景を探り、自分なりの責任を受け入れる
- 不倫相手との決別
- パートナーの信頼を取り戻す、パートナーを再び信頼できるように要望を伝える
- パートナーの理解と共感を得る話し方、パートナーに心を開いてもらえる聞き方を身につける
- それぞれが抱える不満、見解の違いを受け入れ、強い愛情が通わない時期でも心が離れないように努力する
- トラウマの影響を考える
- 性生活の再開
- パートナーと自分を許す

の立て直しに向けて再出発してください。この難局を乗り切り、ふたりで何を築いていけるのか試してほしいのです。

私は三つのステップをとおして、まずはふたりをリングに上げます。次に、それぞれのグローブを外し、最後にふたりの手を一緒に上げようと考えています。

＊プライバシー保護のため、クライエントの氏名などは変えてあります

ステップ1

不倫発覚——苦しんでいるのは、あなた一人じゃない

1

傷ついたパートナーの心理（不倫された側の気持ち）

「十五歳のとき、レイプされたわ。それでも主人の浮気に比べれば、ささいなことに思える。レイプした男は赤の他人だったけれど、主人のことは親友だと思っていたから」

「妻の秘密を知ったとき、自分の存在価値がどこにあるのか分からなくなった。世の中にも自分自身にも絶望しました」

こうしたショックは、ほんの始まりにすぎません。パートナーの不倫を知った以上、これからはもっと深く、もっと大きな喪失感があなたに襲いかかってくるはずです。あなたの人生観、世界観は音を立てて崩れ、これまで自信や心の拠りどころにしていたものが頼りなく思えてくるでしょう。今までの自分は何だったのだろう、今まで信じてきた世界は何だったのかと感じるはずです。

心身ともに影響が出るでしょう。常識や正義を大切にする気持ちは失せ、日常生活もままならない。プライドは消え、自分が何者なのかさえ分からなくなってしまう。家族や友人にも距離を感じるようになります。心の振り子は激しく揺れ、急に強気になったかと思えば、次の瞬間には心細くなる。あまりの感情の起伏に、そのうち正気を失うのではないかと不安になるかもしれません。

そんなときは、思い出してください。今の精神状態は突然のショックが引き起こした正常で自然な反応であることを。あなたを動揺させているのはパートナーへの信頼が失われたことだけではありません。自分はパートナーにとって特別な存在であり、ふたりの愛は永遠に続くという前提が崩れたことも一因です。これほどショッキングな事実を知ったのですから、自分を見失うなと言うほうが無理でしょう。四〇歳のマーシャはソーシャルワーカーで一児の母。夫の不倫問題から立ち直るまでに一〇年以上もかかりました。

「結婚十四年目にして、夫がベビーシッターの女の子と一緒になりたいと言い出しました。彼女は夫より一回りも若かった。これは何かの間違いだ、私たち夫婦は今も円満だし、ベビーシッターは娘同然にかわいがってきたのだから私を裏切るわけがないと思いました。ですが、夫は彼女と暮らし始め、私は一カ月近く寝込んでしまいました。自立心旺盛で活動的だった私が一夜にして抜け殻のようになったのです。他人事だと思っていたうつになり、すっかり無気力になりました。ある晩、ベッドの中で息をつめ、心にわいてくる恐怖や不安と闘っていると、ガレージの扉がガラガラと開く音がしたのです。夫が戻って来たと思いました。私とやり直すために帰って来てくれたんだ、と。私はパジャマ姿のまま階段を駆け下り、鏡を見て身なりを整えました。でも、実際はガレージの扉は一ミリも動いていなかった。すべては私の幻聴でした。私が失ったのは夫だけじゃない、正気さえもなくしてしまったと思いました。自信もなくなり、生きている実感がわかず、幽霊にでもなったような気分でした。私は社会人としても、母親としても、妻としても失格だと自分を責め、生きる価値がないとまで思い詰めたんです。それから三年たっても――夫はとっくに家に戻ってきましたが、私の気持ちは沈んだまま。そんなときＰＴＳＤ

（心的外傷後ストレス障害）のセミナーに参加して初めて知ったのです。極度の精神的ストレスを受けると、人は現実から逃避し、自分との接点を失い、妄想にかられることもあると。目からうろこが落ちました。私のうつには理由があり、気がおかしくなったわけではないと分かったからです。当時の精神状態は当然のことでした。それをもっと前に知っていれば、孤立せず、将来に希望が持てたはず。あのとき、私の状態を説明してくれる人がいたらよかったのですが……」

ここからが本題です。あなたに心の準備をしてもらうため、不倫の発覚後に、傷ついたパートナーが必ず経験するであろう喪失感を挙げていきます。自分の反応が異常ではないと分かれば、我を見失い、感情に流されることも少なくなるでしょう。きたるショックを予測し、原因を理解していれば、少しは耐えやすくなるはずです。傷ついた心を癒すための第一歩は自分の感情を受け入れ、理解し、観察すること。心の回復にとって最大の敵は絶望である――このことを肝に命じてください。

身体的な影響

不倫発覚のショックが覚めやらない今、あなたの神経回路や認知機能は異変をきたしていると考えられます。アドレナリンなどのストレスホルモンが交感神経を刺激し、一種の覚醒状態をつくり出すのです。

パートナーがまた不倫をするのではないかと神経をとがらせ、緊張と不安で寝つきが悪くなり、夜中に何度も目が覚めたり、物音に過敏になったり、ひどい睡眠不足で体力が消耗したりするかもしれません。

頭の中は生々しく扇情的なイメージに支配されます。寝ているときは暴力的な夢を見るようになり、目が覚めているあいだも、突然、自分が自分でないような感覚（自己喪失感）や現状を正しく認識できない見当識障害に陥ることもあるでしょう。

三〇歳のジャーナリストのグロリアはその典型でした。「夫が浮気を告白した翌日、仕事に向かう途中で迷子になってしまったの。頭がおかしくなったんじゃないかと怖くなったわ。だって、五年間も通い慣れた道だったのよ」

三七歳のパムも似たような経験をしました。「夫に女性がいることが分かり、夫を家から追い出しました。その週末は一人で家にいるのが嫌で、遠方の友達を訪ねることにしたんです。その途中でゴルフトーナメントを観戦しました。そこまではよかったんです。でも、駐車場に戻って友達の家に向かおうと思ったら、どこに車をとめたのか思い出せない。一時間近く探してやっと見つけましたが、自分が怖くなって、泣きながら自宅に引き返してしまったんです。結局その週末は家から一歩も出られず、ずっとベッドにもぐったまま。完全なパニック状態でした。物忘れをしたから動揺したのではありません。このまま気がおかしくなったらどうしようと不安でたまらなかったんです」

神経の活動に異変が起きると、恐怖感や無力感が発生します。

また内因性オピオイドというモルヒネに似た脳内物質が分泌されると、違う異変が生じます。内因性オピオイドは苦痛を麻痺させ、過度のストレスを防ぐ作用があるのですが、言い換えれば、身体機能を制限し、やがては停止させてしまうのです。つまり、感情や感覚が鈍化して、喜びや生きがいだった趣味や人づき合いに興味がなくなり、気力を奮い起こそうとしても体がついてきません。思考力は低下し、物事に集中するのが難しくなります。職場では書類をしまい忘れ、家に帰ればボーッと宙を見つめる。社会生活を続けていく自信がなくなり、殻にこもって周囲から孤立してしまう人もいます。そして説明のつかない無気力、無関心に陥るのです。

四二歳のステファンは言います。「今の私は、ただ生きているだけ。体の一部を失ったみたい。これまで、夫のジョンとは赤い糸で結ばれていると思っていました。そばにいるだけで運命を感じたほど。でも、今の私は呼吸しているのがやっと。夫は帰ってきたけれど、私の魂は死んだも同然です」

精神的な影響

傷ついたパートナーが失うものは、主に八つあります。いずれもパートナーを失う以上に大きな喪失、つまり自分を失うことで生じる感情です。目には見えないので、意識するのは難しいかもしれません。しかし、いつもと変わりなく見えるあなたも心は傷だらけのはずです。八つの喪失とは、次のとおりです。

アイデンティティの喪失「自分が何者なのか分からなくなってしまった」

パートナーの不倫をきっかけに、あなたは自分の立ち位置を根本から見直さざるを得なくなります。

生涯の伴侶だと思っていた相手がそうでなかったら、ふたりの関係は偽りということになり、私は何だったのかと自問したくなるでしょう。自分がひび割れ、壊れていくような感覚に襲われて、現在の自分と今までの自分が同一人物とは思えません。

以前のあなたなら自分の人柄を、有能、独立心旺盛、ユーモアがある、豪快、気さく、親切、冷静、世話好き、おおらかなどと表現していたかもしれません。しかし、今は違います。嫉妬深い、短気、執念深い、だらしがない、気が小さい、心が狭い、毒舌家、意志が弱い、孤独、情緒不安、汚れている、猜疑心のかたまりなどと否定的に表現するのではないでしょうか。それはパートナーの不倫に心を占領されて、自分の長所や魅力に目が向かなくなっているからです。

結婚十四年目のしたロベルタは突然の自己喪失感を経験しました。「昔は自分のことが好きでした。気立てが良くて、世話好きで、人から好かれる人間だと思っていたんです。でも、夫が浮気したのは私があまりにお人好しで、平凡だったからじゃないか……。そんなことばかり考えています。私には一人がお似合いかもしれません。まともな男性が、私なんか相手にするはずありませんから」

あなたもロベルタと同じように落ち込んでいるとしたら、それは自分の短所を必要以上に責め、パートナーの不倫を自分一人の責任と決め込んだからではありませんか。あるいは、自分の責任だから自分さえ変わればパートナーは戻ってくると信じたいのかもしれません。時がたてば、もっと自分を客観視でき、不倫問題の責任の所在を正確につかめるようになります。

アイデンティティの喪失は、不倫そのものよりも大きな痛手です。別人になったような、自分が自分でないような感覚――これほどつらい思いはほかにありません。

自己肯定感の喪失「私はパートナーにとってかけがえのない存在だと思っていたが、違った」

失われるのはアイデンティティだけではありません。パートナーとは運命の赤い糸で結ばれている、パートナーを幸せにできるのは自分だけ、ふたりの絆は永久という確信も消えてしまうでしょう。

ミリアムは十代のころに義理の父親から性的虐待を受け、実の母親に守ってもらえませんでした。虐待されたことを打ち明けても、母親は信じてくれなかったのです。幼かったミリアムは自分のことを「出来の悪い子供」と考えるようになり、成人後も思いやりのない男性と付き合いました。苦学して専門学校を出た彼女は法律事務所に就職。そこで出会ったのがエドでした。こんな自分を好きになってくれる男性がいるなんて、と最初はエドの好意が信じられませんでしたが、エドのおおらかさと頼りがいに惹かれ、三カ月間の同棲を経て結婚を決めたのです。エドを心から愛していたわけではありませんが、彼のそばにいると自分を肯定できたのです。しかし、その一年後、エドが秘書と不倫していることを知った彼女は、ようやくつかんだ自己肯定感を手放すことになりました。

「心を許せた人は彼が初めてでした。彼といると何の不安もなかったし、どんなことでも相談できたし、何よりも自分を信じられたんです。私はまっとうな人間なんだ、子供のころに起きたことは私のせいじゃない、私が不出来だったからじゃないと。ありのままの私でも愛してもらえると思いましたが、目が覚めました。私はしょせん捨てられる運命なんです」

ミリアムのように自分の価値を認めてくれた相手に裏切られた場合は、配偶者としても、親としても自信を失ってしまいます。家庭の崩壊を食い止められなかった自分に落胆し、親として失格ではないかと考えるかもしれません。

「何もかも捨てて、この町を出ようと思いました」。生後九カ月の女の子を育てているナンシーは胸の内を話してくれました。「夫の愛人にはかなわないと思ったんです。彼女は私よりも若いし、生き生きしている。こんな負け犬のもとに生まれてきた娘がふびんでした。親になる資格はないとも思いましたが、幸いにも、こんなふうに考えるのは悲観的になっているからだと気づいて、思い直したんです。今の私は夫にとって特別な存在ではないかもしれないけれど、娘にとってはたった一人の母親ですから」

自分の存在価値が分からなくなると、かつての自分が亡霊のように思えてくるものです。そんなときは〝不倫というフィルターをとおして見た自分は決して本来の姿ではない〟と自分に言い聞かせてください。今は自分を見る目がいつになく曇っているのです。

プライドの喪失1「パートナーを取り戻すためなら、何でもする」

不倫相手からパートナーを取り返そうとするあまり、自分を犠牲にしたのでは悔やんでも悔やみ切れません。焦りから出た行動はプライドや人格をズタズタにしかねません。その場合、本来のあなたに背いたという点で、あなたもパートナーと同罪になってしまいます。

ジェーンの体験談は、その極端な例です。パートナーを取り戻したい一心で彼女のように過激な行動に出てしまうと、あとに残るのは自己嫌悪と後悔だけです。

「主人の浮気が発覚する一年前に乳ガンを患いました。乳房を再建してもらい、元の生活に戻れると思っていました。でも、主人に女がいると分かって、目の前が真っ暗になり、何ものどを通らなくなった。そうしたら急に五キロやせて、健康な乳房がやせてしまったんです。再建したほうはふっくらしたままなのに。だから、片側だけ豊胸手術を受けることにしました。今にしてみれば、バカなことをしたと思います。担当の医師は事情も尋ねず、手術のリスクについても話してくれなかった。マンモグラフィーの技師は『健常な乳房に異物を注入すると、乳ガンを見つけにくくなる』と忠告してくれましたが、私は耳を貸さずに手術にのぞみました。当時の私はプロポーションを磨いて、夫の愛人と張り合うことしか頭になかったんです。結果は、ご覧のとおり。体重が戻った今、豊胸手術をした乳房の方が目立つようになってしまいました」

ジェーンは夫が戻って来たあとも自分を責め続けました。「くよくよと後悔しながら自分を責めてばかりいます。私は何をしていたんだろう、何を考えていたんだろう、どうして自分を見失ってしまったんだろうって。プライドも何もかも、すっかり失くしてしまいました」

三〇歳のジェドはニューヨークの大手出版社で働く編集者。彼も同じような屈辱感を味わいました。「妻は『今度こそ彼と別れる』と宣言しました、それも百回くらい。そのたびに僕は妻の言葉を信じてきたんです。愛人と別れ話をするから外泊を許してほしいと頼まれたときもあります。ばかなことに、僕はその頼みを聞き入れてしまった。案の定、愛人とは別れるはずもない。二〜三日、旅行に行ってほしいと言われたこともありました。自宅で愛人と最後の時間を過ごしたいからと。信じられますか、僕はそのとおりにしたんですよ。だけど、あのときは仕方ないと思っていた。薄給だったので、家を出ていく余裕はありませんでしたから。だけど、絶対に許してはいけないことを許してしまった。そのせいで僕は人が変わりました。妻にばかにされるだけならまだしも、自分で自分をおとしめていたんです。妻は戻ってきましたが、いまだに僕の自尊心は傷ついたまま。妻に離婚を迫るどころか、ろくに抗議すらしなかった。檻に入れられた動物のように、すっかり観念していたんです。夫としての権利や立場については考える余裕もありませんでした」

このふたりと同じ思いをしているあなたに知ってほしいことがあります。それは、今のあなたは動揺のあまり冷静な判断力を失い、自分を大切にできなくなっているということ。時間がたてば、そんな自分を冷静に、大目に見てやれるでしょう。我を失っていると感じたら、それは誰にでも起こり得ることであり、自然な反応だということを思い出してください。どんな人でも、あなたと同じ衝撃を受ければ、後悔するような行動を取ってしまうものです。パートナーの不倫が心身に与える影響を思い出し、必要以上に自分を責めないでください。

プライドの喪失２「なぜ見て見ぬふりをしたのだろう」

あなたは前々からパートナーの不倫に気づきながらも、それを否定していたのではないでしょうか。パートナーの言い訳をうのみにした自分、事実を問いただす勇気がなかった自分に、あきれているかもしれません。

もちろん、すべての疑惑が現実とはかぎりません。ありもしないことをしつこく疑い、妄想をたくましくする人もいます。しかし、根拠があるのなら話は別です。

トムは妻の不倫が発覚したあと、数カ月前を振り返り、見て見ぬふりをしていたことに気づきました。「妻はコンピュータソフトの営業販売をしているので、出張が多いんです。一度、出張先のロンドンから帰って来る日に妻を驚かしてやろうと思って、予告なしに空港まで出迎えに行きました。到着ロビーから妻と上司が出てくるのが見えました。そのとき、上司が妻の腰に手を回すのを見てピンときたんです。このふたりは男女の仲だと。で、僕はどうしたと思います？　その場を逃げるように立ち去って、あとで妻に花束を贈ったんですよ。〝君を失うのが怖い〟というメッセージを添えて。妻は誤解だと言って笑いました。こともあろうに、僕はその言葉を待っていた。あの光景は何かの間違いなのだと信じたかったんです。でも、心の底では間違いではないと分かっていました」

結婚して十一年になる心理学者のベティも、自分の心に呪文をかけ、いやな予感を忘れようとした一人です。「学会に出席するために家を一日空けたとき、帰宅してから主人に『土曜の夜は何をしていたの？』と聞いたんです。すると主人は『疲れていたから夕食後はすぐに休んだ』と言いました。そのあとで、何の気なしにベビーシッターにも同じことを尋ねました。そうしたら、夜中まで主人とキッチンで話し込んでいたと言うのです。ふたりの話が食い違っているのは明らかでしたが、それが何を意味するのかは考えたくもなかった。結局、それ以上は何も聞けませんでした。でも、あの晩に二人のあいだに何があったのかは明々白々。まったく情けない話です」

トムもベティも、心の声を無視して、確信に近い疑いに目をつむりました。事実を認めたくない一心で打ち消したのです。問いただし、抗議することを回避したために、二人とも心の財産である自尊心を失いました。「自尊心の喪失は自己主張の喪失と連動している。自己主張は自尊心の程度を示すバロメーターである」と心理学者のダナ・クローリー・ジャックは指摘しています。

疑いが事実だと分かったあとは極度に疑い深くなります。猜疑心が芽生え、パートナーが何を言っても信じなくなるでしょう。パートナーばかりか自分さえも信じられなくなり、パートナーは嘘をついていないか、私自身も自分をごまかしていないか勘ぐりたくなるかもしれません。

目をつぶる状態から目を光らせる状態への変化は、人間の適応性のひとつ。人の心はきたる痛手に耐えられるように、つらい記憶をとどめておくからです。かりに今のパートナーと別れたとしても、その猜疑心は次に出会うパートナーに向けられる可能性が大です。別れなかった場合でも、パートナーへの信頼が回復するにつれて猜疑心はやわらぎますが、完全に消えることはまずありません。

自制心の喪失「なぜ頭を切り換えられないんだろう。自分をコントロールできなくなった」

自分の身に起きたことを整理しようとするうちに、思考や行動に歯止めがきかなくなる場合があります。こだわりが強くなり、パートナーがついた嘘や不倫当時の状況を何度も思い返します。また、不安から逃れようとして仕事や遊びにのめり込む人もいますが、心のなぐさみは得られません。その原因を具体例とともに探っていきましょう。

「なぜ頭を切り換えられないんだろう」

心は、大きな衝撃を受けて暴走することがあります。その結果、妄想にとりつかれ、いつのまにか宙を見つめてボーッとしているという状態に陥ります。パートナーと不倫相手のイメージが繰り返し心に浮かび、日常生活の妨げになることもあるでしょう。

夫の不倫を知ったその日から、リンの意識はそのことに集中するようになりました。「同じセリフが頭の中をぐるぐる回っているんです、まるで壊れたレコードみたいに。私の思考回路も壊れてしまったのかもしれません。心の中で一日中、夫に話しかけているんです。『マーク、私はずっとあなたに尽くしてきたのよ』って。夜中の三時に目が覚めたり、夫と女性がベッドにいる場面を夢に見たり。彼女が夫の体にどう触れたのか、夫が彼女をどんなふうに楽しませたのか、あれこれ想像してしまう。もうやめようと思うのですが、どうしてもやめられません」

傷ついたパートナーのスティーブは、暇さえあれば妻に疑いを感じたときのことを思い起こしました。一人のときも、妻と一緒のときも、頭の中で同じシーンを再生していたのです――去年の五月の結婚記念日、君は出張で留守だったけど、本当はあいつと会っていたんだろう。こそこそ電話をしていたが、あいつと話していたに違いない、それも夫婦の寝室で。「妻に裏切られたことも腹立たしいけれど、自分の心がむしばまれていくのも我慢できません。こんな妄想にとりつかれたのは初めてです」

パートナーや不倫相手に復讐する自分を思い浮かべても、驚くことはありません。残酷な自分が怖くなることもあるでしょう。ですが、現在の精神状態を考えれば異常ではないのです。

ある傷ついたパートナーの話です。「昔は自分をおおらかな性格だと思っていましたが、今は憎しみの塊になってしまいました。頭の中で妻と相手の男をののしっているんです。ふたりにも同じ苦しみを味わわせてやりたい。先日、その男が道路を横断しているのを車の中から見かけて、ひき殺してやりたくなりました。でも、こうして悶々としているのは僕一人。僕の心がどんなに乱れようと、二人は知るよしもないでしょう」

今の精神状態は、ショックに対する自然な反応であることを忘れないでください。今のあなたにできることは、こだわりを受け止め、見守ること。好ましい感情ではありませんが、気持ちを整理し、自制心を取り戻すために必要な通過点でもあるのです。

「自分の行動をコントロールできなくなってしまった」

人は猜疑心が強くなると、理性を失い、衝動的になる場合があります。

「今でも夫あての郵便物にはすべて目を通しています」とマージは話し始めました。「夫と秘書の関係が終わって半年もたつのに、今も探りを入れずにはいられません。携帯電話の通話記録、クレジットカードの利用明細書、上着のポケット、バッグ、手帳、机の引き出しまで何でも調べてしまう。夫が寝たあとは、夫のスマホをチェックし、浮気相手を連れて行ったホテルやレストランの前を素通りすることもあります。携帯のGPS機能を使って夫の居場所を確認することもおぼえました。ときどき夫の勤務先に電話して、夫が出勤してるかどうか確認。私立探偵に頼んで夫を尾行させ、うそをついていないか確かめたり、バイアグラがいくつ残っているか数えたり。監視、詮索、素行調査……そんなことにお金と時間を注ぎ込んでいます。常軌を逸しているのは分かっているんです。でも自分ではどうにもできません。私だって好きで刑事ごっこをしているわけじゃない。夫がそうさせてしまったんです」

あなたもマージのように、二度とだまされまいと必死なのかもしれません。パートナーが過ちを反省して忠誠を誓っても、ある程度は行動を監視しないと安心できないでしょう。しかし、一日中、目を光らせていたら心も体もまいってしまい、自尊心まで失ってしまいます。これでは、あなたが取り戻そうとしているふたりの絆も信頼関係も、永久に取り戻せません。

ほかにも、過度の喫煙、飲酒、買い物を繰り返す人がいます。いずれも不安や心痛をまぎらわせ、一時的に満足を得るための手段です。

また性的な衝動に駆られて理性を失う人もいます。クライエントのゲイルがそうでした。「夫の浮気を知った夜、バーに繰り出してお酒を飲み、ゆきずりの男と避妊もせずにセックスしたわ。その翌日は知り合いの結婚式に出席したんだけれど、大学時代の友達のご主人にちょっかいを出した。どうかしていたのね。地下鉄の中で隣り合わせた男性にまで声をかけたんだもの。思い出すと恥ずかしい。醜態をさらして、自分をおとしめて……。あのときの私はモラルに欠けていたというよりも自暴自棄になっていた。傷ついていたのに強がった。心を踏みにじられたから、同じように誰かを踏みにじってやりたかった。そんな気持ちがあったから、あんなことをしたんだと思うの。自分自身も、この世の善や正義も壊したかったわ」

過激な運動やダイエットに走る人もいます。自信を取り戻し、パートナーに振り向いてもらうのが目的でしょう。健康になり、スリムになり、ストレス発散になるのですから一時的な効果は得られます。しかし今は健康を気づかう余裕はないでしょうから、極端なやり方になる恐れがあります。少しでも気が晴れるなら、ジム通いもダイエットもいいでしょう。ただし、どちらも根本的な解決にはなりません。本当の問題はパートナーや自分を失う不安にあるのですから。

周囲を巻き込み、味方につけようとする人もいます。まさにわらをもつかむ思いなのでしょう。築いてきた人生が崩れていくのを、ただ見ているのはつらいものです。

「夫のグレンをどうしても取り戻したかった。何時間もかけて夫の親類縁者を調べ、夫を説得してくれそうな人にコンタクトを取りました」とアビーは述懐します。「義理の両親はもちろん、夫の友人にも連絡しました。兄弟やその奥さん、教会の牧師にも相談したんです。『離婚になったら、私が子供たちを引き取り、遠くへ行きます』と宣言して回りました。本気ではなかったけれど、義理の両親を発奮させるにはそれが一番だと思ったんです。かわいい孫と離れるのが嫌で、夫に考え直すように助言してくれるんじゃないかと。あのときは、たしかに血迷っていました。でも、夫が考え直してくれるまで、じっと待つことに耐えられなかったんです」

気持ちが定まらないケースも見受けられます。やり直しを決意したと思ったら、次の瞬間には離婚を考えるという具合です。傷ついたパートナーのティナは「心の揺れを止められない」と言います。「主人と別れて遠くに越そうと決意した一時間後には、主人のことが猛烈にいとおしくなって別れたくないと思ったりするんです。いつも自分に尋ねます。『主人という男は奪い返すだけの価値はあるのかしら』って。価値があると思うときはできるだけ優しく接して、おしゃれして、好きな料理をつくってあげます。そうすれば簡単には家を出て行かないはずですから。でも、そのうち気が変わり、こんなにいまいましい男は必要ないと思う。そう思ったとたん、弁護士に連絡し、慰謝料をもぎ取ってやりたくなるんです。私の場合は結論が出ないのではなく、結論が変わりすぎて困っています」

自分の心と向き合わず、孤独をまぎらわすために人の集まる場所にむやみに顔を出す人もいます。不安や空しさを一時的には解消できますが、本気で自分を立て直すなら、心を落ち着け、心痛を受け入れたうえで不倫問題の背景やふたりの今後について考えなくてはいけません。

心にも体にもブレーキがきかないのは怖いものです。今は自分らしさを失っているかもしれませんが、受けたショックの大きさを考えれば、あなたの振る舞いは決して異常ではないのです。

信念の喪失「世の中は狂っている」

あなたは世の中のことを分かったつもりでいたかもしれません。その世界観を信じ、性善説に疑問を感じることもありませんでした。ところが、パートナーの不倫を知った瞬間から、信じていた世界観は吹き飛び、〝自分は正しい人間で、世の中は常識と秩序で成り立っている〟という信念まで消えたはずです。

恋愛や結婚において、何が正しく、フェアなのか。パートナーの不倫はその見直しを迫ります。正論が通用しないと分かったとき、正論だけに頼ってきた自分に気づいてがく然とするかもしれません。

〝XをすればYという結果になり、こうすれば確実に愛される〟という方程式は、あなたにとって心の拠りどころであり、人生の指針になっていました。しかし、その方程式が通用しなくなった今、自分の非力さやパートナーへの憤りを味わっているはずです。

妻が若い職人と深い仲になったことを知ったサムは、自分の世界が音を立てて崩れていくのを感じました。「自分のことは〝できた夫〟だと思っていました。だから、妻に愛されて当然だと。妻にはよく

（＊１）こんな固定観念にとらわれていませんでしたか？

- 結婚生活のあり方は自分しだいだ
- 人に良くすれば、人に好かれる
- 自分がいい伴侶でいれば、結婚生活は安泰だ
- パートナーを幸せにする方法を知っている
- 親友は絶対に裏切らない

尽くしたし、いろいろと協力もしました。家事を手伝ったり、大学院の卒業論文を一緒に書いたり。たとえ妻の機嫌が悪いときでも、優しく、穏やかに接してきました。母はよく言っていました。〝妻をお姫様扱いすれば、妻もあなたを王様のように扱ってくれる〟。悪い冗談ですよ。僕は至らない夫だったのかもしれないけど、そう言われたおぼえは一度もないし、悪いところを改めるチャンスももらえなかった。狐につままれたような、恩をあだで返されたような気分です。こんな仕打ちをする妻が許せません。今の僕は偏屈で身勝手な男になってしまいました。誠意を示しても、何の得にもならない。甘く見られるだけです。これから先も人や愛に好意的なイメージを持つことはないでしょう」

あなたも以前から、上（＊１）のような固定観念にとらわれていなかったでしょうか。

揺らぐはずのない信念は思い込みと化してしまいました。しかし、思い込みだったと切り捨てる前に、あなたが考えてきた善、誠意、常識を見直す必要がありそうです。その過程でパートナーの行いにも説明がつくかもしれません。

現時点では絶望や混惑が先行し、世の中はおかしい（だから、不倫が起きた）、自分は欠陥人間（だから、こんなに取り乱している）などと

決めつけているかもしれません。しかし時がたてば、ひとりよがりな偏見だったことに気づくでしょう。

対人関係の喪失「誰にも相談できない。私の味方はいない」

不倫という不祥事を恥じて、自分が笑い者になり、病原菌のようにうとまれ、誰からも相手にされなくなると思い込む人もいるようです。

あなたは葛藤しているはずです。誰かに話を聞いてほしいけれど、放っておいてほしいとも思う。励ましてほしい、相談に乗ってほしい、この苦しみを分かってほしいけれど、やっぱり弱みは見せたくない。こうして虚勢を張り、不実なパートナーをかばいだてする人もいます。

エリートの証券マンを父に持つメアリーは家族の問題を他言せず、何でもひとりで解決するようにしつけられました。夫の不倫を知ったときも、家族や友人に相談したい気持ちを抑えて、口外しませんでした。「裏切られたうえに、主人の評判まで守ろうとした自分が信じられません」とメアリーは当時を振り返ります。しかし、反省しない夫に愛想を尽かし、ついに事実を公表したのです。「主人の評判は主人が守ればいいわ」

親に相談するのも気が引けるでしょう。事実を打ち明けたら、夫婦揃って実家に顔を出しづらくなるかもしれない。親を味方につけたら、パートナーはますます私を避けるのではないか。本当に夫婦の問題を打ち明ける必要はあるのだろうか。親に子供扱いされるのではないか。同情や非難や厳しい質問が返ってきたらどうしようなど、心配は尽きません。

子供にも、おいそれと打ち明けるわけにはいきません。大人の世界の話を聞いて、子供が負担に思ったらどうしよう。幼くて理解できないのではないだろうか。

子供を味方につければ、パートナーを軽蔑させることにつながります。〝夫婦関係を壊した罰に、親子関係を壊してやる。子供には私の味方でいてほしい〟と思うかもしれませんが、子供にとっては父親も母親も手本です。子供とパートナーを引き離す権利はあるのかと葛藤が生じるでしょう。親の不倫を知ったら、子供が卑屈になるのではないか、親を軽蔑するのではないか、将来は親と同じように不倫に走ったりしないだろうか。結婚に悪いイメージを持つかもしれない。親の不倫を自分のせいと感じるのではないか。いっそのこと、子供に気づかれる前に仲直りしようか……。

友達に打ち明けたくても、やはりためらいが生じます。秘密を守ってくれるだろうか。笑い者になるだけではないか。不仲な夫婦と思われて、週末の誘いも来なくなるかもしれない。パートナーとよりを戻したら相談に乗ってくれた友人はどう思うだろう……。

世の中には不倫を伝染病のように考える人もいます。〝感染〟を恐れて、あなたと距離を置く友人が出てくるかもしれません。その人たちは不倫をタブー視していますから、話が通じず、相手にされなくても気にしないことです。その友人は自分の理解を越えた不倫という問題に恐れをなしているだけかもしれないし、自分自身が不倫問題に苦しんでいるのかもしれません。

友人の多くはあなたを慰め、力になりたいと思いながら、どう声をかけていいのか分からないと思います。お悔やみやお祝いの言葉には決まった表現がありますが、パートナーの不倫に苦しむ友達にはかける言葉が見つからないはずです。友人たちがあなたを避けているとしたら、それはサポートの仕方が分からないだけかもしれません。あなたから連絡がくるまで静観するつもりなのでしょう。あなたのプライバシーを尊重したからこそ、慎重になっている可能性もあります。ぜひ、あなたからコンタクトを取ってください。

カウンセラーに相談しようと思う人もいるでしょう。カウンセラーなら第三者の立場で話を聞き、アドバイスをくれますが、それでもためらいが生じます。

ある女性クライエントは言いました。「何カ月も悩んで、ようやくここに来る気になりました。私の話を聞いたら、びっくりされるんじゃないかと不安だったんです」。やっとの思いで私のもとを訪ねてきた彼女は夫の現在の不倫について話し始めました。しかし、過去の不倫については一言も触れなかったのです。彼女は後日、その理由を打ち明けてくれました。「あのとき、先生に離婚を勧められるのが怖かったんです。自分でも離婚したいのかしたくないのか分からなかったから」

気持ちを整理したいだけなのに（これについては第3章と第4章で触れます）、すべてを話せば離婚を勧められると彼女は思い込んでいたのです。しかし、初回の面談が終わったとき、帰りぎわにこう言いました。「ここに来ようと思った理由がようやく分かりました。誰かに悩みを聞いてもらって、考えを整理したかったんだわ。なにも、結論を急ぐ必要はないんですね。自分の気持ちを確認できてよかった」

心の内を見せるには勇気が必要です。両親、子供、友人は支えになるかもしれないし、ならないかもしれません。

誰を信頼して、どこまで話すべきなのか。それを見極めるのは簡単ではありませんが、人に相談したらどうなるかは予測できます。しかし、それができるのはあなた以外にいません。

相談するかどうかは別として、殻にこもったり孤立したりしないことが大切です。友達に避けられている、人前では元気に振る舞うべきだと決めつけたら、孤独感が増すだけで理解を得ることはできません。

希望の喪失　「運転中にふと思うんです。このまま電柱に激突すれば、苦しみから解放されると」

もう二度と人を愛し、人から愛されることはない。自分にも人生にも失望した。生きるのは死ぬよりも苦痛だ――そんな思いが頭をよぎったら、自殺願望が芽生えたとしてもおかしくありません。パートナーの不倫によって起こる最大の悲劇は、生きる希望を失うことです。

障害児を持つポーラは第二子を妊娠中に、夫と親友が深い仲になったことを知りました。「あの日から生きる気力がなくなりました。将来に絶望したんです。親友のシビルはおしゃれでセクシーな女性。完全に私の負けだと思いました。信頼していた親友と夫から、同時に裏切られてしまった。おなかにいる子供も、こんな母親のもとに生まれてきたら哀れだと思いました。ガレージを閉め切って、長女を助手席に座らせ死のうと考えました。悲しみと憎しみで正気を失っていたんだと思います。でも、どうにか思いとどまることができました。こんなことをしてはいけない、私には親としての責任がある、夫も今の私と同じように魔がさしただけかもしれないと。夫が不倫をした理由は、なんとなく察しがつきました。長女を育てる責任と、次の子も障害児かもしれないという不安から逃れたかったのだと思います。それを夫にぶつけて話し合い、ふたりでやり直すことにしました。私たちは普通の家庭に比べて苦労が多かった。ふたりで力を合わせ、お互いの至らないところも許しあってきたつもりですが、相手に多くを求めすぎたのかもしれません。これからは支えあって生きていけるように努力を始めたところです」

パートナーの不倫ほど深い失望を感じる出来事はまずありません。失望は、深い霧と同じで、視界を悪くします。自殺を考えることと実行することには大きな隔たりがあります。あなたが殺したいのは自分ではなく、自分の苦しみのはず。あなたの課題は失望に耐えることです。今は希望を持てなくても仕方ありませんが、時間がたつにつれて生きる希望がまた見つかり、大切な人と本物の絆を結べる日が必ずやって来ます。どうか、その日を信じて辛抱してください。

不倫の受け止め方に見る男女差

一般的に、男性と女性とでは不倫問題のとらえ方に開きがあり、反応も違うようです。万人にあてはまるとは限りませんが、多くの人の反応が多少なりとも性別に影響を受けていることは確かです。また男女の本質的な違いを理解しておくことで自分の反応を分析しやすくなり、孤独感が和らぐはずです。パートナーの心理を理解することにも役立つでしょう。

女性はふたりの関係を続ける努力をするのに対し、男性は関係を解消して、新しい出会いを求めます。女性は失意と自己嫌悪に陥りがちですが、男性は怒りを外に向け、想像のなかだけでも攻撃的になる傾向があります。パートナーを不倫に向かわせた責任については、女性が〝自分は人間として至らないから〟と考えるのに対して、男性は〝男として能力不足だから〟と考えがち。女性は不倫問題を重く受け止め、立ち直るまでに時間を要しますが、男性は早く忘れようとします。

男女差①　女は関係の維持と修復に努め、男は見切りをつける
女性「私たち、きっとやり直せるわ」
男性「わざわざ戻って来なくていいよ」

女性がパートナーとの関係を続けようとする理由として、他者を優先するようにしつけられてきたことが挙げられます。その点、男性は失ったものに見切りをつけ、代わりを探す――つまり、新しいパートナーを見つけて埋め合わせしようとする傾向が強いのです。女性はショックを受けてもじっと耐えるかショックを見せまいとします。波風を立ててはいけないというプレッシャーが働いて、本音や不満をのみ込むこともよくあります。私たちの社会では和を保つのは女性の役割であり、美徳とされているからです。

ある研究調査で興味深い結果が出ています。〝男の子にひどい扱いを受けたらどうするか〟という質問に、八歳前後の少女たちは〝怒りを相手にぶつける〟と答えます。ところが、その少女たちも12歳くらいになると、同じ質問に対して〝分からない〟と回答しました。女性は年齢を重ねるにつれて不当に扱われた事実を認めにくくなるようです。逆に言えば、パートナーとの関係を続けていくために、不倫の痛手を受け入れられず、怒りをあらわにできないとしたら、女性として十分な教育を受けてきたといえるかもしれません。

もうひとつ、多くの女性がやり直しを望む背景には、再婚に対する不安があるようです。ハーバード大とイエール大の研究員が結婚に関する調査を行ったのは一九八六年。未婚男性が不足しているという調査報告は女性をパニックに陥れました。その報告が誇張されていたことを一九九一年にスーザン・ファルディが指摘したにもかかわらず、そこから生まれた〝結婚適齢期〟神話は今日も健在。四〇歳を過ぎた女性が結婚できる見込みはゼロに等しいと一部で信じられているのです。

一方、男性は比較的、経済力に自信があり、再婚にも楽観的で、心変わりしたパートナーを是が非でも取り戻す必要性を感じないようです。女性と違って、対人関係の良し悪しが自己評価に影響しないだけに、パートナーとの関係が破綻しても自信を失う可能性は低いようです。

男女差②　女は気落ちし、男は憤慨する

女性「私のせいで、かけがえのないパートナーを失ってしまった」
男性「妻の浮気相手に出くわしたら、殺してやる」

パートナーの不倫に対して、女性は自分を責めがちですが、男性は想像の中でだけでも不倫相手に怒りをぶつける傾向があります。

メイヨークリニックの近年の調査によると、女性が生涯うつ病にかかる確率は男性の二倍。その理由として、女性は非難の矛先を外よりも内に向けがちで、対人関係を重視し、人に愛されることを自己評価の基準にする傾向があることが挙げられます。

男性の場合は、怒りの矛先をパートナーや不倫相手に向ける傾向が強いようです。攻撃的な男性は暴力の衝動に駆られることもあり、おとなしいタイプの男性でさえ〝外敵〟を倒す自分の姿を想像したりします。いずれにせよ、怒ることでパワーを回復し、屈辱感や劣等感などの不快な感情から目をそらそうとするのです。また、妻はだまされた被害者、相手の男はだました加害者と考える場合もあります。不倫相手に怒りを向けていれば、男としての劣等感から意識をそらせるからでしょう。

男女差③　女はパートナーとして、男はセックスパートナーとして至らなかったと考える
女性「私に魅力がないから、パートナーは不満だったに違いない」
男性「ペニスが短小だから、パートナーは不満だったに違いない」

パートナーを不倫に駆り立てた自己責任として、女性は人としての落ち度を反省します。パートナーが浮気したのはセックスのほかに愛情を求めたからだと解釈し、不倫相手とは肉体以上の結びつきがあると考えます。その結果、パートナー当人よりも不倫問題を深刻に受け止め、〝ただの遊びだった〟という弁解を信じられません。しかし、その弁解はあながちうそではないのです。

男性の場合、パートナーがほかの男に惹かれたのは夫婦生活に不満があったからだと考える傾向にあります。そのため、男としての自信を失い、嫉妬に駆られ、暴力に訴える危険性もあります。男性はセックス以外の夫婦問題（コミュニケーションなど）に無頓着ですが、女性にとってはそちらこそ問題です。あなたが男性なら、パートナーの不満に耳を傾けることが問題を解決する第一歩と考えてください。そのうえで、愛情と敬意を示すことが大切です。

男女差④　女はこだわり、男は背を向ける
女性「パートナーの浮気相手のことが頭から離れない」
男性「パートナーの浮気については考えたくもない」

女性は、周囲との人間関係が自己評価の基準になるので、男性よりも不倫問題にこだわり、深く悩みがちです。パートナーの嘘を思い出しては不信感を募らせ、パートナーの情事を想像しては苦しみと不安を大きくしてしまうのです。

一方、男性はパートナーの裏切りに思いをめぐらすよりも、体を動かし、強さや能力をアピールしようとするでしょう。頭を切り換え、前を向くことにかけては男性のほうが得意のようで、新しい出会いを求めるケースもよくあります。

本当に、性別によって不倫問題に対する反応は変わるのでしょうか。

思考や行動に性差があることは最近の研究で明らかになってきましたが、あなたにあてはまるとは限りません。ときには反対のケースもあります。男性が女性と同じようにうつや自責の念に苦しみ、女性が男性と同様に性的能力に自信をなくすこともあるのです。また、男性だからパートナーの不倫に無関心で、パートナーを取り戻す努力もしないなどと決めつけないでください。

いずれの反応も男性、あるいは女性の専売特許ではありません。ここで性別による違いを取り上げたのは、あくまでも参考のため。あなたとパートナーが、お互いを違う角度から見るための参考にしてほしいからです。

思想家のラルフ・ウォルドー・エマソンは「愛する者の裏切りに耐え抜くことは、ひとつの快挙だ」と言いました。私も同感です。しかし、耐え抜いたあとは傷ついた心を癒すことを考えなくてはいけません。その第一歩が自分の反応を受け入れること。

本章では不倫に対するあなたの反応を読み解きました。あなたの取り乱し方は自虐的で常軌を逸していたかもしれません。しかし、ショックと喪失感の大きさを考えれば、ごく当然の反応だったと分かってもらえたはずです。少なくとも、その程度の混乱ですんだことに感謝するべきでしょう。平常心を失った自分を許したら、今度は内面から自分を立て直してください。

そのために、パートナーの現在の心境も理解する必要があります。次章ではパートナーの反応を探ってみましょう。信じられないかもしれませんが、あなたを傷つけたパートナーも苦しんでいるのです。

2　不実なパートナーの心理（不倫した側の気持ち）

「妻のもとに戻るのは刑務所に入るようなものだが、それでも子供を捨てることはできない」

「本気でのめり込むはずではなかったのに、のめり込んでしまいました。今は夫と愛人のどちらを取るか悩んでいます」

「浮気をしたのは確かだが、妻を傷つけるつもりはなかった。今でも妻を愛している。なかったことにはできないだろうか」

不倫の事実が明るみになった今、不実なパートナーであるあなたは、こうした板ばさみに苦しんでいると思います。しかし、それは傷ついたパートナーが抱えるジレンマとはまったく違います。あなたがいくら苦しくても、裏切られた側のショック、混迷、心痛には遠く及びません。

第一に、あなたの自己肯定感は変わっていません。不倫相手を得たことでかえって増したかもしれません。あなたは二人の人間から必要とされましたが、パートナーのほうは誰からも必要とされていないと感じているはずです。次に、あなたは不倫をとおして世界を広げ、選択肢が増えました。それに引きかえ、パートナーは今後に不安を感じて、身の縮むような思いをしているでしょう。

パートナーの喪失感はあなたのそれとは比べものにならないほど深刻です。しかし、あなたもそれなりに生き地獄を味わっていると思います。始めのうちは隠しごとがなくなって心が軽くなり、しばらくは安堵感に浸っていたかもしれませんが、やがて葛藤が生じます。愛人に未練を残しながら、子供の信頼を裏切った自分に嫌悪感をおぼえる。パートナーへの不満に罪の意識が混じるようになる。やり直したいと思っても、パートナーはすぐに許してくれないかもしれない。さまざまな選択肢を検討してみるものの、どれを選んでも妥協が伴う。無力感に見舞われ、進むも地獄、引くも地獄の心境でしょう。

そんな状況に早く片をつけたい気持ちは分かりますが、パートナーは少なくとも、あなたの状況を理解する立場にないことを分かってください。愛人と別れられない、よき理解者だった愛人を失うのがつらい、そんな悩みをパートナーに相談するのは見当違いです。これはあなたが一人で解決しなくてはいけません。

仮にパートナーに同情や理解を求めれば、パートナーの心はますます離れていくでしょう。

パートナーが永遠の愛を約束してくれたとしても、現段階で重大な決断を下すのは無理です（これについては次章で）。今のあなたの課題は、パートナーと同様に、矛盾した感情を受け入れること。そして、その感じ方がごく自然で正常なものであると理解することです。

不実なパートナーの主な反応を九つ挙げますので、自分の心境に重ねてみてください。

安堵感「もう嘘をつかなくてすむ」

不倫を告白すると、肩の荷が下りた気になるものです。嘘とごまかしを重ねた日々からとりあえず卒業できたのですから、解放感さえおぼえるかもしれません。

三九歳のアンドレアは、夫に不倫がばれたときの安堵感をこう話しました。「はらはらしながら二重生活を送るのがバカらしくなったの。私には嘘をつきとおすことも、プレッシャーに耐えることもできなかった。とうとう浮気がばれて彼と手を切ったとき、久しぶりに地に足のついた感覚が戻ってきたの。これからは一人の自分として、一つの場所に落ち着ける。もう嘘をつく必要はないんだって。最高の気分だったわ」

四七歳の証券マンのマーティーは、気の抜けない二重生活に喜んで終止符を打ちました。「いろいろな人にいろいろな嘘をついていたので、自分が何者で、誰に何を言ったのか分からなくなっていました。表の生活と裏の生活、現実とフィクションの区別がつかなくなってしまった。口が滑って浮気がばれたらどうしようと、いつもヒヤヒヤしていたんです。ガールフレンドと過ごした晩は車を飛ばして帰宅しました。赤信号をののしり、緊張しながらハンドルを握っていた。門限を過ぎたら、玄関先で妻の質問責めに遭いますから。こんな生活を続けられるほど僕は若くはないですよ。いよいよ妻に問い詰められたときは、待ってましたとばかりに白状しました。それで、どんなに救われたことか」

事実を打ち明ければ救われた気分にはなりますが、すぐに次のような感情が芽生えてくるでしょう。

いらだち　「愛人とも別れたし、すべてを包み隠さず話した。これ以上、どうしろというのか」

不倫を告白してからパートナーとのやり直しを焦る人がいます。パートナーと仲直りしたいというよりも罪悪感から逃れたいのでしょう。しかし、傷ついたパートナーの気持ちはまだ固まっていませんから、つらい気持ちを分かろうともせず、結論ばかり急ぐあなたに不信感を持つかもしれません。夫婦カウンセラーのデイブ・カーダーが指摘するとおり、傷ついたパートナーは「裏切った側が愛人に入れあげたぶんだけ怒り、裏切った側が不倫を楽しんだぶんだけ嘆き、裏切った側が嘘をついたぶんだけ復讐しないと気がすまない」ものです。

そんなパートナーに対して、あなたは罪悪感をおぼえると同時に〝いつまでこんなふうに責められるのだろう。このままでは何も解決しないし、すれ違うだけじゃないか〟といらだつかもしれません。

三九歳のクリスは妻に不倫を告白したことで気分が晴れ、無罪放免になったと思い込みました。両親の勧めで教会に通い始めた彼は、ざんげの涙とともに罪まで流した気になっていたのです。妻も許してくれるものと思い込んでいましたが、そうではありませんでした。「罪の意識から解放されて、夫はさぞ満足でしょう」とクリスの妻は言います。「でも、だから私にどうしろというのでしょう？　夫の裏切りに感謝しろとでもいうのですか」

ショック、憎しみ、怒り、失望……。これが傷ついたパートナーの典型的な反応です。パートナーの気持ちがすぐにおさまると思っているなら、あなたのいらだちは増す一方でしょう。ふたりの関係を立て直すには『悲しみよ　さようなら』（世界文化社）の著者、メロディ・ビーティの言う〝経験の積み重ね〟が必要。反省と償いの気持ちを具体的な行動（詳細は第6章）で示し、それを積み重ねていくことでパートナーの信頼を勝ち得るしかありません。これには時間が必要です。今の時点ではパートナーの気持ちを辛抱強く見守り、理解を示すのが先決。パートナーのほうも自分の気持ちが尊重されていると思えば、あなたと生きることにもう一度賭けてみようという気になるはずです。

現実逃避「忙しくしていれば、そのうち立ち直れるだろう」

不倫が発覚した今、あなたにとって気持ちを切り替える方法のひとつが忙しく立ち回ること。人生をリセットするため、あるいは現実から逃れるために、あらゆることに手を広げるかもしれません。

心の葛藤が大きいほど、そこから逃げようとする気持ちが働き、ますます予定を詰め込むでしょう。テレビ、運動、ネットショッピングなどに熱中すれば我が身を振り返るという義務から逃げられます。

「妻に不倫を打ち明け、愛人と別れてから、駆り立てられるように生活を変えようとしました」とデイブは言います。「何かを考えたり、感じたりする時間を自分に与えませんでした。一週間で煙草をやめ、運動を始め、寝室をリフォームし、オフィスの模様替えをしたんです。高いおもちゃも買いました。最新型のモーターボートです。スローガンは〝心機一転〟。それから数カ月たって、問題は何ひとつ解決していないことに気づきました」

現実逃避すれば心の葛藤を忘れられますし、人生を軌道修正している気分も味わえます。しかし無理に忙しくしても、しょせんはその場しのぎでしかありません。パートナーと再出発する気持ちがあるなら、自分の問題とふたりの問題に目を向けましょう。活動的なのは結構ですし、心機一転したいのも分かります。しかし、自分の気持ちを整理し、不倫に走った原因を追及する義務から逃げないでください。

（＊1）罪の意識や自責の念がわかない理由

① パートナーとの関係に見切りをつけており、不倫を口実に早く別れたいと考えている
② パートナーへの不満がたまっている
③ 不倫が楽しくて仕方がない
④ 不倫を肯定するような固定観念がある

開き直り「好きなことをして何が悪いのか」

不倫の事実が明らかになったのに、罪悪感や反省の念が起きない場合があります。しかし、開き直りや知らんぷりはパートナーの怒りに火をつけるでしょう。

「無神経きわまりない。侮辱の上塗りだ！」とクライエントのグレンは叫びました。彼の妻は「不倫したことを後悔していない」と言い切ったそうです。

「妻は結婚生活を続けたいと言うが、反省がまったく見られない。夫の気持ちが分からないのか、それとも、夫をばかにしているのか……」

グレンの妻のように罪の意識や自責の念がわかない理由として、上（＊1）の四つの理由が考えられます。①についてはこれ以上の説明は不要ですので、残りの項目について考えてみましょう。

②パートナーへの不満

不満の原因はさまざまです。パートナーが大切にしてくれない、感謝してくれない、パートナーのために大切な夢を犠牲にした、など。こうした不満が心を占領していれば、ほかの感情は入る余地もありません。

あなたはパートナーに対して罪悪感よりも怒りを感じているはずです。この二つの感情は反比例の関係にあります。怒りが大きくなれば、罪悪感は小さくなる。つまり、パートナーに向ける憎悪が大きくなれば、自分自身に向ける憎悪は小さくなるのです。しかし、あなたの怒りは正当な抗議なのか、うしろめたさを隠すためのポーズにすぎないのか？（〝傷つけた相手を憎むのは人間の業である〟とローマの歴史研究家・タキトゥスも書き記しています）。この区別は簡単にはつきません。腹が立つのはそれだけの理由がある――そう〝思える〟のが、怒りという感情の大きな特徴です。

怒りは「正義の仮面」をつけて現れることがあります。パートナーから愛情を得られないなら、ほかの誰かに求めて当然だという発想です。

ジョンがそうでした。彼は二五年間連れ添った妻に初めて不満を吐き出しました。「今までずっとみじめな思いをしてきた。お前は悪妻だ。離婚だ。俺は出て行く」

ジョンは自らの怒りを正義の叫びと解釈しました。そのせいで、家庭を顧みず、家事や育児を手伝うこともなく、妻を大切にしなかった自分の非が見えなくなったのです。怒りを冷静に分析していたら、自分は完全な被害者ではなく、妻は完全な悪妻でないことに気づいたでしょう。

③不倫の至福

愛人との恋に酔い、退屈な日常から解放される――そんな幸福の絶頂にいれば、自分の行いが周囲に与える影響を考えたり、反省したりする気持ちにはなれないでしょう。あるクライエントは言いました。「今は最高に幸せ。生きている実感があるんです。現実は見たくありません。先のことを考えたくないんです。今が続くことだけを願っています」

人間は自分の感情に理屈をつける癖がありますから、この幸福感は真実の恋に出合ったからと解釈しても不思議はありません。これでは自責の念を感じるひまはないでしょう。しかし、愛人との関係が幸せだからといって、パートナーとの関係が失敗とは限りません。たしかなことは、今のあなたにとって不倫の恋は強大な魔力を持っているということ。あとになってみれば、いかに感情に流されて冷静な判断力を失っていたのか分かるはずです。

④不倫を肯定する思い込み

頑固な思い込みによって不倫を正当化している人も、罪の意識を感じません。その思い込みはパートナーと知り合う前に刷り込まれた恋愛観や結婚観かもしれないし、自分の行いを正当化するための言い訳かもしれません。いずれにしても、次ページ（＊２）のような固定観念があると、反省の気持ちはまず起きないでしょう。

ほかにも、このような固定観念がないか自問してください。そして、胸に手を当てて次のように考えてほしいのです。

こういう考えは正しいのか、現実的か、自分のためになるのか

あなたは、こうした固定観念にとらわれて、パートナーに誠意を見せることも、心を開くこともなかっ

（＊２）不倫を正当化する固定観念

- 愛ある不倫なら許される
- 愛なき不倫なら許される
- 不倫がばれなければ、パートナーを傷つけることはない
- 魔が差したくらいでパートナーとの関係は壊れない
- 一度きりの人生だから好きなように楽しんでかまわない。パートナーの役割と、愛人の役割は違う
- 愛人のおかげで前向きになった自分をパートナーは歓迎するはずだ
- 深入りしなければ、家庭を壊すことはないし、子供にも影響はない
- 一夫一妻制は間違っている
- 私はもともと衝動的な人間だ
- 私は生まれつき浮気性だ
- 男はみんな好色だ
- どんな夫婦にも秘密はある
- パートナーに自分のすべてを知ってもらう必要はない
- パートナーは疑っているようだが、何も言わないので、不倫関係を続けてもかまわない
- 自分のやりたいことを犠牲にしてまでパートナーを安心させたり、幸せにしたりする義務はない
- 自分は完璧な人間ではない
- 一人の相手に一途になっても、裏切られるに決まっている

た。そうと分かれば、考え直す気持ちになれると思います。不倫を肯定するような考え方が不倫の土壌になることを肝に銘じてください。

クライエントのレンは「男はみんな浮気者」が口ぐせでした。そう思うようになったきっかけを探ってみると、浮気性の父親を嫌いになりたくないために、幼かった自分が思いついた方便だったと気づいたのです。成人したあともその考え方がしみついていたために、結婚に三度失敗し、一夜限りの情事を繰り返してきました。自分は父親とは違うと自覚したレンは、信じてきたことが必ずしも正しくはないこと、ためになるとはかぎらないことを悟りました。

愛人への未練「あんなにいい思いをさせてくれた相手を忘れられない」

不倫相手と別れてから、何年ものあいだ罪悪感や後悔に苦しむケースがあります。

その気持ちも分かります。愛人の存在はカンフル剤だったに違いありません。自分には縁がないと思っていた官能の世界を教えてくれた、誰よりも自分を理解してくれた、生きがいになってくれた、前向きにしてくれた……。人としても、男（女）性としても自信がついたかもしれません。端的に言えば、精神科医のエセル・スペクター・パーソンが『Dreams of Love Fateful Encounters : The Power of Romantic Passion』のなかで指摘するように、熱愛によって〝自分を縛ってきたものから解放された〟はずです。そんな貴重な経験をさせてくれた相手を捨てたのですから、自責の念に駆られても不思議はありません。まして愛人に将来を約束したり、期待させたりした場合はなおさらです。

ジョンはその好例でした。三五歳の女性と別れて以来、罪の意識にさいなまれたのです。「彼女は女盛りの時期を僕に捧げてくれた、いや、僕が奪ったんです。あれから彼女も五歳年を取った。これから結婚して母親になるチャンスはほとんどないでしょう。彼女には大きな借りができました。家族のもとに帰るためとはいえ、彼女を捨てた僕はひどい男です」

罪悪感の次は悲しみが襲ってきます。楽しい時間を過ごした相手はもういないという悲しさは何年たっても心をよぎることがあります。何かを見たり、聞いたりした拍子に、当時の思い出が走馬灯のようによみがえるかもしれません。「あれは、ファストフード店でレジの前に並んでいたときだった。ディーンと別れてから一年以上が過ぎていたわ」とアリスは振り返ります。「私の前に並んでいた男性が、ディーンの使っていたアフターシェーブローションと同じ匂いをさせていたの。急に気分が悪くなって、空気を吸いに外へ出たわ」

「愛人のジョーンに『妻のもとに戻る』と宣言したときは、正直、肩の荷が下りた気分でした」とバートは振り返ります。「去るものは日々にうとしと言いますが、彼女と会えなくなってから、かえって彼女を思い出す回数が増えました。電話をかけよう、手紙を書こう、どこかでばったり出会えたらと何度思ったことか。家族のもとに帰ったことは後悔していません。ですが、今でもジョーンが恋しくなるんです」

不倫相手への未練は、不倫そのものよりも、パートナーの怒りを買います。不倫相手を恋しがる人と一緒にいるほど屈辱的なことはありません。やり直すと言いながら、不倫相手と別れたことをいつまでも嘆いていたら、パートナーはさらに傷つきます。これでは信頼回復に向けたあなたの努力も、あなたを信じようとするパートナーの努力も無駄になってしまうでしょう。

こんなとき、傷ついたパートナーは相手を問い詰めてはいけません。不倫相手に未練があるか聞いたところで、不実なパートナーは答えに困るでしょう。無理に聞き出しても後悔するだけです。不実なパートナーが本気で不倫相手を愛していた可能性もありますから、不倫相手をけなすような発言は反発を招くかもしれません。また不実なパートナーは不倫相手を悪く言われても許してあげてください。

どちらのパートナーにも考えてほしいのは「未練が残る理由」です。それは不倫相手を忘れられないのではなく、不倫で得た幸福感を忘れられないからではないでしょうか。新しい「誰か」というよりも新しい自分を求めていたのではありませんか。それなら、不倫をしなくても、あなたの願望はふたりの関係のなかで満たすことが可能です。

子供に対する負い目「自分は悪い親なのだろうか」

親としては、不倫問題が子供に与える影響や子供の反応を気にしないわけにはいきません。子供から嫌われるのは想像しただけで恐ろしい。あなたは子供に尊敬される親でありたいと密かに願っているはず。血迷った親、子供を見捨てる親とは思われたくありません。

ビルは十六歳の息子の父親。息子に愛人のことを打ち明ける場面を想像して、たちまち罪悪感に圧倒されました。最初の結婚は、妻を交通事故で亡くすという形で終わりました。当時一歳だった息子を男手ひとつで育て上げ、六年前に再婚しましたが、今は苦渋の選択を迫られています。「恋人のヘザーに夢中なんです」と彼は胸中を話しました。「だけど息子がまた母親を失うのかと思うと胸が痛みます。年頃の息子を傷つけたくない。それに家庭を壊すような父親を息子は一生許してくれないでしょう」

子供に不倫相手の話をすることはリスクと隣り合わせです。結婚生活への不満や愛人への真剣な思いをいくら訴えても、同情どころか理解もしてもらえないでしょう。子供の耳には、家族崩壊の危機としか聞こえないはずです。

ティナが愛人の存在を打ち明けたところ、十八歳の娘は嫌悪感をあらわにしました。「どうしてそれをパパに言わないの？　家事を手伝ってくれないのが嫌なら、私じゃなく、本人に言えばいいじゃない。そんな理由で家庭を壊すの？　私たち家族をばらばらにしようとするママが憎い。自分のことしか考えないママなんか大嫌い！」

親の不倫に悩んだ経験があると、罪悪感はさらに大きくなります。夫婦の醜い争いに子供を巻き込むのは心苦しいものです。

フランクはその一人でした。父親が家族を捨てて愛人を選んだために、十三歳だった彼はどちらの親と暮らすのか決めなくてはいけませんでした。「あのときは父を恨みました」。その三〇年後、フランク自身も父と同じ道をたどることになりました。妻と別れて愛人と暮らすつもりだった彼も、子供に親を選ばせる立場になったのです。離婚して子供を苦しめるか、家庭にとどまって自分を苦しめるか。フランクは迷いました。「空気を取るか、水を取るかと迫られているような気分でした」

そこで、彼は〝現状維持〟という第三の選択肢を選んだのです。当分は妻とも愛人とも手を切らず、離婚に踏み切るタイミングをうかがうことにしました。しかし時間だけが過ぎていき、決心のつかないフランクは今も板ばさみの状態。妻と愛人の間で引き裂かれるような思いをしています。

あなたの心では二人の自分がせめぎ合っているはずです。一人は、今が楽しければそれでいいと考える幼稚な自分。もう一人は、子供の将来に責任を感じる自分。どちらの自分に耳を傾けたらいいかは判断に苦しむでしょう。今は頭の中を整理するのに精いっぱいだと思いますが、どんな決断にも妥協はつきものですし、多少なりとも悔いが残ることを覚悟してください（詳細は第3章、第4章）。

この苦しみを乗り越えるには未来に目を向けること。子供が成人すれば、今の状況を話して聞かせるときも来るでしょう。そのころには親の不倫に対する受け止め方も変わり、あなた自身も気持ちの整理がついているはずです。

孤立感「誰も味方してくれない」

不倫の事実が明らかになると、今まであなたを支えてきた身内や友人にも責められる可能性があります。とくに親には厳しく非難されるでしょう。

「最初のころ、母は毎日電話してきて、私のせいで気分が悪いと訴えたんです」とバリーは言いました。「そんな母も私が電話に出なくなると、態度がやわらかくなりました。最近は娘の力になろうと考え始めたようで、近況を尋ねてきます。だけど、母が本当に知りたいのは、どこで育て方を間違えたのか、どうして自分の娘がこんなふうになったのかということでしょう」

厳格な両親は、あなたの行いを恥じ、愛人と別れろと言うかもしれません。そんな両親にパートナーへの不満や不倫相手に対する真剣な思いを訴えても、聞いてはもらえないでしょう。親が子供に望むのは平和な結婚生活。夫婦のいさかいや愛人の存在は知りたくもないはずです。

親友も、こころよく相談に乗ってくれるとは限りません。とくにあなたとパートナーの共通の友人は一方の味方をすることに抵抗を感じるはずです。不倫問題をタブー視する人もいれば、長々と説教をする人もいるでしょう。

五四歳のプロゴルファーのティナは年下の愛人のことで悩んでいました。親に相談するのは論外としても、親友には話を聞いてもらえると思っていたのに、「目を覚ましなさい。四人の子供がいるんでしょう！」と頭ごなしに叱られました。

身内や友人に責められるのを恐れて愛人を頼る人もいるようですが、それでは愛人と別れづらくなるだけです。

孤立したくない、味方がほしいという気持ちは分かります。しかし、自分の行いを反省するなら、利害関係のない第三者に相談してください。あなたの味方ではあるけれど、あなたの非もきちんと指摘してくれる人です。ただし、どんなに信頼できる相談相手でも、その人はあなたの一面しか知らないことを忘れないでください。相手が知っているのは、あなたが見せている一面にすぎませんし、相手にも主観があります。相談相手に困ったら、カウンセラーやセラピストに頼るのも一案。専門家であれば、あなたの気持ちを尊重しながら、複雑な状況を一緒に分析してくれるでしょう。

あきらめ「パートナーとの関係はもう終わった」

今のあなたにとって、パートナーとの生活は恩赦も脱獄も望めない刑務所のようなものかもしれません。それでも、とどまる理由はたくさんあるでしょう。うしろめたさ、子供、経済的な問題など。けれどもパートナーとの関係が変わるとは思えない……。

それは、不倫相手に入れ込みすぎて、現実が見えないのではありませんか。

五五歳のジェリーは愛人をほめちぎり、妻をけなしました。「恋人のシンディは僕の望んでいることや考えていることをすぐに察してくれるし、ありのままの僕を受け入れてくれる。ところが妻ときたら、まったく僕を理解していない。この先、妻が変わるとは思えませんね。子供のために離婚はしませんが、自分から進んで牢屋に入る気分ですよ」

ジェリーは〝妻は支えにならない〟と思い込み、妻に一度も不満を訴えませんでした。これでは妻も態度を改めようがありません。妻が支えにならないのは、自分の責任でもあったのです。

パートナーとの関係に絶望を感じるのは、あなたがさじを投げたからではありませんか。そのせいでパートナーが挽回のチャンスをなくしたとしたら、悲しすぎます。

優柔不断「どうしたらいいのか分からない」

パートナーとやり直すか、別れるか。愛人と駆け落ちするか、手を切るか。

あなたは重大な決断を前にしてためらい、迷っているでしょう。一つだけはっきりしているのは、二重生活を続けるのは無理だということです。

七年前に結婚したジョイは、勤務先のパーティで知り合った男性に本気で入れ込んでしまいました。「あの晩は、はめを外して深酔いしたわ。エバンに誘われて一緒に踊ったとき、彼のぬくもりにうっとりしたの。でも、そのときは本気になるなんて想像もしなかった。彼とはそれ以上の関係にならないと思っていたから。でも、2週間後に彼のマンションで再会したとき、体の関係ができてしまった。あとはお察しのとおり。今はどうしていいか分からない。夫は真面目な人だし、結婚生活に不満があるわけでもないけれど、彼をあきらめる気にもなれないの。でも、いつまで彼の存在を隠しとおせるのか……。完全に行き詰まってしまったわ」

五〇歳の会社役員のヘンリーも、妻とやり直すことにしたものの、愛人とも別れられずにいます。ある日、気の迷いから愛人をランチに誘い、よりを戻してしまいました。「自分でもバカみたいだと思いました。テーブルの下で彼女の脚をくすぐったり、高校生みたいにはしゃいだり。彼女と再会できた嬉しさに自分を抑えられませんでした。いい歳をした一流企業の役員が発情期の動物さながらに振る舞っている。妻とやり直すことにしたのに、今も彼女と密会しています。どうしたらいいのか分かりません」

決心がつかないのは、後先を考えずに不倫に走った結果であり、感情に流されている証拠です。久しぶりに味わうスリルに、我を忘れているのでしょう。

二重生活を続ける苦しさから逃れるために結論を出そうと思っても、どの道を選んでも納得がいかず、妥協を強いられるように思うでしょう。パートナーとの関係は険悪ではないし、愛人と特別にうまくいっているわけでもない。だったら、パートナーのほうに愛情を注げば万事は解決するのではないかと考えるかもしれません。

今は愛人のほうが良く見えても、いざ生活をともにしたら百年の恋も冷める可能性は十分にあります。美化された相手ではなく、現実の相手を見たとき、またしても不毛な関係に身を投じてしまったと後悔するかもしれません。

判断に迷い堂々めぐりをしても、はっきりした答えは出そうにありません。

パートナーへの愛情は残っているのか。愛とは何だろう。自分は正気なのか。自分を正当化していないか。どうやって結論を出せばいい？　なぜ、こんなことになってしまったのか。パートナー（または愛人）から、どうやって逃げ出そうか。

愛は一本の糸ではありません。何本もの矛盾した思いが絡み合っています。〝愛人と別れてパートナーとやり直せたら〟という希望に、〝愛人と駆け落ちして人生をリセットできたら〟という願望が重なっても不思議ではないのです。

いずれにせよ、あなたが愛人に未練を残している限り、パートナーは傷つき、ふたりの将来を信じられません。現時点では、どちらのパートナーも矛盾する感情を受け入れ、決断を焦らないことが大切。人間の心はいつも定まるとは限りません。愛情が絡めばなおさらです。

自己嫌悪「卑劣な自分に弁解する余地はない」

安らぎ、戸惑い、孤立感……。不倫発覚後の不実なパートナーの思いはさまざまですが、ひとつ共通するのは〝自責の念〟ではないでしょうか。モラルや親の教えに背き、パートナーを傷つけたことは事実です。そのやましさから自分自身をも裏切ったように感じるかもしれません。

結婚十二年目のグレースはテニス教室のコーチと深い仲になり、良心の呵責に苦しんでいます。

「結婚生活では愛は得られないと感じていました」と彼女は打ち明けました。「夫は私と肌を合わせようとしません。私がその気になると、わざと拒むんです。夫は自分勝手。私はさみしくて気がおかしくなりそうでした。不倫を続けている自分は、だめな女です。大切にしてきた貞操観念をこんなにもあっさりと捨ててしまったなんて、自分でも信じられません。彼と知り合ってから、欲しくてたまらなかった愛も賞賛も手に入りましたが、それと引き換えにモラルに背いてしまった。魂まで売り渡した気分です。愛されている実感はあるけれど、自分が嫌になります」

パートナーにひどい仕打ちをしたことを悔いて、弁解の言葉を失う人もいます。

「メグとつき合っていたころ、なぜ妻をあんな目に遭わせてしまったのか。自分でも信じられません」

と三二歳のジョーは言います。

「その日は会社の同僚を集めて野球観戦パーティを開きました。僕の家で一杯やりながら、みんなでプレーオフの中継を見ようと。そのメンバーのなかにはメグもいた。僕たちが同僚以上の関係だということは公然の秘密でした。観戦パーティーに妻が参加しないことは分かっていました。妻は妊娠中だったし、野球も酒も嫌い。その日は妹のところにでも遊びに行ってくれればと思いました。頭の中はメグと過ごすことしかなかった。ところがパーティが始まる直前になって、妻が不正出血を起こしたんです。妻は自分で病院に電話をし、翌日に手術を受ける手配をしました。妻は僕に迷惑をかけまいとして、その晩はモーテルに泊まると言い出したんです。そうすれば自分もゆっくり休めるし、僕もパーティを中止せずにすむからと。僕は同意しました。その翌日も妻を一人で病院に行かせたんです」

ジョーは激しく首を振ります。「救いようのない最低の夫でしょう。言い訳の余地はまるでない。僕は妻がいちばん困っているときに妻を見捨てた。ひとつ弁解できるとしたら、メグとの恋愛に夢中で周囲が見えなくなっていたということでしょうか。あのときは本当にどうかしていました」

パートナーを悪者にしようとした自分を恥じて、自己嫌悪に陥るケースもあります。

シドはＭＢＡの取得を目ざして大学院に通う二六歳。元妻のイングリッドを自分と同じ〝罪人〟に仕立てようとしました。「わざとイングリッドに冷たくあたりました。彼女から冷たい仕打ちが返ってくれば、離婚の理由になると思ったんです。イングリッドを共犯者にして、別れるきっかけにしたかった。そうすれば、離婚の責任を一人で負わずにすむ。友達に頼んでイングリッドを誘惑させたこともあります。僕と同じ過ちを犯してほしかったんですよ。カウンセリングに連れていったこともあります。カウンセラーだったら、僕に代わってずばり助言してくれるんじゃないか、〝イングリッドのほうから〟出て行くべきだと言ってくれるんじゃないかと期待してね。彼女に優しくされたときは最悪でした。いたたまれなかった。家を出て行くと告げると、荷造りを手伝ってくれたんです。自分の人生をめちゃめちゃにした夫の、その荷物を彼女は詰めている。イングリッドの献身に息が詰まる思いでした。だから僕は

（＊3）主な反省点

□ 劣等感が強く、自信がなかったので、おだて上手な相手に心が傾いてしまった
□ パートナーに素直に甘えられず、ほかに甘えられる相手を求めた
□ 自分のわがままをとおすことばかり考えていた
□ パートナーとの関係がマンネリになり、うまく対処できずに、よそに刺激を求めた
□ 自分の問題に気づかなかった、あるいは認めたくなかったためにパートナーを悪者にしていた

彼女のもとを去ったんです」

その後、離婚したシドは四年たった今でも当時の行いを悔やんでいます。「ひどい夫でした。あのときは若気の至りでした。夫になる資格がなかったんです。黙って家を出ればよかったのに、イングリッドにさんざん迷惑をかけた。そんな自分をこれからも許すことはないでしょう」

罪悪感は道を誤ったことを知らせる警告であり、良心の声に耳を傾けなさいというメッセージです。自己嫌悪に陥っているだけでは何も学べません。自分にさじを投げてしまったら、自分を見つめ直す機会まで失うことになります。我が身を反省するときは自分のすべてを否定するのではなく、未熟な部分にだけ目を向けてください。パートナーを軽く見たり、つらくあたったりしたおぼえがあるなら、自分の考え方にゆがみがなかったかどうか反省しましょう。反省するべきことが分かって初めて心を改め、人間として成長し、自分を許せるのです。例えば、上の項目（＊3）のようなことです。

反省点を挙げるときは、パートナーに反省してほしい点もあわせて考えてください。そうしないと自分を敵に回すこと

になります。不倫に走った責任はあなた一人にあります。パートナーから不倫を〝強要〟されたわけではないのですから。ですが、パートナーに対する不満が不倫の一因だとしたら、その点についてはパートナーにも非を認めてもらうべきです。

不倫の受け止め方に見る男女差

性別による不倫観の違いは、不実なパートナーにも見られます。性差ですべてが説明できるわけではありませんが、不倫問題の原因を探るうえで参考になるでしょう。

ある調査によると、女性は愛情と心の支えを求めて不倫をするのに対して、男性はセックスが主な目的のようです。女性は愛ある不倫なら許されると考え、男性は愛なき不倫を正当化する傾向にあります。総じて女性のほうが不倫関係に悩んでいるようです。

こうした調査結果を言い訳にするのはいけませんが、あなたの胸中をパートナーに理解してもらい、不倫の背景やふたりの課題を話し合うきっかけになるでしょう。

男女差①　女は心の友を求め、男は遊び友達を求める

女性「心を許せる人に、やっと出会えたわ」

男性「セックス、テニス、ジャズ。彼女とは共通の趣味が多いんだ」

女性が不倫相手に求めるのは、パートナーから得ることのできない心のふれあい。理解ある話し相手を求め、言葉をとおして心を通わせようとします。

よく言われるように、女性にとってセックスは寝室に入る前から始まります。心も前戯を受けることで愛情と信頼が芽生え、興奮が高まるのです。不倫相手に対しては、心を許してから体を許すケースが多く、体のつながりができたあとも心のつながりを深めようとします。

それに対して男性は、愛なき不倫を経験することが多いようです。愛人とは（セックスに限らず）一緒に体を動かすことを好み、言葉のいらない体験をとおして親近感を深めます。不倫に走るきっかけは友情よりも欲情、不倫を続ける目的は共感や理解よりも性の冒険と考えられます。

また、女性に比べるとパートナーへの不満はあまりないようです。同性愛者のカップルを見ても、男性役は女性役よりも〝移り気で、肉体関係だけの不倫に走りやすい〟とジャーナリストのロバート・ライトは指摘しています（ライトはこの理由を進化論の見地から説明。〝一年間に男が残せる子孫は無限だが、女は一人だけである。したがって男は相手を選ぶ必要がない〟と述べています）。

こうした男女差をわきまえていれば、不倫の再発防止に役立つでしょう。あなたが女性なら、パートナーに直接不満を言わなかったことを反省し、今後はパートナーを心の支えにしてください。傷ついたパートナーのなかには、〝こんなことになるのなら、もっと早く不満をぶつけてほしかった〟と嘆く人も多いのです。

あなたが男性なら、不倫をした理由とパートナーへの不満に関連があるのかどうか考えてみてください。不倫に走ったのは愛人に一目惚れしたからであって、パートナーに不満があったからではないのかもしれません。だとすれば、このままパートナーと別れたら、きっと後悔するはずです。

男女差②　不倫を正当化する理由として女は愛情の存在を、男は愛情の不在を強調する
女性「でも、彼を愛していたわ」
男性「でも、彼女を愛してはいなかった」

女性は愛ある不倫を正当化しがちですが、男性はその逆です。女性は心身ともに愛人に深入りするのに対し、男性は遊びの関係ならかまわない、男の浮気は甲斐性だと開き直ったりします。ゆきずりの情事についてあまり深刻に考えることはなく、出来心や性欲処理で片づける場合が多いようです。

男女差③　女は不倫に悩み、男は不倫を楽しむ
女性「不倫をしてから悩むことが多くなった」
男性「不倫をしてから人生が楽しくなった」

一般的に、男性よりも女性のほうが不倫の恋に苦しみ、自責の念に駆られがちです。肉体関係を持った相手に感情的にも深入りする傾向があり、セックスと恋愛を分けて考えるのが得意ではありません。『不倫あそばせ——恋あってこそ美しき妻』（同朋舎出版）の著者キャロル・ボトウィンは不倫中の人妻を対象にした調査でこう結論づけました——概して女性は男性とは対照的に、不倫から解放感を得ることができない。苦悩し、罪悪感をおぼえ、夫に不満を抱き、愛人に依存するケースが多い。

子供と接する時間が短くなることも、罪悪感の一因です。ほとんどの女性は育児の担い手ですから、愛人と会うために子供を預けるときは、余計にうしろめたさを感じます。いわゆる謙譲の美徳を心得る女性ほど、自分の都合を優先することに罪悪感をおぼえるようです。

一方、男性の場合は公私の区別をつけるのが得意。女性とは違い、恋人やデートの詳細を思い出すことが少ないので、不倫相手のことで頭がいっぱいにはなりにくいでしょう。男性がアダルト動画に夢中になれるのは、ゆきずりの情事や愛なきセックスに抵抗がないからかもしれません。動画を見ただけで見ず知らずの相手に興奮できるのですから、愛情のわかない女性とのセックスも楽しめるはずで、感情的なしがらみは、むしろ脅威のようです。全米規模のセックス白書によると、男性の五四％が日に一回はエロチックな空想にふけるとか。ちなみに女性は十九％に過ぎません。

あなたが女性なら、頭の中は愛人のことでいっぱいだと思います。あえて厳しいことを言いますが、愛人に費やす時間と労力が増えるほど、愛人の存在が必要以上に大きくなります。ほとんどの女性は肉体関係だけの不倫を肯定できませんから、罪悪感を打ち消すためにパートナーへの不満や愛人への思いをオーバーに考えがちです。

あなたが男性なら、愛人とは〝大人の関係〟でいられると考えているかもしれません。しかし、女性である愛人は、より親密な関係を求めてくるはずですから、あなたの読みは外れる可能性が大です。そうなったときは今までのように気楽な関係ではいられなくなるでしょう。

不倫に対する男女の考え方の違いを示すことは、それを事実と決めつけてしまう危険をはらんでいます。しかし、前章でも指摘したとおり、こうした性差は的外れであったり、実際とは正反対のケースもよくあります。げんに男性のなかには遊び相手ではなく、心の拠りどころを求めて不倫に走る人もいるのです。前述のキャロル・ボトウィンや『エロティック・サイレンス』（サンマーク出版）の著者ダルマ・ハインが正しければ、この世には積極的にセックス相手を求める女性（ボトウィンは〝新種の女たち〟と呼んでいます）も存在するようです。男女の不倫観の違いを参考にすることもけっこうですが、それ以外にも検討するべき課題は多々あります。

ここまでは不倫発覚後の両パートナーの心理を説明しました。次はパートナーとの今後を冷静に検討し、悔いのない結論を出しましょう。そのためには自分の恋愛観や結婚観を見直す必要があります。誤った思い込みがあると、希望のない相手を選び、有望な相手に背を向けることになります。

ステップ2

別れるか、やり直すか

――感情に流されない、賢い決断のために

3

恋愛の錯覚、結婚の誤解

不倫の事実が明らかになった以上は、パートナーとやり直すか、別れるか決めなくてはいけません。いずれにせよ決断は慎重に行い、決して感情に流されないでください。どんなに強烈な感情も誤解や思い込みから発することが多く、現実性や正当性に欠けることがあります。今は正しいと感じても、あとになって早計だった、軽率だったと悔やんでも取り返しはつきません。

希望のない選択が二つあります。一つは不倫の原因究明も再発防止の努力もせずに結婚生活を維持するケース。もう一つは離婚は避けるが、一方のパートナーは不倫を続け、もう一方は失意と怒りを抱え続けるケースです。

両パートナーがオープンな関係を容認している場合は別として、愛人の存在がカップルの関係を改善した例は、私の知る限り一つもありません。**むしろ、やり直す努力が無駄になるだけです。**

実際には、有望な選択肢は二つしかありません。一つは、両パートナーが協力してやり直す努力をすること。このとき、傷ついたパートナーが不実なパートナーにやみくもに執着し、是が非でも放すまいとすることがあります。これは典型的な**一方通行の愛**。パートナーをつなぎとめたい気持ちは分かりますが、それで本当に幸せになれるでしょうか。

もう一つは、別れを決めて、それぞれが別の道を行くことです。このとき、不実なパートナーは見境なく愛人に入れ込み、是が非でも一緒になろうとすることがあります。これが典型的な**盲目の愛**。こんなに愛しているのだから、この愛は本物に違いないと思うでしょうが、はたしてそうでしょうか。

結論を出す前に、これらの愛を検討してみましょう。今は結論を急ぐときではありません。

一方通行の愛　「どんな仕打ちにも耐えてきたのはパートナーを愛している証拠」

一方通行の愛とは、パートナーに対する激しくも不毛な執着を指します。この執着があると、どれほど不健全な関係であっても離れることができません。この愛の盲点（あなたが見落としている点）はパートナーの冷酷さとあなたの献身のむなしさです。

外から見ると、不公平で報われない関係であることは明らかですが、当人は「それでも彼（女）を愛しています」と当たり前のように言います。別れない理由として十分といった口ぶりです。

かたくなに、ときには意地になってパートナーを取り戻そうとしますが、本当にそうするだけの価値があるかどうかは考えません。それは自己評価が低く、当然の権利を主張することができず、愛の本質を分かっていないからです。パートナーに何をどこまで期待していいのか。その期待にパートナーは応える力があるのか。パートナーは改心する可能性や意志があるのか。そういった疑問を感じるゆとりがないのでしょう。

私のもとを訪ねてきたゲイルは、夫のクレイグに結婚前から愛人がいたことを知ったばかり。ショックが覚めやらぬ彼女は現実を受け入れられません。「結婚生活はうまくいっていました。今もクレイグは最高の夫です」

夫への忠誠は変わることがないと訴えているようでした。ところが結婚生活を振り返るうちに、頭の隅に追いやっていた記憶が鮮やかに蘇ってきたのです。夫は汗ばんだ体でゲイルを求めてくることがありました。ゲイルが汗まみれの理由を尋ねると適当な返事をしていましたが、今にして思えば、よその女性を抱いたあと、シャワーも浴びずに帰ってきたのです。それに気づいて、ゲイルはがく然としました。またゲイルが乳ガンの検査を受けに行ったとき、車で迎えに来た夫は好きな音楽を聴いてばかりいて、検査の結果を尋ねようとはしませんでした。そんな夫に対して、ゲイルはただの一度も幻滅や怒りを感じなかったのです。

カウンセリングを重ねた結果、ゲイルはようやく現実を受け入れ、妻として邪険にされてきたこと、夫に不信感を抱いていたことを認めました。しかし「どんな仕打ちにも耐えられたのは夫を心から愛しているからです」と言い張るのです。不当な扱いを受けてきたことを自覚できたのは大きな前進でしたが、夫への依存は少しも変わりませんでした。

夫にも結婚生活にも見返りを求めなかった理由は、幼少期を振り返って分かりました。ゲイルの父親は浮気性で、おとなしい母親をなじっては、自分の浮気を妻のせいにしていたのです。それでも母親はじっと耐え、夫に尽くし、セックスの要求にも必ず応じました。ゲイルにも「夫を手放したくなかったら、セックスを拒んではだめよ」と言い聞かせていたのです。

愛されるには服従するしかないと教えられて、ゲイルは育ちました。結婚後は夫に尽くすばかりで、外の世界に関心を向けませんでした。しかし、両親の関係や自分と夫の関係だけが夫婦の形ではないと

「分かってる。でも、この人を変えてみせるわ」（By Eric Kaplan, ©1993 The New Yorker）

知ったとき、心の底から怒りが込み上げてきたのです。

あなたも自分の胸に聞いてみてください。パートナーは私の愛に応える器があるのか。私はパートナーの振る舞いを正当化していないだろうか。ひどい仕打ちを受けても愛されたいと思うのは、過去の体験に原因があるのではないか。

パートナーへの接し方も反省してみましょう。否定的な言動は否定的な反応を引き出します。相手を責めたり、冷たくあしらったりすれば、相手も同じ態度で接してきます。それがふたりの関係を悪化させたのなら、その点については反省しつつ、パートナーにも同様の反省を促すことが大切です。

ただし、もともと自省の念に欠け、対人関係が維持できない人もいます。依存症や性格障害を抱えている人、もっと一般的には共感能力に欠けている人がそれにあたります。しかし、パートナーが大事にしてくれないという理由だけで別れを決めてはいけません。その代わり、パートナーとの関係を振り返り、不当に扱われてきたことを自覚してください。あなたの愛は報われるべきです。報われないのに、愛情を安売りしてはいけません。くれぐれも〝都合のいい幻想〟にしがみつかないこと。問題があるのに見て見ぬふりをしていては状況は改善しません。

パートナーが改心しないのは深刻な心の問題を抱えているからなのか、それとも、一時的に動揺していて思いやりを忘れているだけなのか。これはあなた自身が判断しなくてはいけません。パートナーへの依存を断ち、一方通行の愛が不健全なものだと分かれば、ふたりの関係は改善するのか、するとしたらどの程度改善できるのか見えてくるはずです。

盲目の愛「彼（女）のためを思えば何でもできる。彼（女）のおかげで愛も幸せも生きがいも手に入ったのだから」

盲目の愛とは、愛人に対する、激しくも不健全な執着です。この執着があると、たとえパートナーに不満はなくてもパートナーのもとを離れたくなるでしょう。

当人は〝本物の恋〟にめぐり合えたと確信しています。そうでなければ、これほど相手を好きにはならないし、大きな犠牲を払おうとは思わないと。この愛の盲点（あなたが見落としている点）は、その〝本物の恋〟の正体です。それは相手への思いではなく、幼少期に満たされなかった思いと関係があるのかもしれません。

愛人に対する思い入れやパートナーに対する失望をきちんと分析できますか。一過性の激しい恋と一生ものの静かな愛とを区別できるでしょうか。

愛人に夢中になっているときは、こんなことを考える気にはなれないでしょう。ひたすら恋に酔いしれていたいと思うかもしれませんが、どうかこの先を読み進めて、盲目の愛の実体を知ってください。そのうえでパートナーとの関係をどうするか、悔いのない判断をしてほしいと思います。

まずは、愛人と会ったり、愛人のことを考えたりすると、あなたの心身にどのような変化が起きるのかを探ってみましょう。

心理の変化

盲目の愛は「陶酔、恍惚、非現実感、多幸感を引き起こす」と精神科医のエセル・スペクター・パーソンは述べています。この強大な恋の魔力は〝急性の化学反応〟とも呼ばれ、ごく自然に発生します。あなたの心は理想の相手に出会えたという思いでいっぱいになるでしょう。

こうして恋に落ちると、全神経は愛人に集中します。愛人と一緒なら心も体も満たされ、できるだけ長く一緒にいたい、ひとつになりたいと強く思います。寝ても覚めても頭のなかは愛人のことだけ。彼（女）のためなら何でもできると思うでしょう。人は自分の感情や行動に説明をつける習性があるので、こんな気持ちになるのは真の愛を見つけたからだと解釈するでしょう。そうでなければ、これほど夢中になる理由を説明できないからです。

贈り物をしたり、デートの予定を立てたりと愛人のために時間や労力を使うほど、愛人の価値は上がります。そのぶんパートナーに注ぐ時間と労力は減りますから、パートナーの価値はおのずと下がっていきます。

認知の変化

恋に落ちると物事の見方に歪みが生じます。あばたもえくぼに見えるのはそのためです。美化された相手は高貴で、知的で、刺激的で、デリケート。何よりも、かけがえのない存在に思えるでしょう。この錯覚が男女を結びつけ、子孫の繁栄につながると考えられてきました。今のあなたは愛人の長所を過大評価し、短所が見えないはずです。これでは、長年連れ添ったパートナーに勝ち目はありません。

その歪んだ視線はパートナーにも向けられますが、今度は短所だけが目につきます。愛人は主役で、パートナーは脇役。新鮮さがない、おもしろくない、堅苦しい、口うるさいなどとパートナーを批判し、愛人に惹かれる自分を正当化したくなります。前出のスペクター・パーソンの言葉を借りれば「配偶者に対しては嫌いにならないまでも愛想が尽きてくる。結婚生活に対しては失敗とは思わないまでもバカバカしくなってくる」かもしれません。しかし、そこに落とし穴があるのです。

脳内環境の変化

「恋は天然の麻薬」と社会学者のアンソニー・ウォルシュは表現しましたが、実際に恋愛感情が起きると脳内にはドーパミン、ノルエピネフリン、フェネチラミン（ＰＥＡ）といった神経伝達物質が大量に分泌されます。しかし､その作用は一時的。とりわけＰＥＡによる陶酔感は急速に冷めてしまいます。体がこれらの物質に慣れてしまうために、以前のような効果は得られなくなるのです。

この段階が過ぎると、今度はエンドルフィンと呼ばれる物質が分泌されますが、これは天然の鎮静剤とも呼ばれるもので、精神を落ち着かせる働きがあります。ですから、狂おしい恋心もやがては穏やかな愛情へと変わっていくのです。

理屈のうえでは恋から愛への移行はスムーズに行われ、神経伝達物質の仲介によって恋愛感情は次のステージに進むはず。しかし、現実の恋愛には幻滅期や倦怠期がつきものです。その時期を乗り切るためには愛情にも氷河期があることを知り、受け入れなくてはいけません。

理想のカップル像にとらわれていませんか

パートナーとの関係が思うようにならないのは、相手の責任よりもあなた自身の考え方が原因かもしれません。パートナーに不満を感じるのは、そもそも期待が高すぎるからではないでしょうか。

例えば、次（＊１）のような固定観念にとらわれていませんか。だとしたら、そうした前提が本当に正しいかどうか考え直してほしいのです。自分は理想論者でないから関係ないだろうと思うかもしれませんが､よく検討してください。このうちのどれかが不満の火種になっている可能性は大いにあります。

不満の原因はあなたへの要求が多ぎること（あなたの反省点）と、パートナーが基本的な要求に応えないこと（パートナーの反省点）の両方が考えられますが、その線引きは簡単ではありません。自分の

（＊1）パートナーシップに対する固定観念

□ パートナーとは以心伝心の間柄でなくてはいけない
□ パートナーは私の気持ちを常に察してくれるはずだ
□ 愛は努力して得るものではない
□ 信頼は努力して得るものではない
□ 私は大切にされて当然である
□ 相性はいいか悪いかのどちらかである
□ パートナーは私を無条件に愛さなくてはいけない
□ 私が困っているときはパートナーはいつでも親身になるべきだ
□ 愛情も感情のひとつだから、無理に起こす必要はない。自然に感じるべきだ
□ 良好な関係とは波風の立たない関係である
□ 私が満たされないのはパートナーのせいだ
□ 性欲は起こすものではない。自然に起きるものである
□ パートナーに男（女）としての魅力を感じなくなったら、ふたりの関係もおしまいだ

心の内を正直にのぞくことが求められるからです。もし、パートナーに対して次（＊2）のような過剰な期待があると、自分の心に向き合うことは難しいでしょう。

無理難題を押しつけてきたことを反省し、かつ、やり直す気持ちがあるのなら、これからは期待値を下げましょう。あまり多くを求めず、パートナーが応じられる程度にしておけば、パートナーが期待に応えられなくても大目に見られますし、倦怠期を乗り切るのも容易になるでしょう。

シェリル・マーサー著『Grown-ups』にはパートナーシップのひとつの形が描かれています。地味で淡白な夫婦関係とも取れますし、深く成熟した夫婦関係とも解釈できるでしょう。

（＊２）パートナーに対する期待

- □ 友人、伴侶、保護者、遊び仲間、恋人を兼ねてほしい。私の気分に応じて役割を使い分けてほしい
- □ 私の望みを確実に、タイミングよくかなえてほしい
- □ 私をほめてほしい。実際よりも知的で、魅力的で、有能だと感じさせてほしい。コンプレックスを刺激しないでほしい
- □ 私と一心同体でいてほしい。べったりされるのは困るが、退屈させないでほしい
- □ 私のわがままをいつも聞き入れてほしい
- □ あなたの欠点は受け入れられないが、私の欠点は許してほしい

結婚について考える。どんな夢を託そうかと考える。すると、どういうわけか、魂の契りを結ぶなどという高尚な考えは浮かんでこない。それは一種の幻想で、雲をつかむような感じだ。私をときめかせるのは、愛する人と小さな習慣を共有すること。夫婦であることを実感できるような日常の儀式を分かち合うことだ。そのなかでふたりは愛し合い、一緒に家具を選び、旅行の計画を立て、クローゼットのスペースを奪い合い、同じ歯磨き粉を使い、去年と同じようにクリスマスを祝う。私も恋をしているから、ともに人生を歩むということが少しは想像できる。それは他人には通じないジョークを交わし、共通の友達をつくり、コーヒーをいれる係と朝刊を取る係を決め、同じ話をまた聞かされる迷惑をうれしく思ったりすることではないか。日常の一コマも、人生の一大事も分かち合うことを誓う。それは誰かと初めてベッドをともにするよりも、はるかに親密で官能的に思えるのだ。

愛の形は変わる――灼熱の恋から成熟の愛へ

愛は一カ所にとどまってくれません。相思相愛のふたりもやがて不満をおぼえ、心が冷め、そして再び愛情を通わせるというプロセスをたどるのです。この移ろいを理解していないと、いい時期が過ぎたあとは不毛の時期が永久に続くように思えて、不倫に逃げたり、なびきやすくなったりします。しかし、愛情にも波があることを知っていれば、どんな局面を迎えてもふたりの関係は深くなり、活性化し、新鮮さを失わずにすむでしょう。

愛の姿は永遠に同じではなく、常に変化するものと心得てください。そうすれば不安定な時期を迎えても、その先の安定期に目を向けながらもちこたえることができます。

心理学者のバリー・ディンとマイケル・グレンによると、愛の第一段階は拡張と希望、第二段階は縮小と失望。後者においては、どちらのパートナーも譲り合う気持ちや柔軟性がなくなり、幼少期の行動パターンや思考パターンに逆戻りする傾向が見られます。相手に幻滅し、心の古傷がうずいてくるのもこのころ。それでもふたりの心が離れることなく、お互いの未熟さを許せるようになると、次の段階（妥協、和解、調和、安定の段階）に進むことができます。

つまり恋の炎が沈まったあとは、固く深い絆を結ぶために必ず通らなければならない幻滅期が待ち受けているのです。相手の素顔が見え始め、美しいラブストーリーは、結末の見えないノンフィクションに取って代わります。お互いを批判することが多くなり、性生活は味気なくなるかもしれません。この難局を乗り越えるには、恋の魔法がとけたあとの現実を受け入れる必要があります。

不実なパートナーは、伴侶に対して言い尽くせないほどの不満があるかもしれませんが、愛人に対してはどうでしょう？　その答えは私と女性クライエントとのやりとりに表れています。彼女は夫を捨てて、年下の恋人を選びました。

私「彼の嫌いなところは？」
女性「まったくありません」
私「どんなことで喧嘩をしますか」
女性「喧嘩はしないんです」
私「この先、彼とのあいだにどんな問題が起きると思いますか」
女性「何も考えつきません」

恋の魔法にかかっている間は愛人に不満を感じることはないでしょう。夫婦カウンセラーのスチュアートとジェイコブソンも「恋愛中は錯覚が起きやすい」と述べています。あなたの恋心を焚きつける神経伝達物質が分泌されているのですから、あばたはえくぼに見え、愛人の欠点は視界に入りません。しかし、いずれは幻滅を感じるときが来ます。

つき合いが長くなれば、相手のあらや欠点は必ず見えてきますから、いらだちや失望も避けられません。パートナーの魅力が魅力でなくなるのは、パートナーが変わったからではなく、あなた自身の解釈が変わったからです。以前はありがたく思えたパートナーのやさしさが、今は窮屈に感じる。昨日までのカリスマ性が、今日は自己顕示欲にしか見えない。恋の魔法が消えると相手の印象があやふやになり、長所と短所の区別がつかなくなります。それは性格に両面があるからです（詳細は第5章）。

ふたりの今後を決めるときが来たら、一時の感情に流されず、パートナーを客観的に見るように努めてください。愛人との恋に夢中なら、その恋に盲点はないか見定めることです。そして、ドラマチックではないけれど穏やかに続く関係をパートナーと一緒に築いていけるかどうか検討してください。

恋愛感情がピークを過ぎると、夏が去ったかのような一抹の寂しさが訪れます。しかし、その向こうには円熟した愛が待っています。そこまでたどり着いたら、お互いのいいところも悪いところも受け入れ、愛情が冷え込む時期やストレスの多い時期でも絆を保つことができます。

パートナーをあきらめる前に自問してください――問題はパートナーにあるのか、自分にあるのか。愛情が冷めたのはパートナーに決定的な欠点があるからなのか、私が一方的に幻滅したからなのか。ふたりの関係や愛情は永遠に変わらないと思い込んでいなかったか。

恋愛観、結婚観を見直す

愛は感情であると同時に概念でもあります。愛情関係にどのようなイメージを抱いているかによって、パートナーの選び方もパートナーへの満足度も変わります。

恋愛観、結婚観は両親の夫婦関係や、あなたと両親の親子関係に左右されます。ですから、今の自分を知るうえで幼少時代の家族関係を振り返ることは大いに参考になります。

ジョンズ・ホプキンス大学で性科学を研究するジョン・マネー教授によると、人は潜在意識のなかに独自の地図を持ち、それを頼りにパートナーを探すそうです。この〝愛の地図〟は思春期までに刷り込まれ、この地図と類似点がある相手が恋の対象となり、類似点が多いほど強烈に惹かれます。

両親が成熟した関係で結ばれていれば、それを見て育ったあなたも成熟した恋愛関係や夫婦関係を築く確率が高くなるでしょう。反対に、両親の関係が良好ではなく、あなたの自己肯定感が育たなかったとします。その場合、あなたが恋に落ちる相手は一見すると親と違うタイプかもしれませんが、実際には親と同じで、あなたの心の成長を阻み、幼少時代のトラウマを追体験させることが多いのです。

ジョンの母親は持病があり、父親は酒びたりで職を転々としていました。ジョンは幼いころから家事を一手に引き受け、買い物、炊事、夫婦喧嘩の仲裁までこなしました。大学時代にデビーという女の子に恋をしました。彼女はうつ病を患っていましたが、彼女を支えることに違和感はなく、五回目のデートでプロポーズしたのです。しかし、幸せな日々は半年ほどしか続きませんでした。ジョンの負担はあまりにも大きく、幼少時代を繰り返しているようでした。以前はデビーに尽くすことが喜びでした。自分の存在価値を実感できたからです。それも今では重荷に変わり、息苦しさや怒りをおぼえるようになりました。

クライエントのメアリーは父親に否定され、けなされながら成長しました。恋人となったピーターもメアリーの献身に決して満足しませんでした。もっと愛情豊かな男性を好きになればいいのですが、メアリーはピーターのようなタイプでないと自分らしさを実感できなかったのです。彼女にとっては子供時代を追体験させてくれる相手が恋愛の対象でした。ピーターとの関係は不健全でしたが、無意識のうちに親近感をおぼえたのでしょう。

傷ついたパートナーがひどい伴侶から離れられない理由、不実なパートナーが愛人に執心する理由は幼少期の体験に深く関わっています。

傷ついたパートナーが報われない関係を続けるのは、そうした愛の形しか知らないからかもしれません。視野が狭く、自分にふさわしい相手が分からないのではないでしょうか。不当に扱われている自覚がなければ、報われない関係に疑問を感じ、ほかの選択肢を考えることはできません。

不実なパートナーがつき合いの浅い愛人に未来を託そうとするのは、幼少期に満たされなかった心をパートナーが満たしてくれないからではありませんか。だとしたら、本当に望んでいるのは心の穴を埋めてくれる相手かもしれません。

激しい恋に落ちたからといって、真実の愛が見つかったとは限りません。心が満たされ、苦い体験を忘れられるという期待がそう思わせているのでしょう。繰り返しますが、一目惚れはトラウマが引き金になって起きる場合が多いのです。その反対に、一目惚れまでいかなかった相手はあなたのポジティブな部分を引き出すことがよくあります。信じられないかもしれませんが、後者との恋愛は穏やかで長続きする可能性が高く、トラウマを刺激することも少ないようです。

それでもなお、愛人と生きるほうが幸せになれると判断する人もいるでしょう。

愛には人を変える力があります。これほど人を変えるものはありません。愛によって人は成長し、進化し、理想の姿になることもできます。愛人のおかげで、今まで眠っていたあなたの良さが引き出されるかもしれません。パートナーとの不毛な関係を解消し、今度こそ成熟した愛を成就したいと考える人もいるでしょう。しかし、パートナーに見切りをつける前に、もう一度だけ自分自身の葛藤に向き合ってほしいのです。その葛藤はパートナーとの関係のなかで解決できるかもしれません。

愛人を選ぶ前に、胸に手を当てて考えてください。パートナーと別れることは自分を成長させるために必要なのか、それともトラウマから逃げるための口実なのか。パートナーと愛人のどちらを選んでも幻滅を感じるときは必ず来ますし、良好な関係を続けていくには相当な努力が必要です。

本章では恋愛観や結婚観を見直しました。しかし、結論を出すには検討するべきことがまだ残っています。次章ではその課題を考え、パートナーとやり直すのか別れるのか、決断しましょう。

4

決断――迷いと不安を断ち切る

前章ではパートナーとの今後を考えるために〝恋愛観〟や〝結婚観〟を取り上げました。今度は決断のときに生じる迷いや不安に決着をつけましょう。ためらいながら結論を出すのは後悔のもとです。

こうした問題には一人で向き合うのがいちばんです。パートナーの前ではどうしても意固地になってしまい、気持ちを整理するのが難しくなります。また、パートナーを傷つけまいとして本心を隠したり曲げたりしては、自分に正直になれません。現時点では煮え切らない気持ちをそのまま受け入れることが大切。ごまかしても否定してもいけません。

次に挙げるのは両パートナーが抱える迷いや不安です。一方だけに当てはまる項目もありますが、ほとんどが両者に共通しています。

1. これほどダメージを受けた関係を立て直すことはできるのだろうか
2. パートナーを信じていいのか
3. お互いに前向きに変われるのか。もともと私たちは相性が悪いのではないか
4. パートナーの努力は認めるが、それは長続きするのか。本当に誠意はあるのか
5. パートナーが失いたくないのは私か、私といることのメリット（財産、住居、子供）か

6. こんな理由で、やり直すことを決めてもいいのだろうか
7. 子供のために離婚は避けるべきか
8. 心変わりをしたパートナーが私を愛せるわけがない。やり直す意味はあるのだろうか
9. やり直す決心がつかないのに、愛情を表現したり、行動をともにしたりしていいのか
10. 愛人に会うほうが気持ちの整理をつけられるのではないか

それでは、ひとつずつ詳細に検討しましょう。そのうえで悔いのない結論を出してほしいと思います。

1. これほどダメージを受けた関係を立て直すことはできるのだろうか

一度なくした愛情は二度と戻らない、いったん失った信頼は永遠に回復しない――不倫の発覚後は、そんなふうに思い込むのも無理はありません。ですが、ここでパートナーとの歴史を振り返ってください。幸せな時期、仲の良いころはありましたか。パートナーのどんなところに魅力を感じたのかおぼえていますか。

ふたりの今後を占うカギは、なれそめの時期にあります。カップルとして幸先の良いスタート（意見の対立を話し合って解決した、将来の夢を分かち合えた、性生活が充実していた、一緒に行動することが多かった）を切れたのなら、ふたりの将来はあなたが思う以上に有望です。その反対に、カップルとしての基盤がもろく、幸せな思い出がつくれなかったとしたら、関係の修復は難しいかもしれません。記憶をたどるときは主観や私情を交えないこと。現在を正当化するために過去を曲げてはいけません。

不実なパートナーは、つらい思い出を挙げて、不倫に走った言い訳にしがちです。傷ついたパートナーは、楽しい思い出を挙げて自己弁護をする傾向があり、「私はあなたが言うほどひどい伴侶ではない。ふたりの関係はあなたが思うほど悪くない」と訴えたりします。

楽しかったことも、そうでなかったことも、ありのまま思い出してください。記憶を編集してはいけません。

この作業では、それぞれの思惑がはっきり表れます。例えば、離婚を考えていると〝結婚してから大切にされた記憶は一度もない。妻（夫）は支えになってくれなかった〟と思えますが、やり直しを望んでいると〝妻（夫）の愛情をたびたび感じた。幸せな時期もあった〟と考えるはずです。いずれにしても現在の心境に合わせて過去を書き換えたのでは、記憶をたどる意味がなくなります。

思い込んだことは実現します。ふたりの仲は終わった、もう救いようがないと思えば、そうなるしかありません。あなたがやり直しをあきらめかけているのは自己暗示にかかったからではないでしょうか。断念するだけの根拠はあるのか、結論を急ぎすぎたのではないか、もう一度考えてください。昔の幸せが未来の幸せにつながるとは限りませんが、それでもふたりの歴史に幸せな一コマがあるなら、今後の見通しは明るいと言えます。

2. パートナーを信じていいのか

裏切られた以上、パートナーへの信頼は大きく揺らぎます。この人に将来を預けられるのかと不安になるのも当然でしょう。その不安が現実になるかどうか正確に占うことはできませんが、次の五つを目安にすれば、だいたい予想はつくはずです。

目安１――パートナーの了見

〝心を入れ替える〟という口約束だけでパートナーを信じることはできませんが、口約束さえしないパートナーはますます信用できません。

ある女性クライエントは夫婦カウンセリングの席で、夫に不倫の理由を尋ねました。すると夫は「バレると思わなかったから」と答えました。「つまりバレなければ浮気をしてもいいと思っているの？責められなければ、罪の意識を感じないの？」。見つからなければ何をしてもかまわないという夫の考え方に疑問を感じたクライエントは、夫がまた浮気をするのではと心配になりました。その予感は的中しました。

第２章で、不倫を正当化するような固定観念をリストにしました（52ページ）。それを参考にしながら、パートナーの認識を確認し、今後の行動を予想してください。

クライエントのリーはリストを見ながら、不倫をした夫に問いただしました。「あなたは今でも自分は生まれつき浮気性だと思っているの？」

「いいや。でも、人は衝動に駆られて理性を失うこともあるんじゃないかな」

「不倫は不可抗力とでも言いたそうね。そんな考え方ではとても信用できないわ。衝動を抑える自信がないということは、浮気心も抑えられないいんでしょう」

不実なパートナーをすぐに信頼できないのはもっともです。げんにパートナーが本当に反省しているかどうかは確かめようがありません。言葉は気持ちを伝えるツールであると同時に気持ちを隠すツールでもあります。それでも、パートナーの言うことを頭ごなしに否定するのはやめて、まずは言葉どおりに受け止めてください。そして言葉どおりに改心できるかどうか見守りましょう。あなたも本気でやり直すつもりなら、パートナーにチャンスを与えなくては始まりません。

また、パートナーとの結婚観が大きく食い違っていても、それだけで望みを捨てるのは早すぎます。

パートナーはあなたに責められるのを恐れて、意固地になっている可能性があるからです。

十八歳のベビーシッターと不倫したトムは、妻になじられ怒鳴り返してしまいました。「この地球上では数十億もの人間が過ちを犯しながら生きている。お前に責められる筋合いはない！」

こんな理屈で自分を正当化できるとは思いませんでしたが、トムは人格を攻撃されたと感じて、つい意地になってしまったのです。

目安2——不倫の前歴

不倫の前歴があるパートナーは、そうでないパートナーに比べると再犯の可能性が高いと言えます。

マリリンは夫と過ごした十二年間を振り返り、出会ったその日からだまされていたことに気づきました。婚約中、彼の携帯電話に不審な着信記録を見つけて、その番号にかけてみると、電話に出てきたのは別れたはずの女性。二人はまだ続いていたのです。第一子が生まれたとき、夫はマリリンを病室に残して四時間ほど外出し、注文したピザを受け取りに行っていたと説明しました。しかし、その一週間後、病院近くのモーテルから「イヤリングを落としませんでしたか」と電話がありました。

マリリンが直近の浮気について問い詰めると、夫は罪を認め、二度と同じ過ちを繰り返さないと誓いました。しかし、今までの経緯を考えたマリリンは離婚を決意したのです。

三回目の不倫は一回目よりも罪深いとか、一度あることは二度あるとか、そんなことを言いたいのではありません。ただ、嘘や偽りを重ねてきたパートナーは、その悪癖からなかなか抜け出せないものです。

目安3——コミュニケーション能力

心に決めたことをあなたに伝える意志のあるパートナーは誠実な伴侶に変わる可能性があり、個人的な葛藤にも向き合えるでしょう。しかし優柔不断だったり、口論を恐れて何も言おうとしないパートナーは人知れず不満を募らせる傾向があります。このタイプは不都合なことを人のせいにして、不満のはけ口を不倫相手に求めるおそれがあります。

なかにはコミュニケーションの技術や訓練が足りず、言いたいことが言えない人もいます。きっと子供のころから感情を押し殺し、オープンな対話を避け、我慢を重ねてきたのでしょう。問題は本人にその自覚があるかどうかです。言いたいことを我慢するから不満がたまることをパートナー自身は自覚しているでしょうか。自分の気持ちを言葉にする努力ができるでしょうか。

パートナーの心をこじ開けるのは無理でも、話しやすい環境をつくり、聞き役になることはできます。パートナーが遠慮なく心の内を明かせるよう工夫しましょう。本音で話し合えば、それぞれの悩みをふたりの悩みとして解決する環境が整い、家庭の外にはけ口を求める可能性は小さくなります。

ファイナンシャルプランナーの四四歳のサムは、年下の妻にバカにされていると感じてきました。しかし、その怒りを直接ぶつけることができずに愛人をつくりました。愛人ができたことで自信を取り戻したサムは主張する勇気がわいたようです。彼はカウンセリングの席で、ため込んだ不満を妻にぶちまけました。「ハゲだのメタボだの、よくもバカにしてくれたな！　残業を終えて帰ってきても、おかえりなさいの一言もない。こづかいをどう使おうと俺の勝手だ。生活費は十分に渡しているだろう！」

妻はびっくりして言葉を失いましたが、深い溜め息をつくと、ようやく口を開きました。「もっともだわ。あなたの本音が聞けてよかった、ほっとした。あなたがそれほど不満を抱えていたなんて知らなかった。これからは態度を改めるわ。約束します」

目安4——理解と共感

自分の要求が第一で、あなたの要求を聞こうとしないパートナーも不倫を繰り返す可能性が大です。あなたのパートナーは次ページの項目（＊1）にあてはまりますか。

どれにもあてはまらないとしたら、不倫の再発は時間の問題と考えたほうがよさそうです。

目安5——反省と改心

不倫に至った原因を究明し、相応の責任を負う姿勢がなければ、やり直す努力をしても無駄です。

「夫は六年前の浮気について触れられるのをいまだに嫌がります」と四七歳のインテリアデザイナーは言いました。「あの一件はなかったことになり、夫婦のあいだに壁をつくりました。今でも壁を感じます。夫が再び浮気をするとは思いたくないけれど、やっぱり不安です。だって、何も分からないんで

（＊1）パートナーの理解力と共感力

- □ あなたを所有物として扱うのではなく、一個人として尊重している
- □ 自分が起こした不倫問題があなたを苦しめていることを理解している
- □ 苦しんでいるあなたに共感し、いたわりを見せる
- □ 意見が対立しても、あなたの言い分に耳を傾ける

すから。私のどこがいけなかったのか、夫が何を反省したのかしなかったのか。たぶん本人も分からずじまいでしょう」

何も反省せず、何も変えない。あとに残るのは棚上げされた問題と、浮気の虫です。

この項目は傷ついたパートナーの懸案事項ですが、不実なパートナーにも覚えておいてほしいことがあります。不倫の背景を分析し、パートナーに詫びたい気持ちがあるなら、正直に謝ってください。そのときはパートナーを責めたり、弁解したりしないこと。非難や弁解はもう少し時間を置いて、お互いに冷静になってからにしましょう。今それを口にすれば、反発を招くだけです。あなたが自分の責任を認めない限り、パートナーはふたりの将来に不安を感じるでしょう。

3．お互いに前向きに変われるのか。もともと私たちは相性が悪いのではないか

思い込んだことはおのずと実現します。パートナーは一生変わらない、私にふさわしくないと決めつけたら、その通りにしかなりません。しかし、思い込みは思い込みでしかなく、事実とは限らないと認識を改めることで、パートナーにセカンドチャンスを与えられます。

（＊2）パートナーへの要望例

● もう少し感情をコントロールしてほしい。なぜいらだっているのか説明してほしい
● 禁酒してほしい
● 言いたいことは迷わずに言ってほしい
● 気が乗らなくても私のすることにつき合ってほしい
● もっとほめてほしい。私のどこが好きなのか具体的に教えてほしい
● もっと愛情を表現してほしい
● もっと子育てに協力してほしい（本を読んで子供たちを寝かしつける、学校への送り迎えをするなど）
● 今日一日の出来事を話してほしい
● 私の話に興味を持ってほしい
● 一人になりたいときがあるが、気を悪くしないでほしい
● 明日の心配より目の前のことに集中してほしい

思い込みか事実かを確かめるには、お互いに要望を出し合うといいでしょう。大切にされていることを実感するにはパートナーにどんなところを改めてほしいのか伝えます。口頭で伝えても手紙に託してもかまいませんが、命令口調や脅し文句にならないように注意してください。別れをちらつかせるのも禁物です。要望は否定形よりも肯定形で、抽象的ではなく具体的に表現しましょう。上のリスト（＊2）を参考にしてください。

パートナーの要望を聞いたら、その内容を正しく理解できたかどうか確認しましょう。それには**ミラーリング**、**アクティブリスニング**という傾聴法が役に立ちます。まず、AがBに対して改めてほしいことや直してほしい点を伝えます。BはAから聞いた内容を自分の言葉で言い換え、間違いがないか確認します。間違いがあるときはやり直し、なければAＢの役割を交替

（＊３）パートナーの要望は妥当か

□	パートナーの指摘は的確なのではないか。それは自分では気づかなかった長所や短所かもしれない
□	パートナーの要望は現実的か
□	私はその要望に応えられるか
□	パートナーの言うとおりにしたら、人間として成長できるか、それとも自分をおとしめることになるか
□	ほかの人にも同じような指摘を受けたことはないか
□	改めるように言われた言動は、親の言動に似ていないか。親の悪いところを受け継いでしまったのではないか

します。

パートナーが要望を挙げているときは頭ごなしに却下したりせずに、よく耳を傾けてください。その内容が妥当かどうかは上（＊３）のように判断するといいでしょう。

パートナーの要望を聞いた瞬間は〝別人になれ〟と言われたように思うかもしれません。とくにふたりの関係がギクシャクしているときは、ささいな注文にも抵抗を感じるでしょう。反発し合っているときはなおのこと、パートナーの要望をのむのは不本意だと思います。しかし、デメリットだけではありません。

パートナーに指摘された点を家族や友人にも指摘されたことがあるなら、それは自分の問題点として反省するべきでしょう。周囲の人と良好な人間関係を築くためにも、素直に改める必要があります。最初は抵抗を感じるかもしれませんが、パートナーの指摘を受け入れることで、あなたの株が上がることもあります。

ただし、自分さえ変わればすべて丸く収まるとは思わないこと。自信を失っているときやパートナーを取り戻すの

（＊4）パートナーの意図は？

□	長所として認めていたところを今になって直すように要求する
□	私にあって自分にないところを非難する
□	私の人格をすべて否定して、服従させようとしている
□	無理難題を押しつける

に必死なときは無理難題でも聞き入れたくなりますが、そこをこらえてください。

もうひとつ注意しなければいけないのはパートナーの意図。あなたの欠点を指摘して、うっぷんを晴らそうとしていないか。あるいは不倫問題の責任をあなた一人に押しつけようとしていないか。上（＊4）のケースにあてはまるときはその可能性があります。

自分が要望を出す番になったら、なぜパートナーにそこを改めてほしいのか、よく考えてください。それはパートナーの欠点だからと短絡的に考えないこと。まずは自分の要望が正当かどうか、チェックしてみましょう（＊5）。

相手の問題はよく見えても、自分の問題はなかなか見えないものです。四七歳の実業家のジェイもそうでした。彼はカウンセリングの席で「金のかかる妻に困っている」と訴えました。「妻はブランド好き。でも欲しいものを全部買ってやるわけにもいかず、自分がみじめになりました」。夫として失格の烙印を押されたと思ったジェイは二回りも年下の愛人をつくりました。その女性は何もねだりませんでしたが、ジェイは気前のいいところを見せようとして高価なプレゼントを次々と贈りました。

（＊５）自分の要望は妥当か

□	私の要望は現実的か。パートナーに限らず、誰にも実現できないのではないか
□	パートナーのせいで自信を失い、劣等感を抱き、愛情に飢えたと思っていたが、実は昔から感じていたのではないか
□	不満の原因はパートナーが期待に応えてくれないからだと決めつけていないか
□	不満の原因は自分にもあるのではないか。過剰な期待や甘えがあったり、過去の体験にとらわれたり、理想論に縛られたりしていないか

妻とやり直せるかどうか判断するために、ジェイは要望リストを妻に渡しました。そのひとつ目が〝何か買ってあげたら、もっと感謝してほしい。私のメンツをつぶさないでほしい〟というもの。妻は戸惑いました。夫の経済力は認めていましたし、贅沢をさせてもらえることに感謝していたからです。

「だけど、香港の宝石店で十万ドルもするパールのネックレスを試着したじゃないか」とジェイは反論しました。「お前は何も言わなかったが、買ってもらえると期待していたはずだ。旅行から帰ったあと、アウディを買ってやろうしたら、不満そうな顔をした。レクサスでなければ嫌だと言いたかったんだろう？　どうせ俺はケチな男さ」

妻は驚きました。たしかに香港では冷やかし半分でパールのネックレスを試着しましたが、車については、夫に聞かれたから好きな車種を答えただけでした。ジェイは自分の劣等感を棚に上げて、妻を責めていたのです。その劣等感は父親に認めてもらえなかったことで芽生え、父親に気に入られようとして深めていったものでした。妻も言葉が足りていれば、ジェイを失望させずにすんだでしょう。買ってもらった物を返品したりせず、素直に感謝するべきでした。このように妻への要望はジェイ自身の心の葛藤をも浮き彫りにしました。このままでは妻一人が態度を改めても、ジェイの自尊心は回復しないでしょう。

自分が変わればパートナーは満足できるのか、パートナーが変われば自分は幸せになれるのか。その答えは簡単には出ません。それぞれが出した注文は自分勝手で、ないものねだりで、何の効果も生まないかもしれません。あるいは、それぞれが前向きに変わり、新しいパートナーシップを築くきっかけになるかもしれません。自分の内面をのぞくのは、つらく不快な作業です。いっそのことパートナーと別れたほうが楽に思えるかもしれません。しかし、不倫問題の背景を探り、自分に向き合わなければ、人間としてもパートナーとしても成長する機会を逃してしまいます。

4．パートナーの努力は認めるが、それは長続きするのか。本当に誠意はあるのか

不倫の発覚後にパートナーが豹変する例は珍しくありません。いくら注意しても直らなかった悪い癖を自分から直したり、あなたが望むとおりに態度を改めたりするのです。今までは出無精だったのに買い物につき合ったり、育児に協力的でなかったのに急に子供の相手をするようになったり。こうした変化も最初は喜ばしく思えますが、そのうちこれがいつまで続くのか、本気で改心したのか疑問に思うでしょう。

パートナーの変わりようを警戒する人もいます。また裏切るかもしれない相手を信じたくなるのですから。傷ついたパートナーは、私はだまされているのではないか、ここで気を許したらパートナーは元どおりになってしまうのではないかと不安になり、不実なパートナーは、私に取り入って愛人と別れさせる算段に違いない、愛人と別れたとたんに掌を返すのではないかと怪しむかもしれません。

改心する気がない、良い伴侶になる努力をしない、約束を守らない――そんなパートナーなら、すぐに別れたほうがましです。しかし、努力する姿勢を見せているなら、猜疑心と不信感はひとまず置いて、静観してください。あなたに受け入れてもらわなければ、パートナーはあなたの人生に合流できません。

5．パートナーが失いたくないのは私か、私といることのメリット（財産、住居、子供）か

今のあなたはパートナーから必要とされることを切に願っているはずです。それだけにパートナーの言動を深読みしすぎていませんか。パートナーが「やり直したい」と言えば、それは家庭にとどまればメリットがあるからで、私はおまけにすぎないと考えるかもしれません。その考えが正しくても間違いであっても、パートナーとの今後を決めるうえで大きな判断材料にはなります。

「主人に帰ってきてもらう必要はあるんでしょうか」とクライエントのゲイルは尋ねました。「主人が失いたくないのは、子供と自慢の庭と愛犬と薄型テレビ。それ以外に何があるのかしら。もしかしたら一人暮らしに嫌気が差したのかもしれないし、ワイシャツをクリーニングに出してくれる人が必要になったのかもしれない。いずれにしても私のことは眼中にないはずです」

不実なパートナーのジェフも自分の価値に疑問をもちました。「妻は戻ってほしいと言うが、それは子供をつくりたいからだし、僕のカードで買い物をしたいからですよ。べつに僕を愛しているわけじゃない。要するに、男なら誰でもいいんです」

パートナーがやり直しを望むのは純粋に私を愛しているからなのか――それは誰もが疑問に思うことでしょう。財産だけが目当てだとしたら、別れたくなるのも無理はありません。ですが、愛情以外の理

由を認めないのは、カップルのあり方に幻想を抱いている証拠です。

そもそもパートナーがあなたに惹かれたのは〝素顔の美しさ〟だけではなかったはずです。あなたのイメージにも魅力を感じていたでしょう。どんなカップルも物心両面で支え合わなければ、関係を維持することはできません。生活の保障、老後の支え、心の安らぎといった要素は愛情と同じくらいに絆を強くします。

パートナーに満足していると、自分と暮らすメリットが必要とされていることに抵抗はありません。むしろパートナーをいろいろな意味で幸せにできることに誇りを感じるでしょう。ところがパートナーに不満があると、真意を疑ったり、利用されていると感じたりしがちです。

はっきり言って、不倫問題でもめたカップルは生活の維持を重視する傾向があります。しかし、ふたりをつなぐ〝かすがい〟に優劣はありません。やり直す努力をしていれば、ふたりを結ぶ糸は一本だけではないこと、自分と自分が提供できるものを切り離すことはできないし、そうするべきでもないことが分かるはずです。

6. こんな理由で、やり直すことを決めてもいいのだろうか

やり直しを決めたものの、その根拠に自信がないという人もいます。実際に、根拠が不十分というケースは少なくありません。あるクライエントは「親族のなかに離婚経験者がいない」ことを理由にしました。「夫と別れたくても、どうやって別れたらいいのか見当がつきません。かと言って、両親のようにみじめな結婚生活を続けていくのも嫌なんです」

義務や不安だけを理由に一緒にいることを選択したのだとしたら、考え直したほうがいいでしょう。それでは刑務所に入るようなもので、あなたは受刑者、パートナーは刑務官になってしまいます。

やり直す理由として、考え直したほうがいいものをいくつか挙げてみます。

●一人で生きていく自信がない

経済的、精神的に自立するのは無理と決めつける前に、よく考えてください。自分の能力を過少評価してはいないか。一人では生活が成り立たないと思っているが、本当にそうか。

一人に戻るのは不安だという人もいるでしょう。しかし冷静に振り返ってみれば、大半の人は独身時代を立派に生きてきたはずです。

なぜ一人を恐れるのか。その理由をはっきりさせることが大切です。例えば、独身でいることは魅力に欠ける証拠、誰にも愛されていないあかしと思い込んではいませんか。

心の声に耳を傾けてください。今の生活を手放す心細さばかりに気を取られて、今の生活にとどまるむなしさを無視していたかもしれません。

●離婚の手間を考えると気が重い

既婚者のなかには離婚することを想像しただけで、そのわずらわしさに嫌気が差す人もいるようです。

クライエントの女性は財産分与の件について「私はテレビ、主人はパソコンを取るのかしら？　気が遠くなりそう」とため息をつきました。それでも夫に対する不信感はぬぐえません。そこで彼女は離婚の手間と今の生活を続けるつらさを天秤にかけました。その結果、「一方のつらさは一瞬だけど、もう一方は一生続く」と分かり、弁護士に連絡を取りました。

●パートナーの世話を投げ出すわけにはいかない

自分がいなくなったら、パートナーはどうなるだろうと心配する人もいます。これはやり直すための動機になりますが、一方では今の生活を変えることへの不安や、誰かに必要とされたい欲求から出たのかもしれません。いずれにしても、身を削るような献身は相手を息苦しくさせます。かいがいしく世話を焼くだけではパートナーの心は回復も成長もしないでしょう。

7．子供のために離婚は避けるべきか

親として離婚が子供に与える影響を心配するのはもっともです。

離婚世帯の子供と子供とを比較した調査はいろいろとあります。両親が離婚した当時の子供の年齢、現実適応力、性別によって若干の差はあるものの、少なくとも離婚後二年間は学業、素行、情緒、自己評価、社会性に影響することが分かります。ただし、両親が同居していれば子供が健やかに育つという保証はありません。むしろ両親の対立を目の当たりにしないことが好ましいという結果が出ています。夫婦喧嘩の絶えない環境にいるよりは、平穏な離婚家庭にいるほうが子供の精神衛生上は良いようです。

社会学者のコニー・アーロンズが九八組の離婚したカップルを調べたところ〝子供を理由に離婚を避けていたのは間違いだった。もっと早く離婚するべきだった〟と男女ともに回答。子供への影響につい

ては〝親が離婚していても、明るく健全な家庭環境で暮らすほうが健やかに育つ〟と答えました。人は自分の行動を肯定するものなので、調査対象となった男女がやり直すことを選んでいたら、違う結果になっていたかもしれません。

やり直しの可能性を探る前から離婚を進めるのは筋違いですが、子供のためだけに家庭にとどまり、形だけの夫婦関係を続けても子供のためにはなりません。むしろ悪い手本を示すことになります。

子供が両親の別居や離婚に適応できるかどうかは、親との（物理的な距離ではなく）心の距離にかかっています。子供と会う機会は減るかもしれませんが、心のケアはしっかりとしなければいけません。臨床心理学者のジョーン・ケリーによると、両親の離婚時に精神状態が安定している子供、どちらの親とも深い愛情でつながっている子供は、健全な親子関係を維持することで離婚に適応できるといいます。

その反対に、両親の不仲をきっかけとして子供が引きこもったり、非行に走ったりするのは、親が子供を使って相手に探りを入れたり、連絡を取ったりする場合、あるいは子供を自分の味方にしようとする場合です。つまり、夫婦の争いに子供を巻き込まなければ、子供は比較的ダメージを受けずに、両親の離婚に対処できるということでしょう。

あなたに残された選択肢は〝不幸な結婚生活を続ける〟と〝離婚して幸せになる〟だけではありません。夫婦関係を修復しながら、家庭生活を維持するという選択肢もあります。もし子供に選ばせたら、家族みんなで仲良く暮らす道を選ぶでしょう。正当な理由から夫婦関係を立て直すことは、家庭崩壊を食い止めるだけでなく、子供に貴重な教訓を残すことにもなります。人は傷つけ合い憎み合っても愛情と信頼を取り戻せること、対人関係のトラブルは修復可能なこと、危機を乗り越えた先には希望があることを教えてやれます。

8．心変わりをしたパートナーが私を愛せるわけがない。やり直す意味はあるのだろうか

パートナーの言葉を信じたいと思いながら、失意や怒りに負けて別れを選ぶ人がいます。自分は愛されていないと決めつけ、パートナーと出会ったことを悪夢で片づけようとする人もいれば、自分を裏切ったパートナーを自分から裏切ろうとする人もいます。怒りに燃える人もいますが、本当は自己嫌悪、焦り、嫉妬、失望といった感情から目をそむけたいのではないでしょうか。

自分を裏切り、傷つけた相手と縁を切りたくなるのは当然の心理。ひどい仕打ちをした相手と一緒にいたいとは思えないでしょう。しかし、精神状態が不安定なときに重大な決断をするのは禁物です。愛されていないという思いが現実とは限りません。パートナーが不倫をしたのは、あなたが嫌いだからとも限りません。パートナーは口で言う以上に反省や後悔をしているかもしれないし、あなたさえその気なら、やり直したいと考えている可能性もあります。

「浮気性の夫と本気で離婚しようと思いました」とクライエントのベティは言います。「私のことが好きなら浮気するはずはないと思っていましたが、夫が浮気を繰り返す本当のわけが分かりました。それは私に不満があるからでも、浮気相手を愛しているからでもなくて、人と親密になるのが怖かったからなんです。人に気を許せば、自分のすべてを知られてしまう、ボロが出てしまうと思ったのでしょう。そう分かってから夫に嫌われているという思いは消え、夫が心の問題を解決するまで待つ気になりました。それがやり直すきっかけになったんです」

失意を感じたときは、パートナーが心の問題を抱えている可能性を考えてください。怒りがおさまらないときは自分の心の内を正直にのぞくことです。怒ることで本心をごまかしていないか、本当は不安でつらくて傷ついているのではないか。失意であれ怒りであれ、今の心境をパートナーに伝えることが大切です。それによってパートナーにはあなたを支えるチャンスが、あなたにはパートナーの共感力と反省の念を見極めるチャンスが生まれます。

9．やり直す決心がつかないのに、愛情を表現したり、行動をともにしたりしていいのか

やり直す覚悟がつくまでは、パートナーと距離を置くのが正解だと考える人もいるでしょう。しかしそれでは溝は深くなる一方です。前向きな交流を避けていたら、前向きな気持ちは芽生えません。

よその女性とつき合い始めたボブは、妻と一緒に暮らすのは間違いだと考え、家を出ました。愛人との未来も妻との今後も分からないまま、とりあえず妻の要望に応えて週に一度だけ顔を合わせることにしました。そのときは愛犬のこと、入院中の親戚のことを相談したそうです。

ボブは夫婦生活を避け、妻の誕生日に電話を入れることも控えました。本当はそうしたかったけれど、自重したのです。「ほかの女性と暮らしていたのだから当然です」とボブは言いました。

妻に不満があるわけでもなく、愛人に夢中というほどでもない。それでも一緒に暮らす愛人の存在は日増しに大きくなりました。「普通なら、あの時点で妻との関係は完全に終わるでしょう。でも妻は『私の前から消えないで』と懇願しました。僕もそれを聞いて嬉しかった。自宅に帰れば、妻は僕の好物をつくって待っていてくれる。食事のあとは共通の友人を誘って映画に出かけたりしました。昔のように

並んでソファに座り、ココアを飲んだり、それぞれ好きな本を読んで過ごしたり。始めのうちはかなり気まずかったし、違和感もありました。でも、そのうち妻との生活を懐かしんでいる自分に気づいたんです。楽しかった新婚時代が蘇ったようでした。それで、やり直す決意がついたんです」

傷ついたパートナーは不倫問題について徹底的に話し合うことを望み、不実なパートナーはそれに応じることで誠意を示そうとします。しかし今のふたりにとって、議論するだけが関係修復の方法ではありません。ときには息抜きも必要です。かつて一緒に楽しんだことをやってみるのも一案です。

私の友人は長時間に及ぶカップルセラピーを受けた後、夫婦揃って中華料理を食べに行ったそうです。

「その日の午後はずっと言い争いをしてたから、ふたりともくたくたになっていたわ。レストランでは春巻きを分け合ったり、セラピストに頼り切りの自分たちを笑ったり、そんな他愛ないことで盛り上がった。あんなに楽しくて密な時間を過ごしたのは久しぶりだったの」

パートナーに愛情を感じ、スキンシップを取りたくなったら必ず了解を得るようにしましょう。別居中でも心や体の触れ合いを断つ必要はありませんが、やり直すと決まったわけではないことをわきまえるべきです。

傷ついたパートナーが心を許すには相当な勇気が必要です。また裏切られるのではないかという警戒心もあるでしょう。不実なパートナーからセックスを求められて、抵抗を感じるなら応じるべきではありません。セックス以外にも愛情を交わす方法はいくらでもあります。

今はパートナーに対して素直になれないと思いますが、いつまでも避けていたら、ふたりの距離は永久に縮まりません。迷っている自分をパートナーは受け入れてくれないと思い込んでいませんか。決心がつくまで距離を置くほうがいいというのは、あなたの一方的な思い込みかもしれません。パートナーにしてみれば、そんなことは頼んでもいないし、望んでいないかもしれません。

10．愛人に会うほうが気持ちの整理をつけられるのではないか

やり直す決心をつけるために愛人と話し合いたいというのは、都合の良い口実にしか聞こえませんが、不実なパートナーにとっては窮余の策かもしれません。

しかし、このような試みは不倫関係をいたずらに長引かせるだけで、気持ちに区切りをつける助けにはなりません。恋に酔いたいなら、愛人に堂々と会えばいいのです。その代わり、パートナーの心はますます離れていくことを覚悟してください。ダン・フランクの小説『別れるということ』（中央公論社）の主人公は、自分と妻の愛人をこんなふうに比較しています。〝夫婦関係に新鮮さが失せれば、あとに残るのはなれ合いだ――（中略）――恋の嵐に愛のそよ風がかなうわけがない、たとえその嵐が一過性だとしても――（中略）――こうして愛するものは恋するものに敗れるのだ〟。

いずれは愛人とのあいだに衝突が起きます。愛人の欠点が気になり始めたら、今度はパートナーのほうが好ましく思えるかもしれませんが、それまでパートナーが待ってくれる保証はありません。

不倫相手と接触しても心は決まりません。むしろ未練がつのるだけです。パートナーとの関係を修復したいなら、不倫相手よりも、パートナーのほうに時間を割くべきです。

決断のための決断

あなたは今、将来を左右する重大な選択を迫られています。パートナーとやり直すのか、別れるのか。あなたも多くのカップルと同じく、自分の気持ちを唯一の判断材料にしているのではないでしょうか。その道のエキスパートでさえ、感情を優先することがあります。以前、著名な精神分析医にこう尋ねました。「どうして二五年連れ添った夫人と別れ、教え子と再婚する気になったのですか？」。彼は、しばし沈黙したあと答えました。「彼女といると気持ちが若返るから」。それだけでした。専門家として独自の見識を披露すると思いきや、強烈な恋心に負けて自己分析できなかったのでしょう。

あなたには、もっと慎重に決断してほしいと思います。感情よりも理性を働かせてください。「気持ちを無視しなさい」と言うつもりはありませんが、その気持ちの出所や自分の恋愛観、結婚観、パートナーに対する見方を今一度、見直してほしいのです。

不倫問題を乗り越えた多くのカップルも最初は迷いや不安がありました。しかし、覚悟が決まるのを待っていたら、スタートラインには永久に立てません。とりあえずスタートを切ることが大切なのです。不実なパートナーは愛人との接触をいっさい断ってください。すぐに断てないなら、パートナーと相談のうえで期限を設けること。傷ついたパートナーは不実なパートナーを受け入れる心の準備をしてください。その方法はこれから説明します。現時点では将来に確信が持てなくても仕方ありませんが、その代わり、確信が〝あるつもりで〟行動しましょう。行動をとおしてパートナーへの見方や接し方を改めるのです。不安はひとまず脇に置いて、信頼と愛情の回復に努めてください。そうして初めて、やり直せるかどうかが分かります。前向きに行動しなければ前向きな気持ちは生まれません。じっとしていても再出発のめどは立たないと思ってください。

最初の一歩

やり直しを決めたのはいいけれど「長い修復期間」を考えると気が遠くなるかもしれません。そこでこんなことから始めてはいかがでしょう。

未来を思い描く

それぞれが理想的なパートナーに変わったら、ふたりの関係はどうなるのか想像してみましょう。小さな努力の積み重ねが大きな成果につながることを胸に刻んでください。

そして半年後、一年後、五年後の自分をイメージしてみます。やり直して良かったと満足している自分を想像できますか。苦悩や失望から解放されて、新しい関係を育てているふたりをイメージできますか。できるなら、そのとおりになる可能性は高いでしょう。

誓いを交わす

宣誓によって、ふたりの決意は正式なものになり、ゴールを設定できます。ゴールが決まれば達成度が確認できるでしょう。あるカップルはこんな誓いを交わしました──あなたを大切に思う気持ちから、やり直しを決意しました。あなたを愛せるのか、この決断が正しかったのかどうか確信はもてませんが、これまでの経緯を考えれば仕方ないと思います。夫婦の問題について責任を分かち合う、会話を増やすなど、あなたの要望に沿うように努力します。私と生きることを選んで良かったと感じてもらうために全力を尽くすことを誓います。

パートナーの失言、暴言を聞き流す

パートナーの心ない言動を真に受けてはいけません。ふたりのあいだには相当な誤解や行き違いがあるはずです。ここは一枚うわてになって聞き流し、売り言葉に買い言葉にならないようにしましょう。そして、言葉にならない心の声にも耳を傾けてください。今はあなたもパートナーも不倫問題にけりをつけ、自分を立て直すために悪戦苦闘しています。パートナーの発言が本音かどうかは分かりません。

不倫問題を乗り越え、関係を立て直すことは容易ではありませんが、不可能でもありません。自分の心に向き合う覚悟があり、ふたりの歴史に良い思い出があり、苦労（借金、個人的な悩み、親戚づき合い、健康問題、夢の実現、子育てなど）を共有した時期があるなら、今はまたとないチャンスです。この機会に心の古傷を癒し、強い絆と愛情を育み、苦楽をともにした思い出を支えにしましょう。

次のステップは苦い過去を希望に満ちた未来に変えていく作業です。この作業はそれぞれの心を癒すことにも役立ちます。その第一歩として、次章では不倫を招いた背景を考えてみたいと思います。

ステップ3

やり直しに向けて——責任を分かち合い、再出発する

5

不倫問題の背景にあるもの――トラウマ、ストレス、思い込み

カップルのあいだにトラブルが生じると、どちらも相手を一方的に責めてしまいがちです。しかし、ここで見落としてはいけないのが個人の問題とふたりの問題の関連性――つまり、それぞれが抱える心の葛藤がふたりの関係にどう影響したのかという点です。

不倫の責任問題になると、傷ついたパートナーは「不倫をしたのは彼（女）なのだから、私は悪くない」と言い、不実なパートナーは「彼（女）は私を支えてくれなかったし、遠ざけていた」と主張する傾向がありますが、どちらの言い分も断定的で極端という場合が少なくありません。例えば――

妻「夫は浮気に懲りたはずなのに、もうほかの女に色目を使っているわ」
夫「妻は実に疑り深い」
妻「夫は私の話を聞こうともしない。いつでも自分が正しいと思っている」
夫「妻は人前でも僕の言うことにいちいちに反論する。失礼だし、みっともない」
妻「夫は私を無視している。バカにされた気分だわ」

（＊１）各自が抱える心の葛藤

□ 幼少期に深く傷ついたことはなかったか。その心の傷が今のふたりの関係に影響していないか
□ 親の不倫に心を痛めた経験はないか
□ パートナーの短所は長所の裏返しであり、自分に欠けている部分ではないか
□ 不倫と前後して人生の転機になるような出来事はなかったか。そのストレスがふたりの関係に影響したのではないか

夫「妻は気難しい。僕が一人で行動すると、のけものにされたと思い込む」

本章の狙いは両パートナーに罪のなすり合いをやめてもらい、相応の責任を受け入れてもらうことです。責任を折半しなさいとは言いません。一人がもう一人に不倫を強要したわけではないのですから。どちらが悪いのかではなく、それぞれのどのような葛藤が不倫の引き金になったのか考えてほしいのです。手始めに上の項目（＊１）について考えてみましょう。

心の問題――幼少期のトラウマとその影響

幼いころのあなたは家族と接し、周囲の人間関係を観察しながら、どう感じ、どう考え、どう振る舞ったらいいのか決めてきました。それをもとに現在の自己イメージが出来上がったのです。このイメージは長い年月をかけて強化されたもので、肉親が亡くなったあとも、対人関係に影響します。自己イメージがどれほど不健全でも、あなたは容易に手放そうとしないでしょう。それは

（＊２）幼少期に体験する代表的な感情

肯定的な感情	否定的な感情
安心、満足、他者への信頼感、自己肯定感、自己価値感、自己表現の自由	恐怖、非力感、劣等感、不信感、孤独、嫉妬、不満、プレッシャー、退屈、愛情飢餓感、屈辱感、束縛感、非難されている

慣れ親しんだ自分であり、安心できる自分だからです。

上に挙げるのは、人が幼少期に体験する代表的な感情（＊２）。自分にあてはまるものを探し、必要があれば追加してください。

このような感情体験は成人したあとも〝自分らしさ〟を感じる目安になります。したがって心惹かれる相手とは、良くも悪くもこのような感情を引き出す人ということになります。

成長過程で育まれるのは感じ方だけではありません。自分はどのような人間で、何をどこまでできるのか、人をどこまで信じていいのかといった観念も確立します。例えば、十分な愛情を受けずに育つと、愛する人には見捨てられるという観念が刷り込まれやすくなります。

他者との関わり方にも特徴が出てきます。要求の出し方や要求を拒まれたときの反応に一定のパターンが出来ます。

他者との心の距離も決まり、その距離を保つための行動もパターン化するのです。あなたの対人術は、家庭という狭く閉ざされた世界のなかで大方、決まると言えるでしょう。

幼かったあなたは、身の安全と幸せを確保しようと精いっぱい努力したはずです。しかし、成長過程で次のような体験が欠けていると、自己イメージが歪んでしまったかもしれません。

1. 安心感を得られた
2. 自分の意思を尊重してもらえた
3. 他者と心のつながりを持つことができた
4. 自分の価値を認めてもらえた
5. 堂々と自己主張できた
6. のびのびと子供らしく振る舞えた
7. 節度を知った

このうちの一つでも欠けると、心に傷を抱えたまま大人になって、恋愛関係に支障が出る可能性があります。例えば——

不毛な恋愛を繰り返す

恋の魔法にかかると、相手のあばたもえくぼに見えるものです。この人と一緒なら心の古傷が癒えて、生まれ変われるような気がするかもしれません。しかし交際が長引くにつれて、幼少期に体験した否定的な感情を追体験することになります。

相手の言動にトラウマを見出す

これは〝大金を持ち歩いていると人が泥棒に思えてくる〟心理と同じで、自分の思い込みを他者のなかに見つけようとする現象です。例えば、支配的な親に育てられると、配偶者が支配欲の強い人間に思えたりします。

作家のアナイス・ニンは、人間は物事をありのままには見ておらず、そこに自分の体験を重ねていると書いていますし、臨床心理士のジェイ・S・エフランは「現状認識とは個人の心もようでしかない。自分の心の内を現実と思っているだけだ。だから錯覚を錯覚と認識するのはいちばん難しい」と述べています。

親と同じ反応を相手から引き出してしまう

無意識のうちに自分を不当に扱うように誘導している可能性があります。そうすることで幼少期の親子関係や自己イメージを追体験できるからです。例えば、親に愛情を注いでもらえなかった場合は、パートナーにも親と同じことをするように仕向けてしまうのです。

次は、先ほど挙げた七つの感情体験を一つずつ取り上げ、その欠如が現在の対人関係にどう影響しているか説明します。

1．安心感を得ることができなかった

子供が生育環境に不安をおぼえる原因は主に二つです。

①親からネグレクトされ、満足な愛情を感じることができない

この場合、成人後は拒絶されることに過敏になり〝愛する人には見捨てられる〟という固定観念が生じるおそれがあります。

②親に暴力を受け、恐怖、屈辱、不信感をおぼえた

この場合、成人後は他者の支配や命令に過敏になり〝愛する人には傷つけられる〟という固定観念が生じるおそれがあります。

このふたつが、現在のパートナーとの関係にどう影響しているのか探っていきましょう。

●不実なパートナーの場合

人を愛することにリスクを感じるあなたは、愛人をつくることでパートナーと距離を置き、親密になることを避けたのではありませんか。愛人がいれば、いずれ自分を見捨てる（はずの）相手を頼りにする必要はないからです。あるいは本心を見せないことが、優越感や解放感につながるのかもしれません。

報復手段として不倫に走る人もいます。幼少期に愛する人から裏切られた経験があると、今度は自分から愛する人を裏切って埋め合わせをし、優位に立とうとします。対等な関係は危険、優位に立つことは安心を意味するのでしょう。パートナーとの関係がパワーゲームになるケースもあります。

ジェーンは十歳のとき両親の離婚を経験しました。それ以来、父親と再会したことは一度もありません。ジェーンがいくら手紙を出しても父親から返事はなく、十七年の歳月が過ぎました。その後ジェーンは結婚しましたが、相手の男性は「心が凍りついた」ような人で、父親と同じく愛情を注いではくれませんでした。ジェーンは夫に不満を言う代わりに、ゆきずりの男性と情事を重ねることで夫に報復し

ました。夫婦関係は敵対関係になり、相手に頼らないことが勝つ条件になったのです。「夫は勝ち誇った気分でいるかもしれません」とジェーンは打ち明けます。「でも、私の秘密を知るよしもない。夫が幸せにしてくれないなら、自分で幸せになろうと決めたんです」

●傷ついたパートナーの場合

愛情を充分に受けられなかった子供は、親密で健全な人間関係をなかなか築けません。成人後は愛する人に依存するか、わがままを言って困らせる傾向があります。肉親の不倫を経験した場合は猜疑心が強くなり、根拠もなくパートナーを疑うことがあります（それがパートナーを不倫に走らせる一因）。

虐待を受けた子供は成人してから人に服従する傾向がありますが、内心では支配的な相手に反感を募らせるようです。また、虐待された反動で、人に対して威圧的、支配的になったり、人の頼みを無視したり、拒んだりすることもあります。服従も支配も対人関係を悪化させますから、結局は幼少期と同じように孤立せざるを得なくなるでしょう。いちばん恐れている〝愛する人には見捨てられる〟という事態を自ら招いてしまうのです。

シーラの父親は浮気性でした。そのせいで母親とのあいだに口論が絶えず、幼かったシーラは両親が言い争うのを自分の部屋で息をひそめて聞いていました。父親は決して浮気を認めようとはせず、家庭にはいつもピリピリした空気が漂っていました。シーラは地元の短大を卒業後、すぐに結婚。多忙な夫を毎朝送り出すたびに、夫が外で何をしているのか気になりました。シーラの猜疑心はとどまるところを知らず、帰宅した夫に「残業だなんて嘘ばかり。本当は秘書と浮気しているんでしょう！」と問い詰めるようになったのです。夫はそんなシーラをもてあましました。「家のなかは地獄も同然です。やがて妻の疑いは現実になりましたよ。疲れ果てた僕は家に帰るのが嫌になり、同僚の女性とつき合い始めました。彼女とは今も続いています」

2．自分の意思を尊重してもらえなかった

意思を尊重してもらえなかった子供は自我や自立心が育たず、自己肯定感に欠け、依存心が強く、コンプレックスを抱える傾向があります。成人後は人の言いなりで、自己主張ができず、〝一人では生きていけない〟と思い込むおそれがあります。

●不実なパートナーの場合

あなたにとって不倫は一種の反抗です。干渉や指示から逃れるための〝独立宣言〟とも言えます。人格やプライバシーを尊重されずに育ったあなたは、隠し立てや嘘によって自分を守ろうとしたはずです。パートナーの前でも本音を話せず、ストレスのはけ口を不倫相手に求めたのではありませんか。

デイビッドはひとり親の家庭に育ちました。母親は片時も息子のそばを離れず、学校の送り迎えも欠かしませんでした。デイビッドは母親のことを過干渉、自分自身をひ弱な甘えん坊と定義するようになったのです。デイビッドにとって、愛とは自分を犠牲にすることでした。

そんな彼がミュリエルに惹かれたのは母親と同じように不安症で、自分を必要としてくれたから。しかし妻の願いを聞き入れるたびに、息苦しさと腹立たしさが込み上げてきたのです。「僕の両肩には病

んだ女が二人いる。母と妻だ。僕はいいように利用されている」。そう思い込んだデイビッドは売春婦にしか甘えられませんでした。

●傷ついたパートナーの場合

自立心が育たなかったあなたは、自由に振る舞うパートナーをうらやましく思うと同時に、パートナーが自分の世界を持つことに不安をおぼえるでしょう。自分で自分を満たすことができず、パートナーに依存するか、依存心を断ち切ろうとしてパートナーを遠ざけるかもしれません。

一人っ子のアンナは、子供だけが生きがいの母親に育てられました。母親は娘の意思（自立心）をことごとく無視し、部屋に鍵をかけることも学生寮に入ることも禁じたのです。そのせいでアンナは人づき合いを学ぶことができませんでした。結婚相手には、社会の荒波から自分を守ってくれそうな頼りがいのある男性を選びました。しかし、男性は依存心が強いアンナに嫌気がさし、独立心旺盛な女性と深い仲になりました。

3．他者と心のつながりを持つことができなかった

親の愛情を十分に受けられなかった子供は心の交流を知らず、孤独感や空虚感にさいなまれます。成人後は他者が冷酷非情に思え、自分の殻にこもったり、恋愛遍歴を重ねたり、冷たい相手に取り入ろうとする傾向があります。人と心を通わせた経験に乏しいので〝自分の味方はいない〟という思い込みが生じるおそれがあります。

恋愛関係では相手とも自分自身とも親密になることができません。誠意や親愛の情と言われてもピンとこないかもしれません。

●不実なパートナーの場合

あなたが不倫を繰り返すのは、今度こそ理想の相手と出会えるかもしれないという期待があるからでしょう。心の穴を埋めるために情事を重ね、愛人を変えることに刺激を求めているのです。ひとりの相手とじっくりつき合うことには退屈や幻滅を感じるかもしれません。

チャックは両親の離婚後、父親に引き取られましたが、父親は自分にしか関心がありませんでした。「親父と腹を割って話したことは一度もなかった」と彼は振り返ります。「親父は息子を自慢のタネとしか思っていなかった。僕がリトルリーグで好投したときは完全試合を達成したことにして友達に言いふらしていました。ありのままの息子には関心がなかったんでしょう」。チャックは十九歳でマリリンと出会い、結婚。しかし、マリリンを幸せにする自信がなく、第一子が生まれると風俗店に通いつめるようになりました。良妻のマリリンを冷たい女と非難し、それを口実に不倫を繰り返したのです。しかし、本当はマリリンと親密になるのを恐れていました。本当の自分を知られたら嫌われると思っていたからです。マリリンは夫を愛し、支える機会を失いました。チャックが行きずりの情事を繰り返し、妻に理不尽な怒りをぶつけたのは、誰にも傷つけられないための予防線でした。

●傷ついたパートナーの場合

あなたは人を愛し、信じることを学びそこねたのでしょう。その結果、愛情を出し惜しみ、無理難題を押しつけたりして、パートナーを遠ざけたのではありませんか。

サラにとって両親はいないも同然でした。うつ病の母親はベッドから起き上がることができず、弁護士の父親は連日のように深夜まで残業。どちらも娘の気持ちに無関心で、サラは愛情飢餓感や孤独を抱えて成長し、家族愛や連帯感を知らずに育ちました。結婚相手は、愛情のかけらもない身勝手な男性でした。「大声でだだをこねなければ、夫の関心を引くことはできません」とサラは私に訴えました。夫は最近になって「試しに別居しよう」と言い出しましたが、本当は女性がいるのではないかとサラは疑っています。

4. 自分の価値を認めてもらえなかった

親の批判にさらされた子供は自尊感情を確立できません。ほめられ、励まされた経験に乏しく、コンプレックス、愛情飢餓感、孤立感、屈辱感が大きくなります。成人後は他者の批判や侮辱に過敏となり、自己評価の低さから〝自分は出来の悪い人間である〟という固定観念が生じるおそれがあります。

●不実なパートナーの場合

自信のないあなたはお世辞やおだてに弱いはずです。とくに大きな挫折を味わったあとは敗北感を癒してくれるような相手に傾倒しがちです。それは相手に惹かれたからではなく、自尊心を取り戻したいからでしょう。

クリスは父親に邪険にされました。ほかの兄弟は有名大学に合格しましたが、クリスだけは地元の州立大学に進学。兄弟が父親と同じ法曹界で活躍するかたわら、クリスは小さな会社を興しました。親兄弟に異端扱いされても笑っていましたが、内心は傷ついていたのです。クリスがリータと結婚したのは自信を持たせてくれたから。しかし、事業がうまくいかなくなると妻の激励だけでは満たされなくなりました。今では妻の助言が「お前は何をやっても半人前だ」という父親の口ぐせにしか聞こえません。そのころから、クリスは部下の女性と深い仲になりました。

●傷ついたパートナーの場合

自分を否定しているかぎり、健全で親密な対人関係を築くことはできません。その自己否定こそが自分とパートナーを傷つけ、ふたりの関係を冷やしているのです。

スーザンは両親の離婚後、母親に引き取られましたが、母親は育児とキャリアを両立することができず、スーザンを父親に預けました。父親の再婚相手は〝厄介者〟を歓迎せず、スーザンは居場所を失いました。結婚後は幸せになれると期待しましたが、夫に愛情を求めるばかりで愛情を返す余裕はありませんでした。夫はスーザンの親友に救いを求め、スーザンはさらに孤独になりました。

5. 堂々と自己主張することができなかった

言いたいことを自由に言えなかった子供は、成人後も人の顔色をうかがい、自我を抑えて波風が立つのを避けようとします。それは親から批判され、支配され、理解されなかったからでしょう。対人関係では人の都合を優先することが習慣になっているために、自分の要求は通らなくて当然と考え〝自分の意向は重要ではない〟という思い込みが生じるおそれがあります。

●不実なパートナーの場合

自己主張できないあなたは、内心では損な役回りを強いられていることに不満を感じ、そのはけ口を不倫相手に求めたのではありませんか。和を保つのは得意かもしれませんが、その反動で被害者意識や孤独感にさいなまれることが多いはずです。

フリッツの育った家庭では父親が絶対的な存在でした。母親はいつも父親の言いなりになっていたために家庭内に波風が立ったことはありません。成人したフリッツは父親の下で働き、しっかり者のロバータと結婚。妻には思いやりとプレゼントを惜しみませんでした。理想的な夫婦に見えたふたりでしたが、そのうち妻は、親離れできないフリッツを批判し始めたのです。反論できないフリッツは年下の事務員と不倫をして、うさを晴らしました。

●傷ついたパートナーの場合

欲求を押し殺しているあなたは、人にいい顔をすることで対人関係を維持しているのでしょう。しかし、内心は不満といらだちでいっぱいのはずです。ときに不満が爆発し、パートナーとの関係に水を差すこともあるでしょう。それが原因でパートナーが不倫に走ったとは言い切れませんが、自分を追い詰めてしまうことは間違いありません。

ミンディの母親は夫の喘息が悪化しないように、努めて家庭内の平穏を保ちました。それを見て育ったミンディも人との衝突を避ける癖が身についたのです。結婚した相手は麻酔科医で、家では暴君でした。ミンディをかしずかせ、自分の都合しか考えません。ミンディは夫のわがままや無神経さに怒りをおぼえましたが、文句ひとつ言いませんでした。「一生懸命尽くせば、夫は私から離れていかないと思っていました」

しかし、夫のわがままをすべてのむことはできず、夫と看護士の浮気現場を目撃することになりました。

6. のびのびと子供らしく振る舞うことができなかった

無邪気に振る舞うことを許されなかった子供は義務や責任に押しつぶされることがあります。成人後は周囲の期待に応えようとし、我慢を強いられていると感じることもしばしば。完全主義者で自分にも人にも厳しすぎる傾向があり、パートナーを無責任な怠け者と見なすこともあります。高すぎるハードルを前に〝与えられた役割を完璧に果たさなくてはいけない〟という強迫観念が生じるかもしれません。

●不実なパートナーの場合

責任感が強く、完全主義者のあなたは、愛人をとおして失われた幼少期を取り戻そうとしたのでしょう。愛人のおかげで童心に返ることができたと思うかもしれませんが、本当は、あなた自身が自分勝手に振る舞うことを自分に許しただけです。自分を律するためのルールを、自分を解放するためのルールに書き換えたとも言えるでしょう。

キースは高校を卒業すると同時に大手家電メーカーに就職。一家の働き手として失業中の父親と障害者の兄を養いましたが、内心では二人を恨んでいました。妻のミシェルは子供のように天真爛漫で、堅物のキースとは対照的な楽天家。「妻はひとりでいい思いをしている」と彼は不満そうに言いました。「僕は妻を遊ばせるために働いているようなものだ」。やがてキースは優等生の仮面を外し、出会い系サイトで知り合ったストリッパーと遊ぶようになりました。

●傷ついたパートナーの場合

規範意識が強すぎるあなたは、恋や遊びを楽しむ余裕がありません。いつも何かにせき立てられて心にゆとりがなく、パートナーの心が離れかけていることに気づかないかもしれません。

少女時代のドロシーは父親に厳しくしつけられ、甘えることを許してもらえませんでした。夫は仕事に忙しく、家事や育児に協力的ではありません。ドロシーは夫を変えようとやっきになりましたが、夫婦仲は険悪に。夫は正論を振りかざすドロシーに息苦しさを感じ、ゴミ出しを命じられて頭に血が上り、ベビーシッターの女性をデートに誘ったのです。

7．節度を知った

過度に甘やかされて育った子供は成人後も自制心に欠け、特別扱いを期待し、ルールや約束事を嫌う傾向にあります。人の権利には無関心ですが、自分の権利が侵害されることには過敏に反応します。特権意識が強く〝自分の望みはかなえられて当然〟という固定観念が生じるおそれがあります。

●不実なパートナーの場合

わがまま放題のあなたにパートナーは手を焼いているはずですが、他人の気持ちに鈍感なあなたは気づかないでしょう。それどころか、パートナーはちっとも言うことを聞いてくれないと不満に思っているかもしれません。健全なギブ・アンド・テイクの関係を知らずに育ったために自分のわがままがどれほど常軌を逸しているか理解できません。あなたは、誰が相手でも満足できないでしょう。

ハワードの両親は裕福で権力指向が強く、地位と名誉を重視していました。息子に身のほどを教えることもなく、息子が警察沙汰を起こせば、弁護士を呼んで事件を揉み消しました。大人になったハワードは結婚と離婚を繰り返しました。結婚当初は大変な愛妻家ですが、子供が生まれたとたん、主役の座を奪われた気がして結婚生活に嫌気が差すのです。

●傷ついたパートナーの場合

身のほどを知らないあなたは、そもそも本書を読んでいないかもしれません。おそらく特別扱いしてくれる人を探すことに忙しいのでしょう。愛情はただで手に入るものと思っていたかもしれませんが、パートナーの不倫をきっかけに我が身を振り返り、もっと大切にしてもらうにはどうしたらいいのか考えざるを得なくなったはずです。

ミシェルの母親は幼いころから五人の妹の親代わりをしてきました。それだけに娘にはのびのびと育ってほしいと考えたのです。ミシェルはしつけらしいしつけも受けず、家の手伝いやアルバイトを経験したこともありません。「人生は短いのだから、せいぜい楽しまなくちゃ」が母親の口ぐせでした。夫のキースはミシェルのだらしない生活態度にうんざりし、外に出て働くように命じました。最初は反感をおぼえたミシェルでしたが、夫の不倫を知ってから自分は特別な存在ではないと思い知らされました。

提案

幼少期の体験をひとつ残らず取り上げて、人格形成、パートナーの選択、不倫問題との関連を論じていたら、いくら紙面があっても足りません。生育環境が人の行動や考え方をすべて決めるとは限りませんが、不健全な自己イメージは親密な人間関係のなかで強化され、パートナーの前で再現されることが多いのです。幼少期に定着した自己イメージがどれほど未熟で否定的であっても、それはあなたが意識している自分であり、現在の人格の基礎になっていることを忘れてはいけません。

あなたの不満はどこまでがパートナーの責任（心の古傷に触る）で、どこからが自分の責任（心の古傷に触るようにパートナーを誘導している）なのか。その線引きは容易ではありません。それを見極めるには自分の内面を掘り下げる必要があります。次ページの設問（＊3）に答えることから始めてみましょう。

（＊3）自分の内面を掘り下げる

① 幼少期の心の体験（117ページ）のうち、私に欠けているものはどれか
② 肯定的な感情と否定的な感情（116ページ）のなかで、共感できるものはどれか
③ ②の感情を体験したとき、家族との関係はどうだったか。また家族同士の関係はどうなっていたか
④ 母親や父親に不満はなかったか。親に満たしてもらえなかった欲求は何か。それが当時と今の自分にどう影響しているか
⑤ 母親や父親に満足したことはあったか。それが当時と今の自分にどう影響しているか
⑥ 親子関係から愛について何を学んだか
⑦ 両親の夫婦関係から愛について何を学んだか
⑧ 両親以外に影響力のある大人はいたか。その人たちから愛について何を学んだのか。また、その人たちの存在が自己イメージにどう影響したか
⑨ パートナーのどのような言動が心の傷を刺激するのか
⑩ 自分のどのような言動がパートナーの心の傷を刺激するのか
⑪ パートナーの弱点を攻撃していないか
⑫ パートナーに弱点を攻撃されていないか
⑬ パートナーの仕打ちは、私がそうするように仕向けたからではないか。そう扱われることに慣れているのではないか
⑭ 私のパートナーに対する仕打ちは、パートナーがそうするように仕向けたからではないか。そう扱われることにパートナーは慣れているのではないか
⑮ パートナーが望むものを与えているだろうか
⑯ どうすれば、パートナーに安心や自信や存在価値を感じてもらえるのか

親の不倫の影響

親の不倫があなたの不倫観を決めると言っても過言ではありません。親が不倫していたのなら、あなたの家庭は重く険悪な空気に包まれ、安心できる場所ではなかったはずです。不倫している親は愛人に夢中で子供に無関心だったかもしれないし、罪の意識から子供を無視したり避けたりしたかもしれません。もう一方の親は失意や憎しみにかられ、子供の気持ちを思いやる余裕がなかったでしょう。どちらの親も理解や許しを求めるばかりで、子供の気持ちを考えなかったかもしれません。

親の不倫問題はとっくに決着したか沈静化したはずですが、だからと言って、あなたの心が癒えたとは限りません。そのときに芽生えた否定的な自己イメージが現在の対人関係に影を落としている可能性もあります。あなたは今でも自分を肯定できないのではありませんか。見捨てられた、裏切られた、かまってもらえなかった……。そんな思いが心を占拠しているうちは、人と愛情を通わすのは困難です。

そこで、親の不倫が現在の自分にどう影響しているか検証してみましょう。

●不実なパートナーの場合

親の不倫を経験した子供は将来、不倫に走る可能性が高くなります。矛盾しているように思えるかもしれません。どうしてつらい経験を蒸し返すようなまねをするのか、幼少期に得られなかった愛情をパートナーから得ようと思わないのかと。もちろん、あなたはそのつもりでいたでしょう。しかし、本当に得られるとは思えなかった。だから愛する人に二度と失望させられないように愛人をつくって予防線を張ったのです。あなたが子供心に得た教訓は〝人を好きになると傷つけられる〟。ひとりの相手に忠実でいることは危険で恐ろしいけれど、不実でいれば傷つかずにすむと考えたのでしょう。

父親が出て行った日のことをマイクは片時も忘れませんでした。その日はマイクの十三回目の誕生日。母親はキッチンで泣いていました。その三週間後、父親はふらりと帰って来るとゴルフクラブとブランド物のネクタイをつかんで、また出て行きました。マイクは母親から父親に同棲相手がいることを聞き、両親のかすがいになれなかった自分を責めました。そのとき〝人を愛するのはやめよう〟と心に誓ったのかもしれません。マイクは妻のいる身で浮気を繰り返しました。

つらい目に遭いたくなければ、つらい目に遭わせた相手に同化するのがいちばんです。加害者になれば被害者にならずにすむ、裏切る側になれば裏切られない、傷つける側になれば傷つかずにすむ……。あなたも、マイクと同じように、不倫を武器に優位に立とうと考えたのではないでしょうか。

幼いころのアンドレアは父親に愛人がいることも、そのせいで母親がうつ病になったことも知っていました。一日も早く親元を離れ、愛情豊かな家庭を築くのが夢でした。しかし、あるとき婚約者の愛がふと怖くなり、バーで知り合った妻子ある男性に身を任せてしまったのです。婚約者の愛情や誠意を拒むことで、いつか裏切られる不安から逃げようとしたのでしょう。「（婚約者の）ジョンなんて必要ありません。男はいくらでもいますから」とアンドレアは言い放ちました。「ベッドの中ではみんな同じです」

不倫は、親への憎しみを自分への憎しみにすり替える方便にもなります。本来なら家族をばらばらにした親に怒りを向けるべきですが、自分を憎めば、親に愛されなかったさみしさを意識しないですみます。親に批判されて育った場合はなおさらでしょう。親と一緒になって自分を否定していれば、親を敵に回すこともなく、心の痛手から目をそむけることができます。

ジャネットは父親に怒りをぶつけることができませんでした。父親は療養中の母親をよそに女遊びにふけっていたのです。ジャネットは友人の夫と不倫し、父親に対する嫌悪を自己嫌悪にすり替えました。怒りの矛先を変えたために父親や自分自身と向き合えなかったのです。

不倫が遺伝するとは思えませんが、親が不倫を正当化（男は生まれつき浮気性だ）していると、子供が不倫に走る可能性は高くなります。家族の文化は親から子へ受け継がれていくものです。

●傷ついたパートナーの場合

パートナーの不倫に心を痛めているクライエントは、たいがい親の不倫に苦しんだ経験があります。これは偶然の一致ではありません。パートナーに依存したり、パートナーを突き放したりして、幼少期のトラウマを再現してしまうのです。裏切られるのが好きな人はいませんし、傷つけられるのが好きな人もいないでしょう。それでも人は無意識のうちに過去を追体験させてくれる相手を求め、幼いころに刷り込まれた固定観念を肯定しようとするのです。

エディの父親は横暴で好色家で、何かにつけて気の弱い息子をバカにしました。二〇歳になったエディは恋人に迫られて結婚しましたが、ふしだらで傲慢な妻は、昔の父親を思い出させる存在でした。不倫を繰り返す妻に嫌気が差したエディは離婚を決意。再婚後、同じ失敗は繰り返すまいと決心しましたが、人にかしずくことが習慣になっていたエディは対等な夫婦関係に戸惑うばかりでした。

「これが本来の夫婦のあり方なんでしょうね」と私のもとを訪れたエディは言いましたが、やがて妻を責めるようになり、幸せな結婚生活に水をさしてしまったのです。妻がよその男性に視線を向けただけで〝色目を使っている〟と非難し、「僕は妻を心の底から愛しているわけではない。妻はたいして魅力的でもないし、これといった取り柄もありませんから」と不平を言うようになりました。

しかし、エディはようやくつかんだ幸せを自分で壊していることに気づいたのです――妻につらくあたるのは父親や前妻に邪険にされた記憶を再現するためではないのか。妻を見下し、優越感を味わいたいのではないか。自分は愛される価値がないという思い込みを正当化したいのかもしれない。エディは自問自答を繰り返し、自己否定していた自分に気づきました。今は態度を改め、夫婦関係を修復しようとしていますが、苦戦しているようです。

パートナーの愛と誠意を信じたくても、愛も誠意も知らなければ、信じようがありません。また裏切られるのではないかと不安になるのも当然でしょう。

歴史は繰り返す？

親に裏切られたときとパートナーに裏切られたときを比べてみると、不思議なほど状況が似ていることがあります。過去はおのずと繰り返すのか、それとも何かによって繰り返されるのか。それは定かでありませんが、そうした奇妙な一致は実際に起きています。二人のクライエントの体験はその典型と言えるでしょう。

ローリーの父親はローリーが生まれる直前に不倫相手と駆け落ちしました。その後、ローリーは統合失調症の母親を抱えて成長。三四歳で第三子を妊娠しましたが、九カ月目に入ったとき、夫が愛人と駆け落ちしたのです。ローリーは一人で女の子を出産し、父親のいない家に娘を連れて帰ることになりました。

ステファニーが幼いころ、母親はアルコールに溺れ、父親は愛人に夢中でした。思春期を迎えたステファニーはそんな両親に説教し、心を入れ替えるように訴えました。親元を離れたい一心で結婚を決めましたが、婚約者もアルコール依存症で浮気性。ステファニーは婚約者にも説教するはめになりました。

肉親の不倫とパートナーの不倫――たとえ状況は似ていても、心の傷口が広がるぶん、後者のほうがつらいでしょう。大人になったからショックに慣れたとは限りません。むしろ二度目のショックのほうが大きいこともあります。その場合は最初のトラウマから手当てする必要があります。過去の問題が決着しないと、現在の問題に向き合えません。

提案

親の不倫をパートナーに打ち明けましょう。幼かった自分はどう反応し、どう傷ついたのか。それがふたりの関係にどう影響しているのか徹底的に話し合ってください。過去を告白しても現在の不倫問題が解決するわけではありませんが、理解を得る一助になります。お互いに共感できれば、敵対意識はやわらぎ、同士として向き合えるかもしれません。

子供にも話してください。完全に理解してもらえなくてもかまいません。子供が抱え込んでいる悲しみ、怒り、困惑などの感情を吐き出すように促します。そのときは口を挟まずに、ひたすら子供の言うことに耳を傾けてください。つらい気持ちをぶつけることができれば、将来は親と同じ轍《てつ》を踏まずにすむかもしれません。子供に苦痛を与えたことや、親として無責任だった点は素直に詫びてください。子供に頼まれたら、何度でも話し合いに応じましょう。今の心情を素直に打ち明け、家族の絆を取り戻す意志があることを伝えてください。

パートナーとの関係を立て直す前に、肉親の不倫で生じた心の傷を癒さなければいけません。そのためには現在と過去を切り離し、親へのわだかまりを解消する必要があります。ひとつの方法として手紙はいかがでしょう。親に宛てて手紙を書き、言いたいことがなくなるまで何度も推敲を重ねてください。親が健在なら、郵送してもかまいませんが、返事は期待しないほうがいいでしょう。手紙を書く目的は、思いのたけを文字にして、過去と和解することにあります。

参考までに、クライエントのマイクが父親に宛てて書いた手紙を紹介しましょう。父親はマイクが十三歳のときに愛人をつくって家族を捨てました。それ以来、マイクは誰も愛さないと心に誓ってきましたが、この手紙をきっかけに、その誓いを撤回しました。

父さんへ

父さんが僕と母さんを残して出て行ったときのことを、三〇年近くたった今、ようやく語る気持ちになりました。父さんに打ち明けるのは今からでも遅くはないと考えています。父さんを責めるつもりも、苦しめるつもりもありません。むしろ僕の気持ちを知ってもらい、もっと分かり合えたら、少しでも心の距離を縮められたらと思っています。

父さんに聞きたかったことがあります。どうして何も言わずに家を出たきり、ずっと帰って来なかったのですか。なぜ息子の気持ちを考えようとしなかった（と僕は思いました）のですか。自分は父さんにとって価値がないのだと思いました。というよりも出来のいい息子ではないから、父さんの誇りになれなかったのだと解釈しました。あのときの事情を説明してもらえませんか。どんな事実が明らかになろうと、僕が考えてきた筋書きよりは、たぶんましでしょう。

長いこと父さんへの怒りを表に出せませんでした。僕を捨てたことやあまりかわいがってくれなかったこと、母さんの世話を押しつけられたことをひそかに恨んでいました。でも、ようやく分かりました。勝手な解釈かもしれないけれど、父さんのしたことは僕とは無関係だったんだと。僕はまだ子供だったし、悪いことは何もしていない。僕に落ち度があったわけじゃない。だから自分を責めるのはやめました。

父さんがいなくなったのは僕が十三歳のとき。あの日から人に心を許すのはよそうと心に決めました。もう誰も愛さないつもりで、その決意を忠実に守ってきました。だけど最近、浮気がばれて、バーバラ（妻）と腹を割って話すようになってから気持ちが変わりました。もう妻を遠ざける必要はない、過去に縛られて孤独に生きるのはたくさんだと。今は妻とのあいだに橋をかけようとしているところです。そして、父さんとのあいだにも。

よかったら返事をください。それが無理なら、これだけは知ってほしい。自戒の念を込めて宣言します。これからは人を傷つけたり、不安にしたり、現実から逃げたりすることにエネルギーを使いません。そして父さんを許します。家族を捨てたことも、それだけ不満があったことも許します。父さんの幸せを祈ります。僕自身も幸せになりたいと思います。

追伸　子供たちはみんな元気にやっています。今度、顔を見に来てやってください。子供たちも、おじいちゃんに会いたいと思っているはずですから。

マイクより

コイン現象――パートナーの短所は長所の裏返し

パートナーに幻滅をおぼえると、長所よりも短所に目が行きがちです。パートナーにいいところなんてあっただろうかと思うかもしれませんが、長くつき合っていくには忘れてはいけないことがあります。それは長所と短所はたいてい表裏一体で、どちらか一方を望むのは無理だということ。そして、パートナーに対する不満にはパートナーの人柄だけでなく、あなた自身の心も表われるということです。

クライエントのベッキーはスティーブの穏やかさに惹かれて結婚しましたが、そのうち感情表現の乏しい夫に嫌気が差すようになりました。両者が同じコインの裏表であることにベッキーは気づきませんでした。つまり、スティーブの性格は変わっていないのに、それに対するベッキーの解釈が変わったのです。だから〝実直な〟夫が、〝退屈な〟夫に見えてきたのでしょう。

別のクライエントのビッキーは子供のころから、批判的な両親の期待に応えてきました。大学時代に知り合った夫は、彼女とは対照的に、大変な自信家でした。結婚後は、夫の要望をかなえるばかりで、自分の要望をかなえてもらおうとは考えませんでした。やがて彼女は重圧感や孤独をおぼえるようになり、幼少期の不快な感情が蘇ってきたのです。それにつれて、夫への見方に変化が出てきました。〝自信〟に見えていた部分は〝自分勝手〟に、〝独立心〟は〝よそよそしさ〟に取って変わったのです。

私はこの現象（一つの個性に二通りの解釈が生じること）を**コイン現象**と呼んでいます。あなたが不満に思うのはコインの**裏面**で、好意を感じていた（いる）のは**表面**にあたるわけです。比べてみる（＊4）と分かるように、両者はペアです。つまり、あなたが考えるパートナーの長所と短所は表裏一体で、どちらの面を見るかによってパートナーを好きにも嫌いにもなるわけです。

次に具体例を挙げましょう。あなたが嫌っている部分は、以前は好きな部分だったかもしれません。裏面だけが目につくのは、あなたの心に葛藤があるからです。そのままでは、パートナーにも自分にも満足できません。

作家のマギー・スカーフは、この葛藤を「自分自身が認めることも肯定することもできなかった自分の一部」として次のように述べています。「過去に受け入れられなかった自分をパートナーのなかに見出したのだ。個人の葛藤が夫婦の葛藤に姿を変えて、再び現れたのである。どちらのパートナーも相手が変われば、万事解決すると思っている」。言い換えれば、パートナーのいやなところは自分のいやなところにリンクしているということ。あるいは自分に欠けている部分か、欠けているからねたましい部分かもしれません。

具体的に説明するために、キースとミシェルのケースを例にします。キースの父親はギャンブル好きで定職に就こうとしませんでした。キースはそんな父親に反感をおぼえ、仕事と家庭を両立している母親に共感。キースにとって人を愛することは自分を犠牲にすることでした。

成人したキースは上昇志向の強い努力家になりました。トントン拍子に出世したものの、空しさを感じることもありました。「すぐに焦ってイライラするんです」とキースは自分の性格を分析します。「人

（＊４）コイン現象

パートナーのいやなところ（裏面）	⇔	パートナーの好きなところ（表面）
感情の起伏に乏しい、チャレンジ精神に欠ける、退屈で面白みがない	⇔	穏やか、実直、信頼できる
人の顔色をうかがう、優柔不断		慎重、従順
気まぐれ、自己中心的、無責任		臨機応変、無邪気、裏表がない
せっかち、せわしない、ゆとりがない		自制心がある、有能、責任感が強い
覇気がない、自分の殻にこもりがち		落ち着いている、思慮深い
ナルシシスト、自己顕示欲が強い		社交的、自己表現がうまい
おせっかい、口うるさい		世話好き、気配りがうまい
冷たい、思いやりに欠ける		マイペース、割り切りがいい
気性が荒い		情が深い、感情表現が豊か

生を楽しいと思ったことはほとんどありません」

そんな彼がミシェルに惹かれたのは自分にはない魅力の持ち主だったから。気さくで人間味ある彼女は一瞬一瞬を楽しみ、人生に満足していました。しかし、キースは妻を否定的に解釈するようになり〝無邪気で楽天的な〟ところが、〝幼稚でわがまま〟に思えて、妻を養うことがバカバカしくなりました。キースは「残業で家に帰れないときのために」と嘘をつき、人妻と密会するためのマンションを借りました。生まれて初めて優等生の仮面を脱ぎ捨てたのです。やがてミシェルは夫が多額の借金をしていることに気づき、説明を求めました。こうして不倫が発覚し、キースは我が身を振り返ったのです。すると不満の原因は妻だけではなく、自分自身にもあることに気づきました。

「不満の原因も変わらなければいけないのも妻だけではないことに気づきました。親父が浪費家だったから、妻にはそうなってほしくないと思ってましたが、こだわりすぎていたんですね。ミシェルは親父とは違う。それに、よく尽くしてくれます。妻のおかげで家のなかは明るいし、金もうけだけが人生じゃないと分かりましたから」

そして夫婦関係がおかしくなったのは妻の性格を否定していたからだと理解して、今は善意に解釈しようと努めています。

「これからも妻のだらしないところに腹が立つと思います。妻は出先から戻っても、真っ先に友達に電話し、メールをチェックする。買ってきた食料品や外に干した洗濯物には目もくれない。それでも長所と短所は表裏一体と思うようになりました。だらしないのは困るけれど、だからこそ僕と違って人生をエンジョイできるのかもしれません」

コイン現象を理解するためにキースは上のような一覧表（＊5）を作り、ミシェルの良いところと悪いところを比較しました。

今度はミシェルの番です。実は彼女も結婚生活に満足しきっていたわけではありません。不倫をしたのはキースですが、彼女も不倫願望を抱いたことが何度となくありました。

ミシェルの母親は自分が苦労した経験から、娘には今を楽しむように教えてきました。しかし、ミシェルは「母には何の期待もかけてもらえなかった」と不服でした。「私には遊ぶこと以外に何の才能もないと思っていたんじゃないかしら」。キースに惹かれたのは写真の才能を認めてくれたからです。キースは向上心があり、商才に長け、趣味の写真を続けるように応援してくれました。

しかし、結婚三年目でキースに幻滅を感じました。「昔は夫のことを有能だと思っていたけれど、今は仕事中毒としか思えない。私に仕事をするように勧めるのは写真の才能を認めたからではなくて、養

（＊５）キースが作成した一覧表

ミシェルの悪い面	⇔	ミシェルの良い面
物事を先延ばしにする 自分に甘い 働く意欲がない いい加減 経済観念がない 幼稚 専業主婦の座に甘えている	⇔	今に生きる 自分の気持ちに正直 家庭的 マイペース 楽天的 無邪気 家庭をよく守っている

うのが嫌になったからだわ」

私は、キースのいいところと悪いところを一覧表にするように促しました。昔のようにキースの性格を善意に解釈してもらうためです。現在の解釈（悪い面）と昔の解釈（良い面）を書き出してもらった結果、（＊６）のようになりました。

ミシェルは一覧表を見て、悪い面と良い面はコインの両面であることを理解し良い面を見ようと考えました。また、キースの悪い面（仕事中毒、物欲が強い）は自分に欠けている部分だと気づいたのです。キースをもっと善意に解釈していたら、素直に反省することができたかもしれません。

「母はアルバイトさえ許してくれなかった」とミシェルはつぶやきました。「養ってもらうのは妻の権利と教え込まれたの。そこを夫に批判されて逆恨みしてしまった。生活力をつけるべきだという夫の指摘は意地悪でも的外れでもなかったのね」

提案

コイン現象が分かると相手に対する見方が変わります。パートナーに不満を感じるのは、パートナーや相性のせいではないかもし

（＊6）ミシェルが作成した一覧表

キースの悪い面	⇔	キースの良い面
独断専行 せっかち、仕事中毒 お金に細かい、物欲が強い	⇔	決断力がある、有能 几帳面で向上心がある 甲斐性がある

れません。長い目で見れば、気の合うときも、合わないときもあるはず。そもそもパートナーを選んだのは、どこかに見どころがあったからでしょう。それは自分に足りない部分、欠けている部分、欠けているからうらやましく思った部分かもしれません。

それを確認するために（＊7）の設問に答えてみましょう。

コイン現象が分かると、相手の性格を別の角度から見られるようになります。これを機会に自分とパートナーの表面、裏面を受け入れ、共感できるところを見つけてみてください。

不倫当時の状況を振り返る——人生の転機が引き金だったのかもしれない

不倫問題の背景に人生の重大事が関わっていたなら、それを特定することで原因と対策が分かります。

人生の重大事とは家族の誕生や死去、健康面や経済面の変化などですが、それがストレスになり、ふたりの関係をこじらせたのかもしれません。

その出来事が心の葛藤を刺激したとしたら、ストレスはさらに大きくなったでしょう。例えば、父親不在の家庭に育った場合、母親の死は仕事の失敗

（＊７）パートナーの性格を別の角度から考える

① パートナーの性格で嫌いなところはどこか
② ①に嫌悪や反発を感じるのはなぜか。それは自分の欠点に共通しているからではないか
③ ①は長所の裏返しではないか。以前は魅力を感じた部分ではないか
④ そうだとしたら、なぜ魅力を感じたのか。それは自分に欠けていたり、うらやましく思ったりした部分ではないのか

よりも痛手です。コンプレックスを抱えて育った場合は、肉親の死よりも仕事の失敗のほうがショックかもしれません。

ストレスにさらされたパートナーは殻に閉じこもり、もう一方のパートナーを遠ざけたのかもしれません。遠ざけられたパートナーは寂しさと不安から不倫の誘惑に屈したのかもしれません。不倫問題の発端を探っていくと、ふたりのあいだに起きた出来事とそれぞれが抱えてきた葛藤が見えてきます。

代表的なストレス要因を挙げます。このうちのどれかが不倫の引き金になったかもしれません。

自分や身内の病気・けが

バリーは四三歳で心臓発作を起こし、先は長くないと感じました。死ぬ前にやりたいことがたくさんある……彼はオフィスを閉めると、若い秘書と二人でヨーロッパへ豪遊に出かけました。

妻のトレイシーが、がんに冒されていると知ったビクターは、妻を失う恐ろしさと妻に頼りきりの自分に不安を感じました。その不安を解消するために彼は愛人を作り、妻に去られる前に自分から去っていったのです。

近親者の死

愛する人（パートナー以外）の死は深い喪失感を与えます。その一方で、故人の呪縛から解放されて、人生を謳歌する場合もあるようです。

「息子が自殺したときは悲しみにくれるよりも、夫につらく当たるほうが楽でした」とケイトは言います。「そして心の拠り所を夫以外の男性に求めました」

クライエントのダグは「母にとっては離婚なんて言語道断。絶対に許してもらえませんでした」と振り返りました。「その母が亡くなってすぐに僕は妻を捨てて、かねてから交際していた女性と暮らし始めたんです」

転居

見知らぬ土地では寂しさのあまり愛人を求めたり、夫婦仲に亀裂が入ったりするかもしれません。

昇進したマークはイリノイ州からニューヨークに転勤することになりましたが、妻は新しい環境に心細さと孤独を感じ、夫を恨み、遠ざけるようになったのです。栄転を祝ってくれる人のいないマークも心細さと孤独を感じて、部下と不倫するようになりました。

ふたりの立場の変化（収入や社会的地位の逆転など）

弱い立場にいたパートナーが社会的に認められたり、経済的、精神的に自立できるようになったりすると、強い立場にいたパートナーは優位の失墜や拒絶（頼られる存在でなくなったら見捨てられる）を恐れて愛人を作り、自信や自尊心を取り戻そうとするかもしれません。

マイケルが妻を見下して小言（もっと痩せろ、大学院に入り直せなど）を並べているうちは、夫婦仲はどうにか安泰でした。しかし、妻がそのとおりにすると、彼は年下のボイストレーナーに心を移しました。若い愛人のそばにいると、失った優越感を回復できたからです。

大きな挫折（失業、倒産、流産など）

解雇、不妊、破産などの出来事で自分の力不足を実感する場合です。

ロンは勤めていた証券会社を解雇されました。その一週間後、地元のバーで同業者のグループと出くわした夜、その場にいた証券ディーラーの女性をモーテルに誘いました。「あのときは見栄を張りたかったんだと思います」と彼は振り返りました。「昔の仕事仲間に、引け目を感じましたから」

家族構成の変化（子供の誕生、子供の独立など）

人生には夫婦関係のあり方を変えるような大きな節目がめぐってきます。妻の妊娠、子供の誕生、子供の巣立ち（空の巣症候群）などです。

「子供が生まれてから、妻の関心は育児だけ。僕は完全に立場をなくしました」とディックは話しました。「だから外に女性を作って、妻の立場を奪ってやったんです」

アルコールや薬物に対する依存

「夫のアダムが仕事で悩んでいたことも、お酒で憂さを晴らしていたことも知りませんでした」と妻のホリーは説明します。「てっきり、夫は自分のことに頭がいっぱいで、私には関心がなくなったと思い込んでいました。見放された気がして、とても寂しかった。だから、セラピストの彼と出会ったとき、運命だと思ったんです」

不倫の背景を探る――ディーンとメアリーの例

ひとつの出来事が不倫の引き金になることはまずありません。たいていは複数の事情が重なっているものです。その一連の出来事をふたりで特定し、不倫問題との関連性を考えてください。

ディーンとメアリーはディーンの不倫の前後に起きた主な出来事を順に書き出し、各自の反応を書き加えました。一覧表を作り（＊8）すれ違いが生じたプロセスを追ったのです。

メアリーは事情が明らかになっても、夫を許す気にはなれませんでしたが、以前よりも気は楽になりました。夫の不倫は自分一人のせいではないと分かって肩の荷が下り、やり直す決意もついたのです。ディーンのほうも不満の原因は妻だけではないことに気づきました。むしろ新天地でのプレッシャーや幼少時代のトラウマが大きな原因でした。

ふたりが得た教訓は、日常のストレスが夫婦関係を悪化させるということ。ストレスはどんなカップルにも降りかかります。立ち向かうには協力が必要です。仲たがいしている場合ではありません。

（＊８）ディーンとメアリーの一覧表

月	出来事	ディーンの反応	メアリーの反応
7月	夫婦でシカゴからコネチカット州に転居 ディーンはホテルチェーンに転職したが、上司とそりが合わない 転居先にメアリーの知り合いはいない	解雇されるかもと不安になる。妻を気づかうべきだったが、わずらわしかった。幼いころ父親が家出してから母親の面倒を見てきたので、人の世話をするのはうんざりだった	寂しかった。夫に甘えたかった
8月〜11月	メアリーが子供を欲しがる	妻の望みをかなえてやりたかったが、父親になる自信がない。セックスは子作りが目的になった	幸せだった。夫に迷いがあることは知らなかった
12月	メアリーが妊娠 ディーンは子供が生まれた友人を訪ねる	友人のやつれた顔と自由のない暮らしぶりを見て、自分の人生ももうすぐ終わると思った	
1月	メアリーの弟が交通事故で重傷を負う ディーンは三〇歳の誕生日を迎える	一寸先は闇だと思った。人生でやり残したことはないかと焦りを感じた	弟の見舞いで忙しかった。夫にかまう余裕はなかった
2月	メアリーが流産する	正直言ってホッとした。自分は半人前だから、子育てはできないと思っていた	自責の念と失意で頭がいっぱいになり、夫を遠ざけてしまった
4月	ディーンが不倫をする	解放感、輝いていたころの自分を取り戻した気分	

不倫の責任を分かち合う――自分を変えるための実践《エクササイズ》

次は、自己改革を目的としたエクササイズを紹介しましょう。本章で説明したことを具体的に活用します。口論が起きたときに試してください。見解の相違を正し、不倫の再発を防ぐことに役立つはずです。自分を変えるには、行いを改めるだけでは不十分。同じことを繰り返さないためにも考え方や感じ方のパターンも変える必要があります。

キースとミシェルの記述（＊9）を参考にしながら、すれ違いのきっかけになった出来事や、そのときの自分の言動、考えたこと、感じたことを書き出しましょう。一人でも、パートナーと一緒でもかまいません。

すれ違いが生じた経緯を客観的に振り返ってみると、たいていは同じパターンを繰り返していることに気づくと思います。

自分の言動、考え方、感じ方のくせをつかみ、反省し、改める――ふたりはこのエクササイズを続けることで、それぞれの問題を理解し、克服しました。ここまで来るには相当の忍耐と勇気と謙虚さが必要でしたが、変わる努力を始めてから互いの接し方も変わり、夫婦の絆が強くなりました。

あなたにもできるはずです。自分を理解し、パートナーを理解し、知恵を出し合い、互いの未熟なところや葛藤を受け入れ、ふたりの明るい未来を描いてください。そのためにも現実から目をそむけてはいけません。不倫問題の背景を探ることで見えてきた課題をしっかりと受け止め、今まで以上に愛情の通うパートナーシップを築いてください。

（＊９）キースとミシェルの記述

● 仲たがいしたきっかけ（私情を交えずに事実だけを書く）

スキー旅行の三日目だった。夫のキースはスキーに没頭し、セックスを避けた。「ゲレンデのオープンと同時に滑らなきゃ損だ」と言い張った。妻のミシェルは朝寝坊して愛し合いたかったが、しぶしぶ夫に合わせた。レストランで朝食をとりたかったが、夫の機嫌を損ねたくなかったので、これも断念。朝食はゲレンデに向かう途中のコンビニでパンを買ってすませた。ミシェルの我慢は限界に達し、「なんで足手まといの私を連れて来たの？　あなたは自分のわがままをとおしてばかり。私の気持ちなんかちっとも考えないのね」と怒りを爆発させた。キースは黙って車を走らせた。

原因の特定

● パートナーを不快にしたと思われる言動

キース	スキーのことしか頭になく、妻の希望を聞かなかった。スキンシップを取ろうとしなかった。
ミシェル	我慢して夫に合わせていたら、不満が爆発してしまった。

● そのとき思ったこと

キース	高いリフト券を買ったのだから、使い切らなければ損だ。妻は身支度に時間がかかりすぎる。妻がレストランで食事をしたがっているのは分かっているが、僕が言い出さなければ我慢してくれるだろう。セックスは家に帰ってからでいい。
ミシェル	夫は、私よりも元愛人を連れて来たかったに違いない。夫は私を女として見ていないし、愛してもいない。だから私の望みを聞いてくれないのだ。

● そのときの気持ち（感情の程度を１～100で表す）

キース	いらだち 100、不快感 90、わずらわしさ 100、焦り 80
ミシェル	疎外感 90、失意 100、怒り 100、屈辱感 90

反省と対処

● 言動を改めるには

キース	もう少しリラックスする。妻の希望に耳を傾ける。妻の意向もくんで旅の計画を立てる。妥協する。
ミシェル	不満があるときはそのつど口に出し、爆弾を落とさないようにする。無理に夫に合わせようとしない。夫が頑固なのは性格だから仕方がないと割り切る。

● 考え方を改めるには

キース	行動をともにすれば愛情が深まると思うのは間違いだ。スキーのあとで妻を抱くのは体力的にきついから、朝にセックスするとか、スキーを早めに切り上げるとか、工夫が必要だ。不倫をしたのは僕なのだから、これからは妻と積極的にスキンシップを取り、女性としての自信を取り戻してやらなくては。親のことで苦労したせいか、人の都合を優先することに抵抗があった。でも“孝行＝自己犠牲”とは限らない。
ミシェル	夫の性格は分かっている。お金をかけた分は取り戻すのが夫の主義。それを悪いほうに解釈すれば、私自身が不愉快になるだけだ。 夫は私を愛しているし、家庭生活に満足している。だけど気晴らしをしたり、肩の力を抜いたりするのが苦手だ。夫も自分の性格を分かっているし、反省している。夫の几帳面さや向上心は尊敬に値する。私が仕事を始めるときにも協力してくれた。だけど、夫に合わせてばかりではいけない。結局は夫を憎むことになってしまう。私は子供のころから不満をためこみ、あとで爆発させるくせがある。キレてばかりいたら、夫は心を閉ざして私から離れていくだろう。自分の意見を言うときは冷静になろう。怒鳴っても気持ちは伝わらない。

● 今の気持ち

キース	いらだち 50、不快感 30、わずらわしさ 90、焦り 40
ミシェル	疎外感 50、失意 25、怒り 40、屈辱感 30

このあとは過去から現在に焦点を移し、パートナーシップの再構築へとコマを進めます。次章では信頼の回復に向けたエクササイズを紹介しましょう。

6

信頼関係を回復する――「要望リスト」をつくってみよう

信頼はもらうものではありません。勝ち得るものです。そのためには、言葉だけではなく行動でも誠意を示す必要があります。不実なパートナーは行動によって自分が信頼に足る人間であることを伝えなくてはいけません。傷ついたパートナーは信じる勇気を奮い起こし、パートナーの努力を評価してください。いつまでも不実なパートナーを責めていては、らちがあきませんし、やり直す意欲も失せてしまいます。むしろ具体的に要望を出して、あなたの人生に合流できるように導いてあげてください。

確認しておきますが、ここで言う**信頼**とはパートナーの忠誠を信じ、ふたりの将来を信じること。やり直してよかったと思える日が来ることを信じることです。

本章の前半では信頼関係を築くための行動について、後半ではその行動をためらう原因について説明します。パートナーとの接し方を見直し、考え方を改めることができれば、不倫問題を乗り越えてやり直せる可能性がぐんと高くなるでしょう。

パート1　行動を改める

パートナーとの接し方を改めるには、愛情や共感がわかないときでも、わいたつもりで接してください。心の準備が整うのを待っていたらタイミングを逃してしまいます。待つあいだに決意が揺らぎ、迷いや不安が大きくなったら、やり直せなくなる可能性もあります。まずは行動を起こしてください。成果が出ることを信じて前向きに行動すれば、気持ちはあとからついてくるものです。

今までは、家に帰ったらパートナーとろくに言葉も交わさず、自分の部屋にこもって友人と長電話をしていたかもしれません。それはパートナーを避けていたのではなく、ひと息つくための習慣だったはずです。しかし、やり直しを決意したからには、その程度の接し方では不十分。社交ダンスを踊るつもりで自分とパートナーがどう動き、どんなペアになればいいのか常に考えてください。自分を理解してもらい、パートナーへの愛情と誠意を身を持って示すのです。面倒だと思いますか？　たしかに面倒です。しかし、口論に明け暮れるよりは有効なエネルギーの使い方です。

本章では、どちらのパートナーにも相手に対する要望を考えてもらいます。それを二種類に大別して**低コストの要望**、**高コストの要望**と呼びましょう。低コストの要望は物理的にも精神的にも大きな負担がかからず、実行するのも比較的容易。それに比べて高コストの要望は相応の犠牲を伴います。

低コストの要望

どのようなことを実行してくれたらパートナーを信頼できるようになるのか、その具体例をまとめま

(＊1) 低コストのリクエストの例

- 泊まりがけの出張はなるべく避けてほしい
- 不倫相手と接触したときは教えてほしい
- セックスのとき、どうしてほしいのか教えてほしい
- 私のいいところを見つけたときは、理由も含めてほめてほしい
- 外出先から連絡を入れてほしい
- 何を考えているのか聞かせてほしい。胸の内を話してほしい
- ふたりの将来に希望を感じたときは、そう言ってほしい
- 夕食の時間までに帰ってきてほしい
- 今日一日の出来事を話してほしい
- 私の話を最後まで聞いてほしい。会話に集中してほしい
- いつまでも怒っていないで、私とやり直すことに集中してほしい
- 普段からスキンシップを取ってほしい
- 私の気持ちは私に確認してほしい。勝手に決めつけないでほしい
- 週末の予定を立ててほしい
- 一人になりたいときがあるが、避けていると思わないでほしい
- 私に不信感を持ったら言ってほしい。すぐに浮気を疑わないでほしい

した（＊1）。パートナーがすでに実行している項目もあれば、ほとんど（あるいは一度も）実行したことがない項目も交じっていると思います。これを参考にして、自分なりの要望を考えてください。要望が決まったら、次ページのような要望リスト（＊2）の〝リクエスト〟欄に一つずつ書き込みます。

傷ついたパートナーは相手の気遣いが実感できるリクエスト（「外出先から連絡を入れてほしい」など）を、不実なパートナーは努力の成果が確認できるリクエスト（「ふたりの将来に希望を感じたときは、そう言ってほしい」など）を挙げるといいでしょう。リクエストの内容は各分野（コミュニケーションの取り方、休日の過ごし方、性生活など）に及ぶことが重要です。

（＊２）要望リスト

（あなたの名前） 実行した日付	リクエスト	(パートナーの名前) 実行した日付

次は要望リストを作成し、実行するときの注意点です。

1．内容は具体的に

要望リストが苦情リストになってはいけません。不満やグチを並べてもリクエストの主旨が分かりませんし、パートナーの反感を買います。相手を信頼するために何を〝実行〟してほしいのか考えながら、具体的で成果の見えるリクエストを出しましょう。例えば「わがままばかり言わないでほしい」というような抽象的な表現ではなく「たまには私のやりたいことにつき合ってほしい」と書くようにします。

2．パートナーの要望を尊重する

要望の内容は極めて個人的です。あなたにとって重要なこと（「仕事中にメールを入れてほしい」など）もパートナーには迷惑かもしれませんし、反対に、パートナーのリクエストはあなたにとって面倒かもしれません。ですが、当人にとって重要な願いであることを忘れないでください。

3．日によって実行することを変えてみる

実行するリクエストに変化をつけましょう。最初の二つだけを繰り返して、あとは知らんぷりではいけません。関係を大きく改善するのは小さな行動の積み重ねです。それなくして確かな信頼関係は築けません。

４．要望リストは目につく場所に貼り出す

冷蔵庫など目に触れやすい場所にリストを貼り、それぞれのリクエストが実行されているか確認します。家族や来客に見られたくないなら、寝室のドアの内側など外から見えにくい場所を選んでください。

５．パートナーが要望をかなえてくれたら、そのつど日付を記入する

面倒かもしれませんが、互いの努力を評価することは励みになります。日付を入れるたびに、ふたりの関係が前進していると実感できるでしょう。途中で意欲を失ったり、努力が無駄に思えることがあるかもしれませんが、そんなときはリストの日付を確認してください。きっと奮起できるはずです。

６．初志貫徹の精神で

本当にやり直せるかどうか不安を感じたり、パートナーの意欲や誠意に疑問を感じる日もあるはずです。それでもくじけないでください。パートナーを疑いたくなるのは、あなた自身が不安だからではありませんか。相手がさぼっているからといって自分までさぼってしまったら、覚悟のほどを疑われても仕方ありません。あなたが根気よくリクエストを実行していれば、パートナーもあとに続かざるを得なくなります。

７．常にリクエストを更新する

マーサは夫の会社のパーティに夫婦揃って出席しました。しかし、彼女はテーブルのそばに置き去り

にされ、夫と言葉を交わす機会はほとんどありませんでした。翌日、マーサは要望リストに新しい項目を加えました。〝ふたりで出かけたとき、私に愛情を感じたら肩に腕を回したり、手をつないだりしてスキンシップを取ってほしい。妻として誇りを感じたいので、あなたの知り合いにきちんと紹介してほしい〟。

パートナーとの接し方を改めると、パートナーの振る舞いに喜びや不安を感じる機会が増えます。それをリストに反映してください。あなたがリクエストを追加するたびにパートナーは信頼回復のチャンスが増えることになります。

アーリーンとティムは同居中のカップル。ふたりが信頼を取り戻すためにどのような行動を取ったのか参考にしてください。

アーリーンはいたわりを、ティムはありのままの自分を受け入れてもらうことを相手に求めました。アーリーンは同僚の男性と不倫をしましたが、それは相手が好きだったからではなく、ティムにかまってもらえずに寂しかったからです。アーリーンが出したリクエスト（＊3）は決して多くはありませんが、ティムのいたわりを実感するには十分な内容でした。ティムのリクエスト（＊4）も多くはありませんが、自分の性格を理解してほしいという願いが反映されていました。

要望は命令や指示とは違いますから、自分にとって大切だと思うことは遠慮なくリクエストしましょう。そして各リクエストの目的や意義についてパートナーと話し合います。お互いのリクエストが出揃ったら、できるだけ多くの項目を実行し、アレンジしてみましょう。

ある晩、アーリーンとティムはレストランに入りました。テーブルについても無言で物思いにふける

（＊３）アーリーンのリクエスト

- 会話をしているときは笑顔を絶やさず、話に集中してほしい
- もっと穏やかに、優しく話しかけてほしい
- 旅行の計画を立ててほしい。楽しみにしているので計画が決まったら、すぐに知らせてほしい
- 手をつないで歩いてほしい
- 私に愛情を感じたときは口に出してほしい
- 私のどこが好きなのか教えてほしい

（＊４）ティムのリクエスト

- 僕が黙り込んだときは、不機嫌とか殻に閉じこもっているとか決めつけずに、何を考えているのか確認してほしい
- 休日出勤を理解してほしい
- 話し方が遅いが、最後まで話を聞いてほしい。何を言っているのか分からないときは、そう言ってほしい。僕にも発言する機会を与えてほしい
- 僕の関心のあるテーマ（政治の話題など）に興味を持ってほしい
- 自宅のメンテナンスに協力してほしい

ティムを見て、アーリーンはいつものように小言を言いたくなりました。しかし、そこをこらえてティムのリクエストを思い出し、ティムの態度を誤解しているのではないかと反省したのです。アーリーンはティムの手を取り「思い詰めているみたいだけれど、どうしたの？」と尋ねました。ティムはリクエストを実行してくれた彼女に感謝し、口を開きました。「隣のカップルを見ていたら、口べたな自分がいやになったんだ」。そしてティムもアーリーンのリクエストを思い出し、「考え事をしているあいだも君のことは忘れていなかったよ」といたわりの

言葉を返しました。

低コストの要望は〝輸血〟のような効果を発揮します。お互いのリクエストを実行することで、ふたりのあいだに通わなかった血が通うようになるでしょう。これだけで信頼関係を完全に回復することは難しいですが、ふたりの関係を活性化させ、信頼回復の足がかりになることはたしかですから、どちらのパートナーも低コストのリクエストを実行し続けることが大切。不実なパートナーはこれに加えて、さらに努力が必要です。

高コストの要望

第1章でも説明したように、傷ついたパートナーは不倫問題から立ち直るまでに相当な時間とエネルギーを要します。不実なパートナーも責任を感じて苦しんでいると思いますが、精神的な負担が大きいのは、やはり傷ついたパートナー。心の整理をつけ、怒りをしずめ、傷ついたプライドを立て直し、さらには低コストの要望を実行し、やり直しに賭けなくてはいけないのです。

それに対して不実なパートナーは不倫問題の決着を急ごうとする傾向があります。罪を認めたのだから、すぐに許してもらえると考えたり、肩の荷が下りた安堵感から過去を早く水に流そうとしたり。愛人ができたことで以前よりも自信がついたかもしれません。要するに、不実なパートナーは積極的に前を向くことができますが、傷ついたパートナーは前を向くことすら大変なのです。

繰り返しますが、どちらのパートナーも低コストの要望は実行しなければいけません。しかし、高コストの要望は不実なパートナーだけの仕事。不倫問題を起こした償いとして、相応の犠牲を覚悟してく

（＊５）高コストのリクエストの具体例

- 不倫相手の友人知人とも縁を切ってほしい
- 不倫相手が参加するサークルや集まりに顔を出さないでほしい
- 資産の一部を私の名義にしてほしい
- あなたの貯金の一部を共同名義の口座に移してほしい
- （不倫相手の）秘書を代えてほしい。それが無理なら転職してほしい
- 自宅を私の名義にしてほしい
- 豪華な旅行に連れて行ってほしい
- クレジットカードの利用明細や携帯電話の通話記録を見せてほしい
- 引っ越しに同意してほしい

ださい。パートナーの心労を軽くするには、同じぶんだけ心労を背負わなければいけません。「二度と不倫はしません」という口約束だけでは不十分。あくまでも行動で示すことが大切ですが、それには少なからず妥協が伴います。物理的な犠牲を強いられるので、最初は抵抗をおぼえるかもしれません。

高コストの要望は命令でも懲罰でもありません。それはパートナーの切なる願いであり、自分に課した義務と考えてください。その目的はパートナーに誠意を示し、やり直す価値があることを信じてもらうことです。

リクエストの具体例は（＊５）を参考にしてください。

パートナーのリクエストを低コストと考えるか高コストと考えるかは人によって違うはずです。「マイカーを私の名義にしてほしい」というリクエストに対して、難なく応じられる人もいれば、思い切りが必要な人もいます。応じるのが難しいのは収入やキャリアに支障が出るようなリクエストですが、これについては交渉の余地があります。

法律事務所に勤める弁護士のロイはプレイボーイで有名で

（＊6）ロイへのリクエスト

- カウンセリングを続けてほしい
- 資産の 75％を私の名義にしてほしい（経済的な不安を解消するためとロイの誠意を確認するため）
- 遠方に引っ越したいので同意してほしい（近所の笑い者になるのを避けるため）

した。夜の街でナンパしては行きずりの情事を楽しみ、夫婦の寝室に女性を連れ込んだところを妻に見つかったこともあります。妻は恥を忍んでロイの浮気を友達に打ち明けましたが、ショックなことに、ロイの遊び好きはすでに周知の事実でした。近所の人や行きつけのレストランのウェイター、そして息子までもが知っていたのです。「大恥をかいたわ。もう外を歩けない！」と妻は訴えました。

ロイは自分の行いを反省し、カウンセリングに通い始めましたが、妻は今後を考えると不安でたまりませんでした。定年退職を間近に控えていたため夫と別れることになれば、生活のめどが立たなくなるからです。

いっそのこと三六年間の結婚生活にピリオドを打ち、夫から慰謝料を取ることも考えましたが、離婚の意志は最初からありませんでした。そこで妻は今の気持ちを反映させたリスト（＊6）を作り、ロイに見せました。

ロイはカウンセリングを続けることに同意し、資産の大半を妻の名義に変えることにも賛成して、さっそく手続きを取りました。

ところが三番目のリクエストにはかなり抵抗を感じたのです。度を超えている、図々しいとさえ感じました。地元の法律事務所で成功していたロイにとって、転居すれば地位と収入を失うことになりかねません。しかし、中途半端に要望を受け入れたのでは誠意が伝わらないこと、妻の要望は自分を信じたい表れであることも分かっていました。

ロイは意を決して勤務先に退職願を出しました。しかし幸いにも、退職願が受理される前に、妻は再び地域社会に溶け込めるようになり、なじんだ土地を離れる気持ちがなくなったのです。妻は、ロイの真剣な気持ちが分かっただけで十分でした。ロイが高コストのリクエストに応じたからと言って、すぐに信頼が回復したわけではありませんが、夫の誠意を実感できたことで、やり直す覚悟もできました。

交渉がうまく行かない場合

両パートナーが高コストの要望をめぐって対立する背景には、現在の心の葛藤だけでなく、幼少期の葛藤も潜んでいる可能性があります。例えば、一方のパートナーは幼少時代に親にかまってもらえなかったために、今では特別扱いされないと気がすまない。もう一方のパートナーは親の言いなりだったために、今さら人の頼みを聞く気になれない。これでは、一方が何かを要求すれば、他方は自動的に拒むという図式になってしまいます。

交渉が行き詰まったときは、第５章に挙げた個人的な心の葛藤が原因になっていないかどうか、客観的に考えてください。

エドとミリアムの場合がそうでした。結婚当初から約十四年間、エドは秘書と愛人関係にありました。ミリアムがその事実を突きつけると、エドは愛人と縁を切ると誓いました。しかし、ミリアムは夫と秘書が同じ職場にいるかぎり、その誓いを信じるわけにはいかないと判断しました。

エドはまず、低コストの要望を実行しました。不倫中は残業が多かったのですが、ミリアムの要望どおり六時前には退社するように心がけました。秘書を代え、昼休みに妻を呼び出して昼食をともにする回数を増やしたのです。

しかし、ミリアムはいまひとつ納得できませんでした。夫と愛人は同じ会社にいる以上、顔を合わせることになるからです。そこで、ミリアムは転職を要求したのです。エドは慌てました。株主になった矢先だったし、社内での前途も洋々だったからです。折しもミリアムは妊娠中で、とても求人広告を眺めている場合ではありませんでした。

こうしてふたりの交渉は暗礁に乗り上げました。エドはミリアムを〝ヒステリックで無慈悲な妻〟と見なし、彼女の要望に対しても〝ばかばかしい。悪意に満ちている。勝手すぎる〟と一蹴。「要望をすべてのまないと信用してもらえないなら、それでもけっこう」と開き直りました。ふたりとも一歩も譲りません。

この状況を打開すべく、私はふたりに心の問題をさらけ出すように促しました。それが現在の確執につながっていると思われたからです。

エドは心の底に劣等感をこびりつかせていました。幼いころから優秀な兄弟に引け目を感じていたのです。エドは自信喪失に陥っており、自分は転職できるほど有能ではないと感じていました。一方のミリアムは、幼少期のトラウマを引きずっていたのです。「継父に性的虐待を受けていました。母はそれを知りながら継父と別れようとはしなかった。娘よりも夫を選んだんです。エドの不倫が引き金になって、当時の苦しみを思い出しました。夫に要望を出したのは夫を再び信じるためですが、同時に、自分の過去を清算したかったのでしょう」

昔を振り返ったことで、ふたりに譲歩する気持ちが芽生えたようです。私がこの本を書いている時点で、エドは職探しに精を出し、兄弟への劣等感を克服しようと努めています。その努力に感謝したミリアムは、エドに信頼を寄せるようになり、自分の過去まで償わせるのは間違いだと気づきました。

あなたとパートナーもこのケースに習って、この要望はなぜ大切なのか、なぜ受け入れられないのか検討する必要があります。

パート2　考え方を改める

リクエストを実行することが信頼の回復につながると分かっていても行動に移せない人がいます。それは誠意や意欲に欠けているのではなく、ある種の思い込みにとらわれているせいでしょう。自分の要望を出せない、パートナーの要望に応えられない、パートナーの努力を素直に認められない――その裏には誤った認識があるのかもしれません。代表的なものは次の九つです。

1．要望を出すのは気が引ける

無用な遠慮です。こんなふうに考えていたのでは、自分ともパートナーとも触れ合えません。あなたにとってはパートナーの誠意を試す機会を、パートナーにとっては償うチャンスを逃すことになります。

胸に手を当てて考えてみましょう。頼みごとをしたり、自分の希望をかなえてもらうことが、どうして心苦しいのか。この遠慮はどこから来ているのか。幼いころに頼みごとをしたら無視されたり、叱られたりしたことはなかったか。我慢を強いられて育ったのではないか。両親のどちらかが譲歩してばかりいたのではないか。

理由はどうあれ、遠慮はやめて、パートナーに頼みたいことをすべて書き出してください。その結果、幼いころに刷り込まれた固定観念や必要以上に遠慮していた自分に気づくと思います。

2. 要望を出したらパートナーの機嫌を損ねてしまい、ますます関係が悪化するのではないか

パートナーの顔色をうかがっていたら、信頼や愛情は回復しません。テリーはその好例でした。本来なら、夫にかまってもらえない寂しさから不倫に走ったことを説明し、夫に断酒を頼むのが筋ですが、テリーは何も言い出せないまま、ほとぼりが冷めるのを待っていました。しかし、要望を出すことはわがままを通すことではなく、夫婦関係を改善する方策と気づきました。彼女が対立を恐れるようになった理由は父親にありました。父親は家長としての権威をふりかざし、テリーが口を開こうとすると厳しく叱りつけたのです。「父に禁じられてきたことだけれど、正直な気持ちを言わせてほしい」と彼女は夫に切り出しました。「あなたに遠ざけられるのが怖いくせに、私は自分からあなたを遠ざけていたの。不倫をしただけでなく、変わってほしいと訴える勇気もなかったわ」

テリーはリクエストを伝え、自己主張することへの恐れを克服し、対立を覚悟しなければ分かり合えないことや解決できないことがあると知りました。

3. 私の要望はパートナーが察するべきで、わざわざお願いする必要はない

こんな考えでは思い違いと失望を繰り返すだけです。クライエントのヘレンは典型的な例でした。ヘレンの夫は不倫相手と別れて一カ月ぶりにヘレンのもとに帰りましたが、結婚指輪をつけていませんでした。ヘレンはとっさに、夫はやり直すことに迷いがあり、独身のふりをしてまた浮気するつもりなのだと思いました。不満を押し殺すのがヘレンの悪い癖でした。「私が結婚指輪を大切に考えていることを夫は知っています。今さら念を押す必要はないでしょう」と彼女は訴えました。そこで私は結婚指輪の件を要望リストに加えるように促し、それについて夫と話し合うようにアドバイス。その結果、夫は結婚指輪をどこかに落としてしまい、そのことをヘレンに隠していたことが分かりました。しかし、事実を打ち明けたあと、夫は指輪を新調し、喜んでつけるようになったのです。

パートナーは読心術のプロではありません。自分の要望は自分の口から伝えるべきです。パートナーが察しないのは愛情がないからとは限りません。

4. 愛情はねだって得るものではない。ねだるくらいなら必要ない

「出張先から電話をかけて」とは気軽に言えても、「愛していると言って」とはなかなか言えません。愛情は強制されて示すものではないし、プライドを捨ててまで求めるものでもないと思う人もいるはずです。ですが、それでも「愛してる」のひと言が必要なら迷わずリストに加えましょう。ただし「本気でそう思ったときだけ言ってほしい」という条件をつけること。パートナーを信頼するために必要なリクエストなら、遠慮はいりません。

5．パートナーは義務感から私の要望に応じている。愛情から応じるのでなければ意味がない

動機を疑問視して、パートナーの努力を過少評価する人がいます。無理をしてもらってもありがたくない、正直な気持ちだけを態度で示してほしいと思うのでしょう。しかし、その理屈でいくと、パートナーは努力をすればするほど報われません。あなたが愛情の**あかし**よりも愛情の**あるなし**にこだわっているかぎり、パートナーの努力は無駄になってしまいます。

ふたりの関係が危機に瀕している今だからこそ、（たとえ強い愛情がわかなくても）愛情のあかしとなる行動を意識的に起こすことが大切です。気が乗らないときにモチベーションを上げるのは相当な努力が必要。迷いながら、悩みながら、やり直すために行動するのですから。そう考えると、相手の信頼に応えるための行動はそれ自体が立派な愛情表現なのです。

6．パートナーが要望に応じるのはポーズにすぎない。ここで気を許したら、パートナーは元に戻ってしまうだろう

パートナーの腹の中を探り、その努力を見せかけと決めつける人がいます。ある不実なパートナーは「妻の目当ては私の収入。だから私に取り入ろうとしてリクエストに応えているだけですよ。その努力も長くは続かないでしょう」とため息をつきました。

パートナーに変わるチャンスを与えずに、どんな進展が望めるというのでしょう。パートナーがリクエストを実行するたびに真意を疑っていたら、先には進めません。疑うなとは言いません（疑いたくなるのは当然ですから）が、せめてふたりの関係に変化が起きるまでは、その疑念を保留してください。

7．パートナーがリクエストに応えたからと言って、いちいち感謝する必要はない

パートナーの努力の足跡を要望リストに記録したがらない人もいます。その根底には、いい大人に「よくできました」という必要はないと考えるからでしょう。

「妻が頼みを聞いたからって、ほめてやる必要なんかあるんですか」と傷ついたパートナーのトムは尋ねました。「不倫の償いなのだから、頭をなでてやることはないでしょう。妻はもう子供じゃない。ほめ言葉を期待するのは間違いですよ」

人は誰でも感謝や評価を必要としています。自分の努力を認めてほしい、努力の成果を知りたいと思うのは当然です。努力を評価しないのは「リクエストを実行しなくていい」と言うようなものです。

8．不倫の当事者はパートナーなのだから、先にリクエストを実行するべきだ

順番にこだわっていては健全な関係は築けません。それでは相手の要望をかなえるのは常にどちらか一方になりますし、ふたりのあいだに反発や対抗意識が芽生えて信頼を回復するどころではなくなります。先に言うことを聞いてもらえれば、優越感は味わえるかもしれませんが、それで心が癒されるわけではありません。発想を転換してください。相手を変えるには、まず自分が変わること。率先してパートナーのリクエストを実行し、パートナーがあとに続くように促してください。それで効果がなかったとしても、自分の努めは果たしたことになります。

9．パートナーへの怒りが収まらず、とてもリクエストに応じる気にはなれない

腹を立ててばかりいると、相手を許し、仲直りするゆとりは生まれません。

あるクライエントは「愛情がわかないのに、どうやって愛情を示せというんですか。今は妻の手を握る気にもなれない」と反発し、別のクライエントは「しゃくにさわって夫の顔がまともに見られません。信頼関係を築くなんてとうてい無理だわ」と訴えました。その気持ちは分かりますが、得策とは言えません。怒っていれば、強気になれるし〝怒れる正義漢〟を気取ることもできますが、パートナーと力を合わせる機会を逃してしまいます。

少し頭を冷やして、パートナーの要望を聞き入れられない本当の理由を探ってみましょう。それは感情を正当化したからではありませんか。〝感情の正当化〟とは強烈な感情を当然の感情と錯覚すること。あなたも〝こんなに腹が立つのだから私の感じ方は正しい〟と思っていませんか。

正義の仮面をかぶって登場するのが、怒りという感情の特徴です。怒るエネルギーがあったら、この怒りが何の役に立つのか、自分にとってどんなメリットがあるのか考えてください。この葛藤を解決するには感情よりも行動を優先するべきです。行動によって感情が起きることを忘れないでください。詩人で作家のロバート・ブライも「道は歩きながらつくるものだ」と言っています。

信頼を回復するには長丁場を覚悟しなければいけませんが、それだけに明け暮れる必要もありません。不倫の発覚から数年間は不安定な時期が続くでしょう。しかし、そのあいだにも希望や喜びを感じる瞬間は訪れます。

信頼は壊れやすく、築き上げるには時間と誠意とたゆまぬ努力が不可欠です。どうか勇気を奮って、

改善の可能性に賭けてください。パートナーが変わることを期待できるのも、これが最後かもしれません。この機会を逃さず、前向きな気持ちでパートナーの努力を受け入れてください。

その気持ちがあれば、パートナーの不満を受け入れることができます。また、ふたりの絆と愛情は強くなると信じて行動できます。

あるクライエントは「愛なき信頼は成立するけれど、信頼なき愛は成立しない」と言いました。

本章で紹介したエクササイズは、信頼の回復が狙いでした。このほかにも課題はあります。例えば、建設的な話し合い、性生活の再開、自分とパートナーをどう許すのか。次は、これらの課題をクリアしていきましょう。

7

心の通うコミュニケーション――思い込みを捨て、実りある話し合いを

ふたりで楽しいことに熱中すれば、気まずくなった関係が修復できる。そう誤解しているカップルはたくさんいます。もちろん、楽しいひとときを共有することは大切ですし、気晴らしや息抜きも必要でしょう。しかし、それは不倫問題による心労を打ち明け、聞いてもらい、理解を得ることとは違います。パートナーの心情に素直に耳を傾け、自分の心情を正直に伝える。この対話なしに問題は解決しません。

本章ではコミュニケーションの取り方をテーマにします。どう話せば自分の気持ちや要望を伝えられるのか、どう耳を傾ければパートナーは心を開いてくれるのか、検討しましょう。

対話のテクニックを学ぶのは簡単ですが、実践するには大変な勇気が必要です。建設的に話し合う方法は知っていても実行するのは抵抗があるという人もいます。それは先入観にとらわれているからではないでしょうか。苦しい胸の内を明かしたらパートナーに嫌がられる、パートナーの言い分に耳を傾けるのは迎合するのと同じではないか――そんな思い込みがあると、いくら対話のテクニックを学んでも役に立ちません。

心の通う話し方

いよいよ不倫問題について率直に話し合うときが来ました。パートナーの不倫だけではなく、親の不倫に苦しんだ経験があれば、それについても意見を交えなくてはいけません。わだかまりは表に出さないと、きちんとした形で解消できなくなります。この機会に、幼少期の体験も話題にしてください。話し合いの途中で心の古傷がうずき、今まで意識しなかった怒りがこみあげるかもしれませんし、その怒りが悲しみや不安に取って代わることもあるでしょう。しかし、どちらも自分の非を認めなくてはいけません。

コミュニケーションが機能しない原因――無言と放言

自分の気持ちや考えをコントロールする際に、感心できないパターンが二つあります。ひとつは、すべてを胸の内にしまい込む**無言**。もうひとつは、すべてを吐き出さないと気がすまない**放言**。こうしたパターンを繰り返す原因を考えてみましょう。

無言

話し相手が自分だけだとしたら、話すべき相手（パートナー）と会話不足になっている証拠です。口をつぐんでいれば、心の傷を広げることはないかもしれませんが、それでは誤解を正し、理解を求め、責任の所在を確認し、パートナーとやり直すことはできません。腹を割って話すことはパートナーを再び受け入れるための第一歩です。しかし、次のような先入観があると、正直な気持ちを伝えることは難しいかもしれません。

1．不満を言えば、パートナーに嫌がられてしまう

●傷ついたパートナーの場合

今のあなたはパートナーの心をつなぎとめるのに必死だと思います。そのためならどんな犠牲もいとわず、怒りや不満さえも押し殺そうとするでしょう。しかし、抑圧した感情は消えてなくなりませんし、かえってパートナーとの関係を悪化させてしまいます。

「夫婦関係を一から立て直す必要があると思っています」と、ある傷ついたパートナーは言いました。「忠誠を誓うだけではなく、腹を割って話し合える関係を築きたいんです。なのに夫は話し合いを避けているし、私も夫に煙たがられたくない。夫は不倫の件を『過ぎたことだから忘れたい』と言いますが、ふたりとも忘れられずに困っています」

傷ついた心を癒し、パートナーを許すには、心の傷を見せて理解を得ることが不可欠。そのためにも不倫による精神的なショックについて話し合わなくてはいけません。第1章で挙げた九つの喪失感を参考に、今の心境を説明するといいでしょう。そのときは怒りに任せてパートナーを責めたり、すべての責任を押しつけたりしてはいけません。話し合いの目的はあくまでもパートナーの共感を得て、和解の

きっかけをつくることにあります。心痛を和らげるには心痛を理解してもらうことが先決です。

●不実なパートナーの場合

口論を避けたい一心で沈黙しているのかもしれませんが、対立のない関係と親密な関係を混同しないでください。言いたいことを我慢するのは、愛情でも思いやりでもありません。むしろ不倫の再発につながります。言い出すタイミングを待っているのだとしたら、それも無駄です。いつか話せるときが来ると思ったら大間違い。不満の種は早く取り除かないと、育ってしまいます。

バネッサは寂しい胸の内を夫に訴えることができませんでした。「買い物につき合って」と遠慮がちに言うのが精一杯で、妻の孤独を知るよしもない夫は丁重に断ってしまいました。バネッサは心の中で〝この寂しさに気づいてほしい。もっと優しくしてほしい。話を聞いてほしい〟と叫んでいましたが、本来なら〝不倫の二文字が頭をかすめるようになった。離婚を考えるようになった。脅しているのではなく、あなたと夫婦でいたいから正直な気持ちを話している〟と打ち明けるべきでした。

バネッサがもっと早く、もっと素直に自分の気持ちを話していたら、よその男性を頼ることもなかったでしょう。しかし、彼女にとって感情を言葉にするのは難しいことでした。親から「弱音を吐くな」と厳しく言われたからです。沈黙は金、かどを立ててはいけない、口論は無用、トラブルは時間が解決してくれる――バネッサはそんなメッセージを感じながら大人になりました。分かり合うにはときに衝突が必要なことも、我慢して得られる平和はみせかけでしかないことも教えてもらえなかったのです。

2．自分の非を認めたら、パートナーに甘く見られる（責められる）

●傷ついたパートナーの場合

パートナーに裏切られ、傷つけられたのですから、責任を分かち合う気になれないのも無理はありません。それでもわが身を反省することで、被害者意識から解放されます。パートナーが変わるのをただ待つよりも、自分で変えられることがあると気づけば、気持ちが前向きになるはずです。

●不実なパートナーの場合

非を認めるのは決して愉快ではありませんが、パートナーはそれを望んでいます。身勝手だった、軽率だった、パートナーに（あるいは誰に対しても）甘えすぎていたと思ったら、素直に認めて謝罪してください。今のあなたがパートナーにできるのは意欲を見せること。自分と向き合い、不倫に走った弱さと向き合う意欲。その弱さを言葉にする意欲。それを示すことがパートナーへ忠誠を誓うことになります。

次に紹介するのは不実なパートナーの反省の弁（＊1）です。これを参考にして、不倫当時の自分の心境を振り返ってみてください。

傷ついたパートナーも、不実なパートナーも素直になれないだけかもしれません。本音を言ったら嫌われる、責められると思い込んでいるかもしれませんが、実際はその反対です。

私自身、そのことを痛感した記憶があります。あれは小学校五年生のころ。初めてメガネを買っても

（＊1）不実なパートナーの反省の弁

- 仕事での失敗が重なり、平常心を失ってしまった。あのときの僕は卑屈になっていた
- 母が亡くなったとき、あなたをどう頼ればいいか分からなかった。本当は寂しかったし、甘えたかった
- 父に口ごたえできなかったように、あなたにも反論できなかった。だから、あなたと対等な関係になれなかったのだと思う。あなたを憎んだのは弱い自分を憎むよりも簡単だったから
- 自分のすべてに自信がなかった。だから言い寄ってくる女性になびいてしまった
- 正直、なぜ不倫をしたのか分からない。今後は専門家の力を借りて、あなたと一緒に考えたい

らった私は友達の家に泊まりに行くことになりました。両親からメガネの扱いに気をつけるように注意されていたので、いつも気をつけていたのですが、いざ寝るときになったら、メガネの安全な置き場所が見つかりません。そこは毛布が敷き詰めてあるだけの地下室だったのです。仕方なく枕の下に入れて寝ることにしました。こうすれば誰にも踏まれないだろうと。しかし、その判断は間違っていました。翌日、家に帰ってきた私は両親に叱られるのが怖くなり、冗談でごまかそうと考えついたのです。玄関のドアを開けて勢いよく家の中へ駆け込み、「パパとママの言うとおりになったわ。ほら、見て！」と壊れたメガネを高々と上げて見せたのです。案の定、両親はカンカンになりました。メガネを割ったからではありません。私の態度があまりに無神経、無責任で、反省のかけらもなかったからです。もし「本当に申し訳なかった。メガネの扱いには十分気をつけたつもりだが、判断を誤ってしまった。高価な物を壊してしまって反省している」と

素直に謝っていれば、両親もきっと許してくれたに違いありません。

あなたが自分の間違いを素直に認めれば、パートナーは寛大になれますし、自分も謙虚に反省しようと思うでしょう。責めれば意固地になるパートナーも、あなたがよろいを脱げばあとに続くはずです。

放言

無言が自分を抑圧する手段なら、放言はパートナーを制圧する手段。次のような認識を正さないと発言にブレーキがかからなくなり、反発を招いてしまいます。

●怒りをため込むのは不健康だ

感情を放出すれば心のガス抜きになるといいますが、ほとんどの専門家は懐疑的で、いつまでも怒っていると、かえって怒りが大きくなると考えています。パートナーにかみつくのは絶対にいけないとは言いません。作り笑顔を浮かべていては、あなたの真意は伝わりませんから。それでもパートナーを頭ごなしに非難するのは逆効果。反感を買うだけです。しかし、話し方を工夫して言葉を慎重に選べば、パートナーも耳を貸さないわけにはいかないでしょう。怒りや不満を訴えるときは言葉もきつくなりがちですが、穏便に話を進める方法（本章の最後に紹介します）はあります。

●大声を上げなければ、話を聞いてもらえない

〝泣く子には勝てない〟と言うように、大声でわめけば注目してもらえるという考えはあながち間違いではありません。聞く耳を持たないパートナーも、あなたの怒号にはさすがに反応せざるを得ないでしょう。しかし、その効果も長くは続きません。〝大きな赤ん坊〟は嫌がられます。しかし落ち着いて穏やかに話しかければ、パートナーも親身になって耳を傾け、理解を示すでしょう。

マーサは浮気性の夫に〝あなたが遊び回ったせいで性病に感染したかもしれない。あなたは自分のことしか考えないエゴイストだ〟とかみつきたいところを、こう言いました。「最近、自分の体が心配なの。わたしの不安を分かってもらえるかしら。あなたからエイズに感染した可能性も否定できないわ。私の命を危険にさらすほど、あなたのしていることは重要なの？」

●性格だから仕方がない

冷静に話ができない自分を「生まれつき短気だから、どうしようもない」で片づけようとする人がいますが、それは言い逃れにしか聞こえません。自分の気持ちをパートナーにきちんと伝えたいなら、性格のせいにして開き直るのはやめてください。

●言いたいことは気がすむまで言うべきだ

こういう了見では、いちど口を開くと止まらなくなってしまいます。容赦なく〝口撃〟されるパートナーは、応戦するのに精一杯で、あなたの言いたいことを理解するどころか聞くこともままなりません。建設的に話し合うには、パートナーがあなたの主張を理解した時点で、いったん発言を止めるべき。気がすむかどうかを基準にしてはいけません。同じ主張を繰り返していたら、論点がぼやけます。聞かされるほうも嫌気が差して退席するか反撃したくなるでしょう。

くれぐれも注意したいのが暴力沙汰に発展する可能性です。パートナーの不倫に逆上して、相手ばかりか自分自身をも傷つけるケースがあります。暴力とは無縁だった人も、怒りのあまり我を失えば、どんな行動に出るか分かりません。

トーベンの不倫が発覚して以来、トーベンと妻のキャシーは、冷静に話し合うことができなくなっていました。ある晩、ベッドに入る直前に、キャシーは逆上して自殺をほのめかしたのです。罪の意識に駆られたトーベンは自分の喉元にナイフを突きつけ「とどめを差してくれ。俺が悪かった」と叫びました。キャシーが精神安定剤を取りに行こうとすると、トーベンは床に皿を叩きつけました。皿の破片が飛び散り、トーベンは唇を切りました。ふたりは我に返り、唖然として顔を見合わせました。

とくに不倫問題の発覚直後は心の動揺がピークに達します。感情がコントロールできない、いつもの自分ではない、一触即発の状態になっている――そう感じたときは決定的な衝突が起きる前に〝停戦〟を宣言してください。酔って口論してはいけません。アルコールは敵意を増幅させます。別れをちらつかせるのも禁物。険悪なムードが漂っているときに別れ話は危険です。感情がたかぶってきたら、話し合いを中断しましょう。「ふたりとも感情的になっているから、いったん話を中断して続きは後日にしましょう。もっと冷静なときに、あなたの話を聞きたい」と提案します。

そのときは話し合いを再開する日時も決めておくこと。そうすれば、話を中断したほうも納得がいくでしょう。

（＊2）家族の対話パターン

- 両親は年中、大声で言い争っていた。その姿を見て、人との対立を恐れるようになった
- 主張の強い兄弟を見て、人に話を聞いてもらうには声を張り上げるしかないと思った
- 自己犠牲型の母親を見て、自分の欲求を抑えることをおぼえた
- 短気で威圧的な父親と接するうちに、口応えすることをおぼえた
- 批判的な母親に認めてもらいたい一心で、自分の本音を言わず、期待されることだけを言っていた
- かまってくれない父親の注意を引こうと、ぐずる、騒ぐ、叫ぶ、泣くといった手段に出ていた

幼少期の影響

無言や放言の背景を探るには、家族と自分との対話パターン、家族同士の対話パターンを振り返ると有効です。というのも、あなたの現在のパターンは幼少期に形成されたと考えられるからです（＊2）。

カップルのコミュニケーションには幼少時代の影響が表れるものです。親の無理解に苦しんだ経験があると、パートナーに理解されないのも当然と考えて、言いたいことが言えなくなるかもしれません。また親に十分にかまってもらえなかった場合は、パートナーに話を聞いてもらえるとは思えないでしょう。

幼いころから身についたコミュニケーションのパターンを変えるのは、未開の地に足を踏み入れるようなもの。しかし、勇気を出して変えることで、心の通うコミュニケーションが実現します。パートナーはそこで初めて、あなたの話を真剣に聞き、心の声に耳を傾けようとするはずです。

次に、対照的な二つのエピソードを紹介します。一つ目の

主人公カーティスは今も沈黙したまま。二つ目の主人公サラは沈黙する自分と戦い、打ち克ちました。

エピソード①――カーティスとアリスの場合

カーティスとアリスは、それぞれ不健全な対話パターンを引きずったまま結婚しました。ふたりとも慣れ親しんだ役割を演じていたため夫婦仲は良好でしたが、カーティスの不倫によって終止符が打たれたのです。

カーティスの育った家庭では父親がすべてを仕切り、表面的には何の不和もありませんでした。カーティスは不満を感じても決して口にせず、不満そのものを否定したのです。アリスと結婚してからも、物分かりのいい夫として、父親のわがままを通してきたように妻の言うことは何でも聞き入れ、自分の要求を満たしてもらおうとはしませんでした。おかげで結婚生活はうまくいっていたのです。

アリスの父親も威圧的でしたが、彼女は父親に侮辱されると、萎縮する代わりに反抗し、父娘のあいだには激しい口論が絶えませんでした。結婚後は、かつての父親の立場に自分を置き、優柔不断でおとなしい夫をなじるようになったのです。

結婚二〇年目のある日、ビジネスに失敗したカーティスにアリスは罵言雑言を浴びせました。彼は積もりに積もった怒りを言葉でなく態度で示しました。アリスを捨て、経理の女性に走ったのです。その二週間後、私の元を訪れたカーティスはアリスへの怒りを抑えきれない様子でした。「妻は僕にさんざん機嫌取りをさせておいて、ただの一度も尽くそうとしなかった」

それに対して私は、彼がアリスに一度も不服を言わず、何の要求もしなかった点を指摘しました。本来なら、「真剣に聞いてほしい。僕は君によくしてきたつもりだが、君に感謝の気持ちがないのなら、別れるしかない」と言うべきでした。結婚以来、彼は妻が献身的に〝ならない〟ように仕向けてしまったのです。その妻に献身を求めるのは見当違いではないかと私は言いました。

アリスとやり直すチャンスはまだ残っていました。彼女は夫への接し方を深く反省し、戻ってほしいと願っていたからです。しかし、カーティスは相変わらず何も言わないまま、アリス以外の女性に救いを求め続けました。

エピソード②――サラとジョンの場合

今度は、もっと明るい結末のエピソードです。糖尿病の母を持ったサラは、幼いころから自我を押し殺し、わがままを言いませんでした。やり場のない不満が、ジョージ・エリオットの言う〝沈黙の裏側の爆発〟を起こすこともありましたが、そんなときは決まって罪悪感をおぼえ、萎縮しました。ジョンの妻になった後も、沈黙と爆発のくり返しは変わることがなかったのです。

ジョンが、愛人だった秘書と別れて一年が過ぎようとしていたころ、サラはジョンから会社のクリスマスパーティに誘われました。パーティが深夜に及ぶと聞いて、サラはかっとなり「まだあの女とつき合っているんでしょう。私を大切に思っていたら、本気で連れて行きたいなら、こんなギリギリになって言い出すはずがない。私が行けないことを承知で誘ったのね！」

ジョンはうんざりしながら説明しました。「仕事に追われていたし、重要なパーティじゃないから、話しそびれていたんだ」。サラはその言葉を信じたいと思いつつも、攻撃の手を緩めませんでした。

そして当日。ジョンはパーティを途中で抜け出して、早めに帰ってきました。サラは仲直りをするつもりで待っていたのですが、いつものように何も言い出せません。「夫はすぐにベッドに入ってしまいました。喧嘩を避けたいときは、いつもそうなんです」

その翌日、サラは私に打ち明けました。「これでは、いつものパターンと変わらないと思いました。高いびきをかいている夫の隣で、私は悶々として一睡もできない。次の朝は気分は悪いし、夫への怒りが一段と大きくなっている。朝の挨拶も交わさない。そして、帰ってきた夫にまたかみついてしまう。だから今度こそは夫が寝る前に仲直りしたかった。なのに、やっぱり無口になって怯えてしまったんです。だから自分に言い聞かせました。〝ばかね。一言謝って、抱きしめてほしいと言えばいいだけよ。昔から頼みごとは苦手だけれど、難しく考えないで。さあ、声をかけなさい〟と」

「声はかけました。夫のほうを向いて、一呼吸置いてから。でも、バカなことを言ってしまったんです。『眠れない、本を読みたいから照明をつけてもいい？』。夫は『かまわないよ』と言ったきり、目を閉じてしまいました」

「私は自分に呆れました。本なんて読みたくもなかったのに。落ち着いて、正直な気持ちを伝えようと心に決め、夫を揺り起こして言ったんです。『ジョン、そうじゃないの。今日のこと、本当にごめんなさい。あなたとの将来が不安なの。あなたを責めてばかりいる自分を情けなく思っているわ。お願い、まだ寝ないで。抱きしめてちょうだい』と」

「夫は目を開けると、にっこり笑って、体を少しずらし、私のためのスペースを作ってくれました。パーティのときと違って、夫の誘いを受け入れることができました」

「私の心には頑固なしこりがありました。物心ついたときから沈黙と爆発を繰り返してきましたから。やっと胸の内を話してジョンに甘えられたときは、生まれ変わった気分になりました。共感と理解を初めて得られた気がしたんです」

不倫相手に別れを告げる

不実なパートナーは、別れ話を切り出さずに愛人と疎遠になろうとする傾向があります。その理由はうしろめたさ、未練、責められるのが怖いなど、さまざまだと思いますが、パートナーの目には優柔不断でやり直しを渋っていると映るはずです。これでは信頼関係は回復できません。愛人からメールや電話が来るたびに大喧嘩になるでしょう。

やり直す意志が固いことをパートナーに証明するには三つのステップがあります。まずは愛人にきっぱり別れを告げること。相手が傷つくのを恐れて言葉を濁すのはいけません。それでは愛人に誤解を与えます。「新しい恋人を見つけてほしい」とはっきり伝えてください。次に、愛人との接触を一切断つとパートナーに宣言すること。完全に断つのが無理なら、個人的に接触する機会を減らすように努めてください。最後に、愛人と遭遇したときはパートナーに報告すること。そうしないと、愛人と再会したことが判明したとき、隠し立てをしていたように思われてしまいます。

不倫の詳細を話し合う前に

不倫問題について話し合う前に、傷ついたパートナーはどこまで尋ねるべきなのか、不実なパートナーはどう答えたらいいのか考えてください。それを決めておかないと、話し合いの途中で無用な衝突が起きてしまいます。

●傷ついたパートナーの場合

パートナーと不倫相手にはふたりだけの秘密があり、不倫相手は私の知らないパートナーを知っている――そう思うとたまらなくなって、どんなに小さなことも聞かずにはいられなくなるものです。

しかし、あまりにも立ち入ったことまで知ってしまうのは、自分を苦しめるだけ。妄想が収まるどころか、かえって膨らむでしょう。パートナーを問い詰めたくなるのは分かりますが、その前に質問したいことを紙に書き出してみましょう。それを見ながら、この質問はパートナーとやり直す助けになるのか、答えを知ったら気持ちは晴れるのか、どんなメリットがあるのか考えてください。

「主人の机から女性のヌード写真が出てきても、さほど驚きはしませんでした」とクライエントのトレイシーは言いました。「だけど、乱交の画像を見つけたときは、主人と不倫相手はこんなことをしていたのかと思いました。でも、主人に確かめるのはやめました。答えを聞いたところで私にはどうにもできません。受け入れられない現実もありますから。その代わり、私とのセックスに満足しているかどうかだけ尋ねました」

傷ついたパートナーの大半は、トレイシーのようには思いとどまれません。しかし、事実を知ってから後悔しても遅すぎます。不倫相手に未練はあるか、不倫相手とのセックスは良かったか、私とセックスしている最中に不倫相手の顔が浮かぶことはあるか――こんなことを聞いても自分を傷つけるだけで、答えを知る価値はありません。

あなたが誘導尋問の達人と化したときは、〝万事休す〟です。夫と同じ編集プロダクションに勤務する三六歳のジルがその好例です。「夫のハワードが（販売部の）愛人と別れて二年以上もたっているのに、探りを入れないと気がすまなかったんです。夫は彼女となるべく言葉を交わさないと約束してくれたのですが、ある日、販売部の会議が終わってから、『最近、ジャネットに会った？』とふたりが会ったことを知りながら白々しく聞いたんです。夫は正直に『会った』と答えました。さらに私は『彼女はアリゾナの男性とまだつき合っているのかしら？』と聞きました。答えが返ってきたら、ふたりが個人的な会話を交わした証拠になります。ハワードは話題をそらそうとしました。『君は、あんな若い娘が僕に未練を持っていると思うの？　光栄だな』。簡単にごまかされるものかと私は切り返しました。『若い娘に慕われるのがあなたの本望なんでしょう』。私は夫をやり込めました。ついに夫は降参して家を出て行ってしまったんです。あのときは、夫が何を言おうと信じなかったでしょう。仮に夫が潔白だったとしても、私の頭には、夫のしっぽをつかむことしかなかったんですから」

質問のポイントを、不倫の詳細ではなく、ふたりの今後に絞りましょう。今のふたりに足りないものは何か、どんなスキンシップを望んでいるか、どうすれば私の愛情を感じてもらえるかといった問いかけをすることで、不倫相手へのこだわりは消えていくはずです。

●不実なパートナーの場合

不倫の詳細をどこまで明かすのかはあなたではなくパートナーが決めること。パートナーが望んだらどんなにささいなことでも正直に話してください。パートナーを気づかって事実を伏せたり、はぐらかしたりするのはごまかしや嘘にしか聞こえません。「事実を知ったら、ショックを受けると思う」とパートナーに忠告するのはかまいませんが、パートナーが引き下がることはほとんどないでしょう。

ただし、正直に答えるにも配慮は必要です。言葉を選び、ふたりの今後に役立つ情報を入れるようにしてください。「私とのセックスに満足していた？」と聞かれて「満足していなかった」と言うだけではだめです。「最近の夫婦生活よりは不倫相手とのセックスのほうが楽しめた。でも、それは禁断のスリルがあったからだし、君に拒まれていると感じていたから」と答えたほうがずっと建設的です。

心の通う聴き方

相手の心に耳を傾けることは、私情や先入観を交えずに相手の視点から物事を見るということ。言い換えれば、弁解や反論を挟むことなく相手の話に全神経を集中させることです。

そのためにはパートナーを敵と見なさないこと。自分と同じように傷ついている相手、理解を求めている相手と考えてください。事実を追及するよりも、事実に対する見解を話し合うという姿勢が大切です。心の通う話し合いを実現するには、ふたりの見解の違いに耳を傾けなくてはいけません。

不実なパートナーのマーシャは、夫の考え方に共感できませんでしたが、意識的にそうするように努めました。夫に「君から愛されているとは思えない」と言われた瞬間は、〝こんなに尽くしているのに〟と言い返したくなりましたが、「そんなふうに感じていたなんてショックだわ。どう改めればいいかしら」と尋ねたのです。今は黙って夫の言い分を聞こうとマーシャは考えました。夫の話から重大なことが分かるかもしれない。その内容が間違いだだとしても、夫の本心を理解するには夫の発言をそのまま受け入れなくてはいけないと思ったのです。

傾聴していることを示す方法はいくつかありますが、お勧めしたいのが**復唱法**と**肯定法**です。

復唱法

復唱法を実践すれば、聞き手は話し手の要点を、話し手は聞き手の理解の程度を確かめることができます。

話し合いの途中でどちらかが感情的になったときは、そこでタイムを取り、お互いの言い分を交代で復唱します。つまり自分の言いたいことではなく相手の言わんとしていることを考えるのです。「あなたが言いたいのは×××ということですね」と確認しながら、相手の発言をそのまま繰り返すか自分の言葉で言い換えます。そのときは発言の内容だけではなく、その裏にある気持ちもくむようにしてください。復唱したら、正しく理解できたかどうかパートナーに判定してもらいます。十点満点のうち九点以上が合格。八点以下のときは聞き逃したところをパートナーにもう一度言ってもらい、合格が出るまで続けてください。最初から合格できなくてもガッカリすることはありません。パートナーはあなたが復唱するのを聞いて、自分の説明不足や言い忘れに気づくこともあります。

傷ついたパートナーのニールは休日の過ごし方について妻と話し合いたいと思いましたが、どうしたらいいのか分かりませんでした。ニールは妻と行動をともにしたいのに、妻はそうではありません。ニールはそんな妻を冷たい女と責め、妻はニールを大人気ないと批判しました。ある日、妻が一人で買い物に行くと言い出し、ふたりのあいだに険悪なムードが漂い始めました。そのときニールは復唱法を活用し、妻の言い分をじっくり聞いたうえで、こう復唱しました。「君が言いたいのは『一人になる時間が必要であり、僕を拒絶しているわけではない』ということだね」。そして妻の心情については「『一緒に行動したい』と言われると監視されているような気がする、愛情ではなく束縛に感じるんだね」と確認しました。

今度は妻が聞き手になり、ニールの気持ちを復唱しました。「あなたが言いたいのは『私が一人で行動をするたびにうとまれているように思う』ということね。でも『夫婦の時間を増やしてくれたら、私のプライバシーを尊重できる』ということでしょう」

ふたりとも自分の言い分が十分に理解してもらえたと納得できました。

肯定法

肯定法は両者の対立をやわらげ、共感できる部分を探るための技法です。目的は復唱法と同じで、自分の主張よりも相手の言い分に意識を向けることにあります。相手の発言のなかで共感できるところを見つけて、積極的に肯定しましょう。

エドと妻は転職をめぐって口論になりました。エドは同僚の女性と不倫関係になり、妻はエドに勤務先を変えるように迫ったのです。そこで私は肯定法を実践するようにアドバイスしました。すると自己弁護に終始していたエドも妻の身になって話を聞き、共感できるところを見つけました。「僕が今の会社にいることが不安なんだね。たしかに僕と彼女は毎日顔を合わせているんだから、君が不安になるのも無理はない。勤務先を変えてほしいという願いはもっともだ」

自分の言い分が理解されたのを受けて妻も続きました。「あなたのジレンマも分かるわ。私の頼みを聞き入れたいけれど、いい転職先が見つからなかったらどうしようと思っているのね。収入が減ってもかまわないと言ったのは私だけれど、私は浪費家だし、高収入の仕事を見つけるのはたしかに難しいわ」

このやりとりが転機になり、ふたりは相手の言い分を認められるようになったのです。多少は譲歩することになりましたが、敵対意識は薄れ、力を合わせて問題解決にあたれるようになりました。

たとえ意見は合わなくても、相手の言い分にはどこかに理があります。それを見つけて肯定してください。心の距離が縮まるのが実感できるでしょう。

最終的には、どちらのパートナーにも聞き上手になってほしいと思います。やり直しの第一歩は相互理解ですから、パートナーの心の声を受け止め、訴えようとしていることに耳を傾けてください。感情的にならず、共感を心がけることで、ふたりのあいだの溝は埋まり、お互いを尊重する気持ちが生まれるはずです。

聞く耳を持てない原因

パートナーの話に耳を貸せないとしたら、次のような思い込みがあるからかもしれません。

●パートナーの訴えに耳を貸せば、言いなりになっていると思われる

耳を傾けることは調子を合わせることではありません。あなたの考えを聞きましょうというサインです。耳を傾けることと言いなりになることを混同しているようでは、話し合いのテーブルに着くことさえできないでしょう。まずはパートナーの話を聞いてください。それなくして対話は成立しません。

●パートナーの訴えに耳を貸せば、パートナーをつけ上がらせてしまう

相手の話を黙って聞けば、相手がいい気になると思い込んでいる人は少なくありません。議論が苦手な人にとって、強気の相手は脅威に見えるでしょう。しかし、傾聴は相手の攻撃性を抑える効果があります。親身になって話を聞くことで対立を沈静化できるのです。話を聞いてくれる人に対して語気を荒げるわけにはいきません。どうか試してみてください。〝聞く耳〟がいかに強力な武器か分かるはずです。

●パートナーの訴えに耳を貸せば、パートナーを許したと思われる

話を聞いたからといって許したことにはなりません。パートナーの言葉に耳を傾けることはパートナーの考えを理解しようとする姿勢にすぎません。その考えに賛同することでもなければ、過ちに目をつぶることでもないのです。

（＊3）幼少期に受け取った否定的なメッセージ

口に気をつけろ／バカだなあ／おまえは決断力に欠けている／君の話はもう聞きたくない／かわいげがない／支離滅裂だ／恥を知れ／おまえは一人では何もできない／おまえが悪い／まともじゃない

幼少期の影響

幼いころのあなたは、家族や家族同士が交わす会話の中で、特定のメッセージを繰り返し受け取ってきました。あなたの意見を尊重する、いつでも君の味方だ、ありのままの君でいい――そんな肯定的なメッセージに混じって、上のような否定的なメッセージ（＊3）も受け取っていたかもしれません。

パートナーの主張を曲解し、冷静に反応できないのは、否定的なメッセージを自動的に感じ取ったからではないでしょうか。

五八歳の弁護士のジョシュは、口うるさい父親からすべての行動を管理されて育ちました。今は妻エイミーの言葉が干渉・指図・命令にしか聞こえません。エイミーにしてみれば、思ったことや提案を口にしているだけなのですが。例えば「カクテルパーティの三〇分前だから、サンドイッチの玉ネギは食べないほうがいいわよ」「テレビの音量を少し下げてくれない？」と言っただけで、ジョシュは妻が父親と同じように自分を管理して、半人前扱いしているとしか感じられず妻から逃れて、心の平穏を取り戻そうとしました。その原因が自分の心にあることに彼は気づきませんでした。

自分にとっての逆鱗、急所、禁句に気づくことが必要です。それが原因でパートナーの話を曲解している恐れがあるからです。あなたが受け取るメッセージとパートナーが実際に送っているメッセージには、大きなズレがあるのではないかと常に注意してください。パートナーの言動を読み違えて（パートナーの怒りや逆上を自分を嫌っていると受け取る）、見当違いな反応（離婚を切り出す）をすれば、結果的にパートナーはあなたの思い込み（パートナーは私を嫌っているから、いつか出て行く）を実現せざるを得ません。

他者の言葉を歪めて解釈する癖があると自覚できたら、今度は客観的に自問してみましょう――パートナーの話を違う角度から解釈できないだろうか。パートナーと両親を同一視して、幼いころを追体験しようとしていないか。

自分の解釈に自信が持てないときは、パートナーに直接尋ねてください。〝あなたの話を聞いていて疎外された、軽蔑された、命令されたと感じた。私はそのように受け取る癖があるが、どこか間違っていないだろうか〟。これで、パートナーにとっては説明の機会が、あなたにとっては素直に話を聞く機会が増えることになります。

感情の伝え方・聞き方に表れる男女差

男性と女性では、気持ちの伝え方や聞き方に開きがあるようです（＊4）。万人に当てはまるとは限りませんが、コミュニケーションの取り方に性差があると知っていれば、より建設的な対話が実現できますし、パートナーの受け答えに反感や怒りをおぼえることも減少するでしょう。

女性が心情を打ち明けて苦痛を軽くしようとするのに対し、男性は心情を打ち明けること自体が苦痛

（＊4）コミュニケーションの男女差

● 女性が同情を求めているとき、男性は指示やアドバイスをする
男性は意見の提供を親切や有益と考えるのに対し、女性は高飛車、薄情と見なす傾向にあります。

● 男性は同情に懐疑的な人が多い
男性は相手の訴えに耳を傾け、共感することに意味を見出しにくいようです。女性は抵抗なく同情を表します。

● 男性は感情の対立に生理的に辞易し、黙り込む傾向がある
対立が激化すると、男性は心脈数と血圧が上昇して、その場から逃げたいという生理的欲求（生理的嫌悪状態）に駆られます。その逆に、女性は感情を表に出すことで相手に親近感をおぼえ、相手が黙り込むと自律神経が覚醒して嫌悪感をおぼえます。女性が怒りや心痛を訴え、男性が逃げ腰になるという状況が続けば、女性は苦渋の選択を迫られるでしょう——心情を言葉に出してパートナーを敵に回すか、それとも押し殺して自分を敵に回すか。女性は男性パートナーの不倫や反応の鈍さに憤慨する一方で、この怒りを知られたらパートナーは反感を持つのではないか、離婚を切り出すのではないかと不安になります。沈黙を選んだ女性は、かなりの確率で抑うつ状態や自己喪失に陥るようです。

になりがち。また、男性は口論に逃げ腰で、過去の不倫は早く水に流そうと考えるようです。

こうしたギャップを埋めるには、男性は感情論から逃げないこと、女性は感情論に終始しないこと。あなたが男性なら、パートナーの話に耳を傾け、心情に共感するよう努力してください。「あなたの気持ちを理

（＊5）コミュニケーション全般のアドバイス

● 自分の耳に届くことと、相手の言いたいことは、必ずしも一致しない
あなたの耳には聞きたいことや理解できることしか入ってこないかもしれません

● 想像力をフルに働かせる
話を始める前に、相手の反応をシミュレーションしておき、反応を引き出すためには（あるいは引き出さないためには）、どう言えばいいのか考えます。今までの対話のパターンを見直しましょう。嫌味な切り出し方（「どうせ私の話に興味はないでしょうけど」）をしていたのなら、次からは単刀直入に（「私の話を真剣に聞いてほしい」）話を切り出せばいいのです

● 話の内容よりも話し方を重視
何を言うにも、相手に敬意を払うことが大切です

● 話の途中でいちいち口を挟まない
相手の話が一区切りしても、まだ言い足りないことがあるのではないかと考えて、次の言葉を待ちましょう。パートナーが気持ちを訴えているときはとくに根気と集中力が大切。言葉にならない心の声にも耳を傾けてください

解したいので、落ち着いて話してほしい」と言いましょう。あなたが女性なら、理解を示してくれたパートナーに応えて、気持ちを落ち着けてください。話を短く切り上げるようにし、助言をもらったら、それを善意に解釈してください。

最後に、コミュニケーションに関する全般的なアドバイスをいくつか

（＊6）建設的に話し合う秘けつ『「一生愛」のルール』より

- 相手が話しているときは反論（それはそうだけど……）、批判（しつこいな）、拒絶（その話はやめて）をしない
- 一方的にしゃべるのはルール違反。話す、聞くは交代で
- 相手の話は最後まで聞く。途中で口を挟まない
- 自分の言い分を相手に復唱してもらったら、しばらく話し合いを中断する
- 話し合うテーマは一度に一つとする
- 話は具体的に。「あなたはいつも××なんだから」「君はいつも△△しない」など断定的な言い方は避ける
- 相手の考え方や態度を注意するのはいいが、人格の攻撃はしない
- 相手の語気が強いときは、穏やかに話すように促す。話し合いを放棄すれば、相手は余計にムキになる
- 相手の目を見て話を聞く。相手の発言に神経を集中させる
- 話を聞く余裕がないとき（時間がないとき、疲れているとき、気持ちが落ち着かないとき）は、そう説明したうえで日を改めて話を聞く

挙げます（＊5）。

またハリエット・レーナー著『「一生愛」のルール』（三笠書房）からも、建設的に話し合う秘けつの一部を紹介しましょう（＊6）。

パートナーの口から聞きたいことがあれば、それを伝えることも大切です。参考までに、私のクライエントがパートナーに出したリクエスト（＊7）を紹介しますので、あなたなりのリクエストを考えてください。

言葉のコミュニケーションはやり直しに欠かせない大切なステップですが、それと同じくらいに大切なのが肉体のコミュニケーション。次章では性的な親密さを取り戻すことを

（＊7）クライエントの作成したリクエスト

- 私に不安を感じたときはそう言ってほしい。離婚話を持ち出して牽制するのはやめてほしい
- 私に親しみを感じたり、将来に希望が見えたりしたら教えてほしい
- 心配事を打ち明けてほしい。一人で抱え込まないでほしい
- 不満や要望があれば、逆上せず、素直に冷静に言葉にしてほしい
- 怒りや不満を落ち着いて説明してほしい。非難中傷はやめてほしい
- 私たちの関係をどう思うか、聞かせてほしい。話の中に愛人を出さないでほしい
- 愛人に関する質問には、私の反応を気にせず、正直に答えてほしい
- 家族とどんなコミュニケーションを取っていたか、それが私とのコミュニケーションにどう影響していると思うか聞かせてほしい
- 私の言い分の中に同意できる点があれば教えてほしい
- 自分の問題は自分で解決したいので、助言を求めるまでは見守っていてほしい
- 私を傷つけ、失望させたことを素直に詫びてほしい
- 自分の非を認めてほしい
- 不倫について誰がどこまで知っているのか教えてほしい。噂をが広がるのを止めたいので、対策を一緒に考えてほしい
- 泣きたくなったら、遠慮なく泣いてほしい。その涙の意味を教えてほしい

考えていきましょう。

8 ふたりで再開する、充実した性生活――互いの希望を実現する

かつてフロイトは言いました。「カップルが愛し合うときは六人の人間がベッドにいる。カップルとそれぞれの両親だ」。不倫の発覚後はもう一人増えます。それは愛人の残像。本章の狙いはそれぞれの両親と愛人の残像をベッドから追い出し、主役のふたりをベッドの中央に引き寄せ、性的な親密さを回復してもらうことにあります。ここで言う〝性的な親密さ〟とはパートナーの前で次のように実感できることを指します（＊1）。

現時点では、こうした親密さは別世界の話のように思えるかもしれません。

傷ついたパートナーは、内心ではスキンシップを求めながらも意地になってパートナーを拒んでいるのではないでしょうか。寝室ほど安心と自信を揺るがす場所はありません。不倫相手と自分をいやでも比較してしまうからです。不倫相手のセックスアピールに比べると、自分のそれは貧弱に思えるでしょう。

不実なパートナーは、不倫ならではのスリルやドラマチックな経験を懐かしんでいるのではないでしょうか。激しいセックスを体験したあとですから、ベッドの中で消極的なパートナーには興奮をおぼえにくいかもしれません。あるいは、パートナーへの愛情を示そうと焦るあまりに性生活がうまく営めないのかもしれません。

（＊1）パートナーの前でこう感じられますか？

□ 裸でいても安心である

□ 自分らしく振る舞えるが、パートナーとの一体感もある

□ セックスに対する好奇心はあるが、テクニックよりも愛情のほうが大切だ

□ コンプレックスはあるが、パートナーに大切にされている

□ ベッドのなかでしてほしいこと、してほしくないことを素直に言える

□ お互いの未熟なところや欠点も個性として受け入れている

また、両パートナーが誤った思い込みにとらわれていると性生活を立て直すのは難しくなります。

その代表的な思い込みを一つずつ検証しながら、体の触れ合いを再開する方法を学んでいきましょう。

傷ついたパートナーの思い込み

1．パートナーがその気にならないのは私に魅力がないからだ

パートナーの性欲減退を自分のせいにしてしまうと、パートナー側の原因が見えなくなります。不倫問題が決着しないうちは、パートナーが少しでもためらうと自分の責任のように感じるものです。

ウェンディは夫の不倫を知って以来、性生活のトラブルを自分のせいと思うようになりました。彼女の反応は傷ついたパートナーの典型と言えるでしょう。

「私は妻として失格かもしれません。その気になるのも、オーガズムに達するのも時間がかかりすぎるんです。すっかり臆病に

なってしまい、セックスに没頭できません。もともと女としての魅力に欠けているから、夫を満足させることができないんです。こんな私と結婚した夫を恨むことさえあります」

自己嫌悪に陥ったウェンディは、夫も自信不足に悩んでいたことを想像できませんでした。実際には夫の悩みはウェンディのそれと同じくらいに性生活の妨げになっており、ウェンディと結婚する前から尾を引いていました。

ウェンディは自分を責めるのをやめて、この状況を客観的に見ることにしました。すると、次のようなことが分かったのです。

●夫は私と出会う前からペニスに劣等感を持っていた。男性としての能力に自信を失い、早漏だから女性を満足させられないと決めつけていた
●夫は私への愛をセックスで証明しようと必死だった。自分が浮気をしたせいで、私が傷つき、女として自信をなくしたことを夫は承知している。そんなプレッシャーが夫の性欲を減退させたのかもしれない
●夫は私に拒まれると思っていたのではないか。もめごとを嫌う人だから、セックスを要求して私に反発されるのが怖かったのかもしれない

あなたもパートナーに対して誤解をしているのかもしれません。パートナーに〝よく思われていない〟のではなく〝よく思われていないと思い込んでいる〟のが真相ではありませんか。パートナーも、内心では誰にも言えない悩みを分かってほしい、一緒に解決してもらいたいと思っているかもしれません。

（＊２）パートナーがセックスに消極的な理由

- 肌を合わせることに抵抗がある
- 報復のため
- 月経
- 疾患
- 疲労やストレス
- アルコールの影響や薬の副作用
- 不倫問題が決着するまで我慢している
- 気を許すのが怖い
- 妊娠の心配
- プライバシーが確保できない（子供や同居の家族がいる場合）
- セックスそのものに対する嫌悪

パートナーが背中を向けて寝ているからといって、あなたに愛情がなくなったとは限りませんし、うとましく思っている証拠とも限りません。セックスはコミュニケーションのひとつに過ぎず、現時点では大きなプレッシャーにもなります。

パートナーが寝室以外の場所で、あなたと過ごす時間をつくったり、楽しんだりしているなら、そこを評価しましょう。大切なのは積極的にコミュニケーションを取ること。それは肉体的なコミュニケーションでなくてもかまわないのです。

提案

①パートナーがセックスに消極的な理由を考え、一覧表（＊２）にします。一般的には上記のようなことが考えられます。

②パートナーの性欲減退に責任を感じていることを話してください。パートナーの側にも思い当たるこ

とはないか尋ねてみましょう。責めるような言い方は避けて、穏やかに聞いてください。

③今のふたりに必要なのは情熱的なセックスではなく、やり直しのきっかけ。それをパートナーに理解させるのは、あなたの役目です。ふたりのあいだの溝を少しでも埋めるためにはどうしたらいいのかパートナーに相談しましょう。今はオーガズムやセックスのテクニックよりも心を開くほうが大切なことを分かってもらってください。

④ふたりで過ごす時間をつくりましょう。肌を合わせる必要はありません。一緒に新聞を読む、食事をつくる、サイクリングや散歩に出かけるのも一案です。

2. パートナーがその気にならないのは不倫相手と続いているからに違いない

何の根拠もなく、ただ疑心暗鬼を募らせて、こんなふうに考える人は少なからずいます。思い過ごしだと分かっていても、一度芽生えた疑いはすぐに消えるものではありません。これではパートナーと親密な関係を取り戻すのは不可能でしょう。

四六歳の税理士のジャッキーは夫と愛人が続いているのではないかと怪しみ、しっぽをつかもうとして夫を厳しく問い詰めました。夫はセックスをとおしてジャッキーへの愛を証明しようとしましたが、焦りが性欲をなえさせ、ますます疑われることになってしまったのです。この悪循環を図にすると、次のようになります（＊３）。

（＊3）思い込みの悪循環

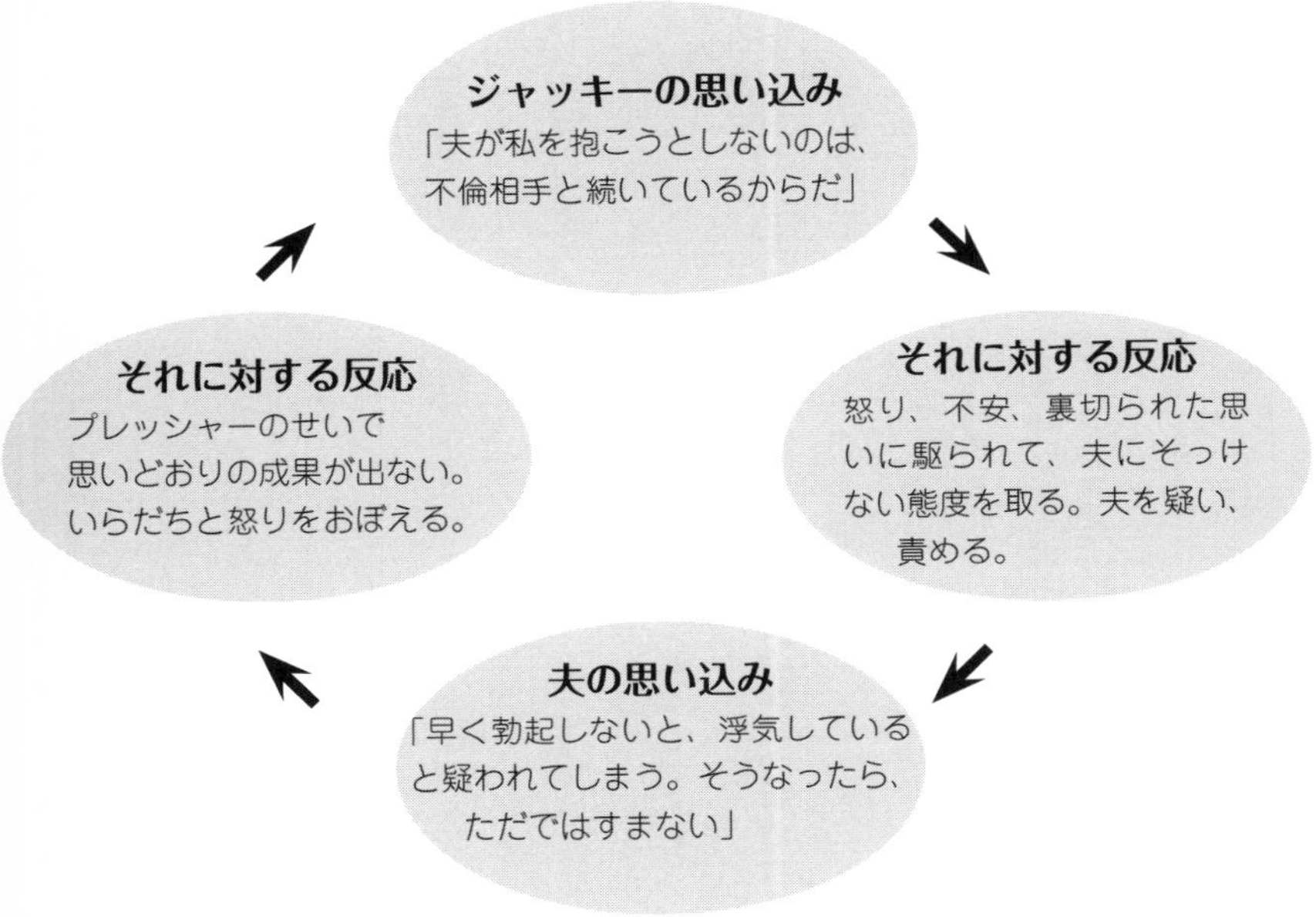
ジャッキーの思い込み
「夫が私を抱こうとしないのは、
不倫相手と続いているからだ」
それに対する反応
怒り、不安、裏切られた思
いに駆られて、夫にそっけ
ない態度を取る。夫を疑い、
責める。
夫の思い込み
「早く勃起しないと、浮気している
と疑われてしまう。そうなったら、
ただではすまない」
それに対する反応
プレッシャーのせいで
思いどおりの成果が出ない。
いらだちと怒りをおぼえる。

悪い予感が必ず当たると思うのは大きな間違い。その予感が外れたときは、的中したときと同じくらいに、ふたりの関係を悪化させてしまいます。

提案

①事実と思い込みを区別しましょう。パートナーが不倫をしたのはたしかですが、それ以外はどこまでが事実で、どこからが自分の想像なのか線引きします。不倫関係が続いていることを示す証拠がある場合は、やり直しそのものを考え直さなければいけません。しかし、証拠がないなら、自分の疑いとパートナーの努力とを比較してください。パートナーはあなたとやり直すために夫婦の会話を増やしたり、勤務先から電話を寄こしたりと地道な努力をしているのではありませんか。その努力は性生活の改善

には直接効果はないかもしれませんが、あなたの疑いを晴らし、やり直す気持ちにさせる効果はあるはずです。

パートナーがその気になれない理由については（＊２）に候補を挙げましたので、それも参考にしながら、パートナーを疑うだけの根拠があるのかどうか検討してください。

②疑念を完全に消すことはできなくても、コントロールすることは可能です。その方法を二つ紹介します。一つ目は**思考中断法**。単純ですが効果があります。パートナーと不倫相手のことが頭に浮かんだら、そこに意識が集中する前に号令をかけて思考をストップします。声に出しても出さなくてもかまいません。どんな号令をかけるかは自由ですが、例えば「ストップ。また余計なことを考えている。これ以上は考えない」と自分に言って、頭を切り替えます。楽しいことや興味のあることに意識を向けてもいいし、うれしかったことやおかしかったことを思い出してもいいでしょう。また自分の内面に意識を向けるのも一案です。深呼吸をしながら、全身の筋肉がリラックスするのをイメージします。邪念を消すことはできなくても、大きくすることは防げるでしょう。

二つ目は**チェック法**といって、簡単なリストを用います。まずは疑いを抱いた出来事をできるだけ私情を交えずに書き出します。次に、その出来事に対してとっさに感じたこと、考えたことを挙げます。最後に、それらの反応を客観的に評価し、誤解や早とちりがないか見直します。

参考までに、ある女性クライエントのリスト（＊４）を紹介します。彼女はこのリストを活用して疑

（＊４）女性クライエントのチェック法リスト

出来事

夫が出張先のチューリッヒから帰国。家に着くと、すぐに寝てしまった。私を抱く気はまったくない。

それに対する気持ち

不安、夫に拒まれたショック、不信感

とっさに思ったこと

夫は出張先でまた浮気をしたに違いない。だから私を抱く必要がないのだ。夫が１週間以上もセックスを我慢できるわけがない。私に優しくするのは、やましいことをしてきたからだ。

見直し

夫の行動を深読みして、結論を急ぎすぎた。夫が私を求めてこなかった理由はほかにあるのではないか。夫は８時間も飛行機に乗っていたのだから相当疲れているはずだ。明日に大切な仕事を控えて早く寝たかったのかもしれないし、今夜は疲れているから満足なセックスが出来ないと思ったのかもしれない。
事実に目を向けてみよう。夫は今回の出張に私を誘ってくれた。私が同行できないと分かると、出張先のホテルでは男性の同僚と相部屋にした。出張先から毎日電話をくれた。空港に迎えに来た私を見て本当にうれしそうだったし、おみやげに私の好きな香水を買ってきてくれた。もちろん、すべてが愛情から出た行為ではないだろう。自分が浮気していないことを証明したかっただけかもしれない。でも、それに何の問題があるというのか。信頼を回復するには時間がかかる。夫が私を気づかい、仲の良い夫婦に戻ろうと努力しているのはたしかだ。疑わしいからといって、本当に浮気をしたとは限らない。もう忘れよう。今夜は私も疲れている。夫のことを信じられないなら、夫を求めようとは思わなかったはずだ。

いをしずめ、夫の前で取り乱さずにすみました。もし取り乱していたら、夫婦間の溝は深くなっていたでしょう。彼女の夫は出張先で行きずりの女性と関係を持ったことがありましたが、それを告白してからは誠実な夫になろうと努めています。

3．私は不倫相手にはかなわない。パートナーは私が相手では満足できない

パートナーの不倫相手と自分とを比較すると、自分のほうが劣っているように感じるものです。容姿でもセックスアピールでも、不倫相手のほうが格上に思えます。不倫相手と面識がない場合は、なおさらでしょう。

しかし実際には、不倫経験のある男性はパートナーとの性生活におおむね満足しており、不倫中の女性が愛人に求めるのはセックスではなく、主に思いやりや賞賛です。私のクリニックに来る不実なパートナーは男女ともにこう言います――不倫相手とのセックスは内容も回数も平凡だった。残念ながら、パートナーの想像とは違っている。

それでも不倫相手とのセックスは夫婦の営みよりも激しかったかもしれません。時間や子供のことを気にしながらでは存分に楽しむことは難しいけれど、不倫相手との情交は秘密やタブーがあるだけに燃えやすいのです。しかし、だからと言って失望することはありません。一時の情欲は長続きしませんから、パートナーと不倫相手の営みも時間とともに激しさを失っていったはずです。それはあなたとパートナーの場合も同様でしょう。恋の情熱は、新鮮さを失ったときに冷めやすいからです。

パートナーがあなたとやり直すことを決めたのは、不倫相手よりも、あなたが与えてくれるものに価

値を見いだしたからです。その事実に自信と誇りを持ってください。今のあなたに必要なのは自分の価値を信じ、自分を肯定すること。今までパートナーを支えてきたという自負を取り戻してください。不倫相手の残像に気を取られている場合ではありません。今は不倫相手と張り合うよりもパートナーとの再出発に専念しましょう。そして、不倫を招いた原因を一緒に探ることです。どちらのパートナーにも肝に銘じてほしいのが、充実した性生活は一人では実現できないということ。性的な親密さを深めていく作業はまさにふたりの共同作業なのです。

提案

①セックスの知識やテクニックが不足していると思うなら、研究してはいかがでしょう。そのジャンルのハウツー本はいろいろと出回っています。アダルト向けの動画や映画も参考になりますし、親しい友人やカウンセラーにアドバイスをもらうのも一案です。

②不安なときは、一人で解消するのもけっこうですが、ときにはパートナーに相談しましょう。そのときは不安や恐れなどの気持ちを話すだけにとどめて、不倫相手のことに触れるのは避けてください。「あの女性とまだ会っているの？」などと問い詰めたりせずに、「あなたと彼女のことが頭から離れないの。今日はとくに不安だわ。あなたが考え込んでいる姿を見て、彼女のことを思い出しているんじゃないかと心配になったの」というふうに相談します。

あなたには話を聞いてもらい、協力を求める権利があります。その権利を否定するようなパートナーとは本当にやり直す価値があるのかどうか、考え直したほうがいいでしょう。

不実なパートナーの思い込み

１．パートナーを満足させなければ、浮気をしていると思われてしまう

これは思い込みというよりも事実でしょう。ベッドの中で気もそぞろのあなたを見れば、パートナーは誰かのことを考えているに違いないと怪しむはずです。しかし、あなたがセックスに熱中できない本当の理由はプレッシャーではありませんか。罪の意識と焦りに加えて、パートナーの期待に過敏になっているからだと思います。ですが、パートナーが求めているのは極上の快感ではなく、誠意です。

今の苦しさをパートナーに打ち明けましょう。プレッシャーが軽くなり、疑いも晴れるはずです。

三九歳の歯科医師のフィルは、ある晩、つらい胸の内を妻に打ち明けました。「君を大切に思っていることを分かってほしくて、毎晩セックスしなければと思ってきたが、そのプレッシャーに圧倒されてしまうんだ。今夜は君を抱きしめるだけで勘弁してもらえないだろうか」

フィルの告白は功を奏しました。あなたもパートナーに理解を求めてください。セックスがうまくいかないのはパートナーや不倫相手とは関係がなく、プレッシャーが原因と説明するべきです。

提案

①パートナーに愛情を感じたときは言葉にしましょう。ふたりの将来に希望を感じたときも同様です。

黙っていても気持ちが伝わるとは思わないこと。「ゆうべの君は本当にすばらしかった。そのことを仕事中に思い出した」とか「今朝ベッドの中で言葉を交わしたとき、あなたを近くに感じた」と口に出すことが大切です。表現にこだわる必要はありません。前向きな気持ちが伝われば十分です。

②パートナーの容姿や愛し方のなかで良いと思うところをほめてください。誰でもルックスをほめられればうれしいですし、愛の営みを評価してもらえば自信が持てます。どんなコメントでもかまいません。「そのドレス、似合うね」「あなたの笑顔を見ていると心がなごむわ」「そこを触られると、すごく気持ちがいい」など。嘘やお世辞はいけませんが、賞賛を惜しむのも感心しません。

③不倫相手とのトラブルをパートナーに話しましょう。パートナーはあなたと不倫相手のセックスが完璧だったと思い込んでいるはずです。「九カ月のつき合いでセックスしたのは数回だけだった」「喧嘩をしたら、セックスが楽しくなくなった」など正直に話してください。パートナーも不倫関係の実情を知れば、妄想せずにすみます。

④パートナーと知り合う前から抱えている悩みがあったら、それもパートナーに打ち明けましょう。ベッドの中で苦労しているあなたを見て、パートナーは自分の責任と感じているかもしれません。しかし、そうではないと分かれば、あなたにプレッシャーをかける必要がなくなり、相談に乗ってくれるはずです。

五二歳の弁護士のアーノルドは降圧剤を飲み始めてから勃起障害に悩んできました。不倫問題を起こしたあとは妻を避けるようになり、妻はそれを自分の魅力が足りないからだと解釈しました。そこでアーノルドは「血圧の薬を飲むようになってから、インポテンツになることがあるんだ。だから君は悪くない。原因は薬の副作用と僕自身のプレッシャーだよ。君を悦ばせなければいけないと思うと逆効果になってしまうんだ」と説明しました。

⑤日ごろからスキンシップを心がけ、習慣づけてください。性欲やインポテンツの悩みを抱えていると、わずかなスキンシップでも避けたくなりますが、そこをこらえてほしいのです。先ほど紹介したチェック法を実践しましょう。セックスに臆病になっていないか、逃げ腰になっていないか確認しながら、パートナーとの触れ合いを絶やさないようにしてください。

前出のアーノルドはチェック法を活用して、不安、ためらい、弱気を克服しました（＊５）。

２．愛人とのセックスは最高だったが、パートナーが相手では物足りない。だから性生活が機能しないのはパートナーの責任だ

パートナーとの性生活に満足できないと、ついパートナーを責めたくなります。あなたの考えにも一理あるかもしれません。というのも今のパートナーは臆病になっていて、あなたの要求を拒んでいる可能性があるからです。それでもパートナー一人に落ち度があるとは限りません。

次のことに心当たりはありませんか。

（＊5）アーノルドのチェック法リスト

出来事

土曜の朝、隣で寝ている妻を誘うかどうか迷う。

それに対する気持ち

不安、いらだち、恐怖、あきらめ

とっさに思ったこと

誘うのをためらうなんて、どうかしてる。相手は 15 年も連れ添った妻だというのに。だが、妻は非常にデリケートで、何もかも自分が悪いと考える癖がある。もし僕が勃起できなかったら、よそでセックスしていると思われるだろう。妻への愛情が冷めたと解釈されるかもしれない。妻は僕とセックスした日付を記録している。やっぱり誘うのはあきらめたほうがいいかもしれない。

見直し

不安になるのも仕方がない。焦ってはいけない。自分が起こした不倫問題が一日で解決するわけはないのだから。妻には誠意を示してやらなければ。ここで逃げたら、妻は夫に見放され、嫌われたと思い込むだろう。そんなことになれば、夫婦のあいだの溝はますます深くなってしまう。
勃起しなくてもいいじゃないか。ふたりともそれにこだわりすぎている。妻にはっきり言おう。君との愛や絆を深めたいけれど、僕のセックスを批判するのはやめてほしいと（自戒の念を込めて）。妻は分かってくれるだろうか。とにかく話してみよう。さあ、勇気を出して。

①パートナーと不倫相手を比べている

こんな比較はすぐにやめてください。不倫相手との非日常的なセックスに比べれば、パートナーとの日常的なセックスに失望するのは当然です。これでは性生活の再開に向けて努力する気持ちが失せてしまいます。たしかに、慣れないベッドで行うセックスはスリルと興奮に満ちているでしょう。しかし、新鮮味がなくなったときは必ず幻滅を感じます。慣れは退屈とマンネリを生む——これは例外のない現実で、相手がだれであろうと一緒です。

②寝室の外で親密さを育てる努力をしない

ベッドの外で大切にされないパートナーがベッドの中で体や心を許してくれるはずがありません。パートナーを批判する前に、せめて不倫相手に注いだ思いやりをパートナーにも注いでください。

不実なパートナーのチャックは、その点をまったく理解していませんでした。帰宅しても仕事仲間と長電話ばかりしていて、妻はそのあいだ、子供を風呂に入れ、本を読んで寝かしつけていたのです。妻がようやく休もうとすると、チャックはすでにシャワーをすませ、妻が来るのを待っていました。「そのときは本気でキレました」と妻は言います。「だから夫には指一本触れさせたくないと思ったんです。夫には薄情だと責められました。たしかに私は薄情かもしれませんが、自分勝手な夫だって相当な薄情者です」

③パートナーをどう悦ばせていいのか分からない

セックスの達人を自称しながら、パートナーの悦ばせ方は分からないという人が少なからずいます。パートナーの反応が鈍いと嘆く前に、自分のやり方が間違っているのではないか反省してみましょう。パートナーはあなたを傷つけまいとして間違いを指摘できないのかもしれません。パートナーをもっと上手に愛したいなら、本人の指示をあおぐのがいちばんです。

④長年のコンプレックスをパートナーのせいにしている

胸に手を当てて考えるよりも責任を転嫁するほうがずっと楽です。しかし、個人的な悩みや劣等感までパートナーのせいにするのはフェアではありません。

提案

①不倫相手のことが頭から離れないときは207ページで紹介した**思考中断法**を実践してみましょう。不倫相手の顔が思い浮かんだら、「ストップ」のような号令をかけて思考を中断し、ほかのことに意識を向けます。

②不倫相手との情事をなつかしむよりも、なつかしく思う理由を考えてください。男（女）として自信がついたから、コンプレックスを忘れることができたから、密かな願望がかなえられたからではありませんか。その発見を今度はパートナーとの性生活に生かしてください。

③207、213ページで紹介した**チェック法**を活用して、今までの恋愛観や結婚観を見直す。
④セックスのほかにも親密さを深める方法を探る。

両パートナーの思い込み

1．性欲は意識して起こすべきではないし、パートナーにわだかまりがあるうちは肌の触れ合いを控えるべきだ

〝べき〟で固めたこの考えは机上の空論としか言いようがありません。こんなふうに考えていたら、パートナーとの性生活は間違いなく氷河期に突入します。氷河期が終わるころにはカップルではなくなっているかもしれません。いつかその気になるだろうと考えているなら、大きな間違い。そのときが来たら、恥ずかしさと緊張に負けてしまうでしょう。

だったら、どうすればいいのか。心の準備もできないうちから快感どころか不快感を伴うかもしれない行為を始めなくてはいけないのでしょうか。実は、そのとおりなのです。親密な関係は意識して築いていくもので、始めようとしなければ、何も始まりません。たとえ気持ちがついてこなくてもです。その気になるのを待っていても仕方がありません。煮え切らない気持ちのままでベッドの中で素直になれるのか、自分を傷つけた相手と肌を合わせられるのか、そんなことを考えていても何も変わらないのです。

（＊6）スキンシップの要望の例

- 帰宅したら、玄関先でキスしてほしい
- 手をつないで歩きたい
- 全身をマッサージしてほしい
- 数秒間だけ、きつく抱きしめてほしい
- 腕枕をしてほしい
- 髪をなでてほしい
- アラームが鳴っても、しばらくベッドの中で抱き合っていたい

不安はひとまず脇に置いて、とにかくスキンシップを始めてください。服を着たまま愛情を表現しても性的な親密さは回復しません。手をつなぎ、抱き合い、キスを交わして初めてかよう愛情もあります。

感じるから行動するのではなく、行動するから感じると心得ましょう。

パートナーとの距離を物理的に縮めることには不安を伴います。その反対に、一定の距離を置いていれば安心していられるでしょう。しかし、不安が自然と消えるのを待っていてはいけません。安心感は体験の積み重ねから生まれるものであり、時間が運んでくるものではないのです。最初のうちはスキンシップにためらいを感じるでしょう。ですが、そのためらいはパートナーに心を開き、ふたりの未来に賭けようとしているあかしです。

提案

①親密なパートナーシップはスキンシップから――この言葉を肝に銘じてください。どのように触れ合いたいのか、パートナーに伝えましょう。口頭でも文面でも結構です。スキンシップの要

（＊7）信頼回復のエクササイズ

- ひとりが体をくの字に曲げ、もうひとりが背後から抱きしめる（スプーンと言われる体位）
- お互いに向き合い、手を握り合う（ハグしてもいいし、目を閉じたままでもかまわない）
- ひとりが上体を起こして膝枕を提供し、相手の髪をなでる

望は人それぞれですから、自分が望むことをパートナーも望んでいるとは考えないこと。お互いの要望を毎日一つはかなえるように努めてください。参考までに、要望の例（＊6）を挙げます。

②セックスカウンセラーのウォーウィック・ウィリアムズはベッドの中で行う〝信頼回復のエクササイズ〟を提唱しています。パートナーと相談しながら、できる範囲で試してみましょう。スキンシップと信頼感を同時に取り戻すのが狙いです。その一部を紹介しましょう（＊7）。

このとき言葉を交わしても交わさなくてもいいですし、服を脱いでも脱がなくても、性交まで行っても行かなくてもかまいません。現時点では、スキンシップを再開して信頼回復のきっかけになれば十分です。体の距離は心の距離と比例することを忘れないでください。

2.パートナーにスキンシップを許したら、それ以上を求められる

指先が触れ合っただけでパートナーは飛びかかってくるのではないか、一気に欲情するのではないか。そんな不安から警戒心を強くし、親

密になるチャンスを逃してしまう人がいます。

傷ついたパートナーのリーがそうでした。「夫は不倫を告白してから、しつこく私を求めてきましたが私は受け入れませんでした。夫にはリビングのソファで寝てもらうことにしたんです。本当は腕枕をしてほしかったけれど、夫が腕枕だけで我慢してくれるかどうか分からなかったし……。私は夫の要求に応じる決心がつきませんでした。一度でも応じたら、夫は許されたと誤解して、問題をうやむやにするに違いありません。それに夫を試したいとも思いました。私に拒まれたくらいで浮気を繰り返すようなら、反省の言葉も愛情表現も嘘になります。夫の不倫が発覚してから、私は監視員のようになったんです」

しかし、夫のジェフの解釈は違いました。彼はリーに「操られている」と感じたのです。ジェフは妻に誠意を示すために懸命に努力しましたが、妻の反応を見ていると〝夫の努力を知りながら、わざと夫を遠ざけ、罰しようとしている〟と思えたのです。ジェフのいらだちは怒りに変わり、リーを求めることもやめてしまいました。こうしてふたりは敵対し、夫婦関係は行き詰まってしまったのです。

現時点では性交は論外だとしても、どこまでならパートナーの要求に応じられるのか決めなくてはいけません。セックス以外のスキンシップもたくさんあります。親密なパートナーシップはスキンシップから始まることを忘れないでください。セックスを拒めば優越感を味わえるかもしれませんが、満足な性生活は実現しません。一方が優位に立てば、カップルとしてバランスに欠けてしまうからです。

提案

①お互いの許容範囲を確認し、尊重します。何らかの合図を決めて、今日はマッサージにとどめておくのか、それ以上の行為に及んでいいのか分かるようにするといいでしょう。あるカップルはユニークなサインを考えました。その気になったほうが相手の枕元に新婚旅行で買ったカエルの置物を置いて、返事を待つのです。誘われたほうは応じるかどうか、じっくり考えて決めることができます。

②カウンセリングの現場で用いられるボディタッチの技法を紹介しましょう。この技法はスキンシップを促すと同時に性感帯を発見することにも役立ちます。まずはパートナーと相談して、一回の制限時間を決めます（十五～二〇分の間で設定してください）。次に、一人がもう一人の全身を撫でるかマッサージします。性器には触れず、ふたりとも服を着たままで行いましょう。時間が来たら、役割を交替します。マッサージを受ける側は黙ってじっとしているのが原則ですが、気持ちがいいと感じたときだけ合図（指を立てる、声を出すなど）を送ります。

このマッサージに抵抗がなくなったら、今度はふたりとも裸になって同様にします。このときも性器に触れてはいけません。この段階をクリアしたら触れてもかまいませんが、性交まで進むときは必ず合意のうえで行ってください。

３．パートナーがマスターベーションするのは私を愛していない証拠だ

この機会に自慰行為についての認識を見直してみましょう。これほど議論を呼ぶテーマは類を見ない

と思います。マスターベーションをすると局部におできができる、性器の色や形が変わってしまう、不感症になるなど、挙げていけばきりがありません。自慰行為を禁じている宗教や文化は今でもありますが、ほとんどの人は密かに楽しんでいるようです。

同居中のカップル（二四～四九歳）を対象にした全米規模の調査がありました。その結果を見ると、直近の一年間で自慰行為をしたと答えた男性は全体の八五％、女性は四五％。男性の四人に一人、女性の十人に一人は特定のパートナーがいても、週に一回は自慰行為を楽しんでいました。また単身者よりも既婚者のほうが自慰行為を頻繁にしていることが分かります。

ここでリーとジェフの話に戻りましょう。ふたりが性生活の再開をめぐって対立していることはすでに説明しましたが、その後リーはジェフが自慰行為をしている現場を目撃してひどく動揺し、彼をけだもの呼ばわりしました。ジェフは恥ずかしさと怒りを感じて、「浮気をするよりましだろう！　君を抱けないんだから仕方ないじゃないか」と開き直ったのです。

リーはその言葉の意味をよく考えて、カウンセリングの場でジェフに本音を打ち明けることにし、体が触れるたびにセックスを求められるのが負担だと訴えたのです。

それに対してジェフは「分かったよ。その代わり、マスターベーションは許してほしい」と言いました。するとリーは「あなたがこっそりあんなことをしていると思うと、ゾッとする。また隠し事をするつもり？　私なんか必要ないと言いたいのね」と反発。ジェフは「そんなつもりはないよ。僕にとってマスターベーションは健康的な行為なんだから。嫌がる君に迫ったり、愛人をつくったりするよりもずっといいじゃないか。それとも、ほかにアイデアがあるの？」

最終的に、ふたりは次のような合意に達しました――とりあえず同じベッドで寝る。ジェフはリーの気持ちを尊重して当分はセックスを我慢する。その代わり、ジェフがベッドのなかでマスターベーションをするあいだ、リーはジェフを抱きしめてキスをする。この歩み寄りは実を結んだようです。その後のカウンセリングでリーは「体を寄せ合ううちに警戒心がやわらいできました。性生活を再開するにはまだ課題が残っていますが、以前に比べたら前進できたと思います」と話してくれました。

提案

落としどころが見つかるまで、さまざまな選択肢を検討しましょう。駆け引きや脅しはいけません。どのような性生活を実現させたいのか徹底的に話し合い、お互いの心と体が満たされることを目標としてください。特定の行為をするかしないかにこだわる必要はありません。大切なのは問題を一緒に解決していく姿勢です。

4．セックスは常に激しく官能的でなければいけない

これを現実の世界で実現するのは不可能です。とくにふたりの絆がもろくなっているときにこのような性生活を期待したら、失望や不安を招き、口論が絶えなくなるでしょう。正直なところ、不倫発覚後のセックスは激しいどころか味気のないものになる公算が大きいのです。傷ついたパートナーは再び裏切られるのを恐れてパートナーを拒む傾向があります。不実なパートナーは前述したとおり、セックスにプレッシャーを感じたり、不倫相手との情事をなつかしんだりしがちです。

しかし、不倫という重大な危機に見舞われたふたりです。どんなに小さなスキンシップでも大きな前進になります。ともったばかりの炎に大量のたきぎを投げ込むのは感心しません。今は火力を強くするよりも、火を絶やさないように心がけてください。

夫が不倫を告白して以来、キャロルは激しいセックスを期待するようになりました。しかし、期待どおりの結果が得られずに失望したのです。「ちっとも気持ち良くありません」と彼女はこぼしました。「私たちはただ黙々と機械的に動いているだけ。何かおかしいわ」

おかしいのはキャロルの過剰な期待でした。夫婦の営みは常に情熱的でなくてはいけないと信じ込んでいたのですから。理想にこだわるあまり、夫がどれほど努力しても満足できなかったのです。

キャロルの失望をさらに大きくしたのは、もう一つの思い込み。激しく愛されることが女性としての魅力や価値を決めると考えていたのです。激しさにこだわったのはそれが自己評価のバロメーターだったから。キャロルにとってセックスは夫とやり直すための足がかりではなく、義務であり、評価の基準でした。これでは失望するのも無理はありません。

百点満点のセックスを期待しても、今のふたりには三〇点がせいぜいでしょう。映画や小説に描かれるセックスが赤々と燃える暖炉の火なら、日常レベルのそれは一定の温度にしかならないエアコンの温風。愛情の通う性生活を実現するには高すぎる理想を捨てることが先決です。

提案

①自分の胸に聞いてください――どうして私はセックスの激しさにこだわるのか、そこにどんな意味が

あるのか、情熱的なセックスを何かのあかし（パートナーが私に満足しているあかし、私の魅力を認めているあかし、二度と不倫をしないというあかし、私を許してくれたあかし）と考えているのではないだろうか。誤解に気づけば、こだわる必要はなくなります。たとえセックスは控え目でも、パートナーはあなたに心から満足し、誠実であろうと努め、寛大な目を向けているかもしれません。その逆に、濃密なセックスをするパートナーがあなたに不満を抱き、不実で、冷たい場合もあります。思い込みを正せば、パートナーとの営みを素直に楽しめるでしょう。期待どおりの激しさはなくても、期待どおりの愛情はかようはずです。

②〝親密さ〟の定義を見直してください。物理的な距離だけではなく、思いやり、愛情、理解、敬意も親密な間柄に不可欠です。

③相手の欲情はこちらの欲情をかき立てます。その反対に、相手が興ざめすれば、こちらまで興ざめしてしまいます。パートナーを燃え立たせるには自分から燃えることが必要です。

5．パートナーは私が悦ぶことを察してくれるはずだ

かなり虫のいい話です。この思い込みが正しいとすれば、あなたを満足させるのはパートナー一人の義務、あなたが不満なのはパートナー一人の責任になります。これでは性生活が機能するはずはありません。要望は言葉にしなければ伝わらないのですから。

（＊８）自分の性感帯を発見するために

- どうすると快感が得られるのか自分で研究する
- その結果をもとに、パートナーにどうしてほしいのか伝える
- パートナーが要望に応じてくれたときは、たとえ満足な結果は得られなくても、感謝の気持ちを伝える

そこで提案ですが、あなた自身がもっと積極的に快感を求めてください。パートナー任せではいけません。

手始めに上記（＊８）を実践してみてはいかがでしょう。

ベッドの中でパートナーに要求を伝えられない人は大勢います。気兼ねをしたり、拒まれるのを恐れたり、自分から言う必要はないと考えていたりするからでしょう。黙っていても気持ちが伝わるなら理想的ですが、実際には誰もあなたの心を読むことはできません。ふたりの気持ちが離れがちな今は、とくに率直なコミュニケーションを心がけるべきです。

提案

①要望を伝えるときは言葉で説明するよりも手本を見せるほうが早いこともあります。どうされると気持ちがいいのかパートナーの前で実演してみましょう。要望が正確に伝わるだけではなく、濃密で楽しいスキンシップにもなります。

②ベッドの中での〝困った癖〟を、お互いに二つずつ挙げます。ある女性クライエントは夫にこう指摘しました。「ひとつは、私の胸を強く揉む癖。前にも言ったけれど、すごく痛いの。もうひとつは私ののどに顎を押し

つける癖ね」。それを聞いた夫は「セックスに夢中になって、君が痛がっていることに気づかなかった」と反省し、癖を直すことを約束しました。

③パートナーに素直に甘えられない理由を探ってください。遠慮を美徳と考えていませんか。遠慮することにどんなメリットがあるのか考え、紙に書き出してみましょう。同様に、コミュニケーションに対する苦手意識についても考えください。自己主張が得意でないことをパートナーに理解してもらい、要望を言いやすい雰囲気をつくってもらえるように頼んではいかがでしょう。

6．新しい試みを提案したら、パートナーの気分を害してしまう。パートナーの要求を受け入れるには自分の要求を殺さなくてはならない。夫婦生活に変化を求めても無駄だ

性生活の改革には相当の勇気を必要とします。具体的には、愛撫の方法を変える、新しい体位やテクニックに挑戦するといったことでしょうか。提案があっても言い出せないのは、パートナーの反発や夫婦仲の悪化を恐れるからだと思います。またパートナーから提案を出されても、屈辱に感じたり、不快な行為につき合わされる不安があったりすると聞く耳を持てません。これでは今までどおりに、ぎこちないダンスを踊り続けるしかなくなります。

新しい試みの提案

「性交ではオーガズムを得られないので、オーラルセックスをしてほしいのですが……」とキャロル

は私に訴えました。「でも、そんなお願いをしたら、夫は自分の力不足だと思うでしょうし、自信回復のためにまた浮気をするかもしれません。だから、いつも感じたふりをしているんです。夫をつなぎとめておくためには仕方ありません」

夫のティムにも、キャロルに言い出せないことがありました。「(元愛人の) リサはテクニックを駆使してくれました。キャロルにも見習ってほしいですよ。リサは挿入の最中に、腰を振って応じてくれたんです。僕を欲しているのが伝わってきました。ところがキャロルときたら、おとなしく仰向けになったまま。まるでいけにえみたいに。怒っているのか、恥ずかしいのか、つまらないのか、さっぱり見当がつきません。妻への要望はあるけれど、それを口に出せば、リサからの受け売りと分かってしまう。それでは元も子もありません。妻の不安に追い討ちをかけたくないですから」

ティムとキャロルのほかにも、自分の要望を我慢して対立を避けようとするカップルは多々います。しかし、沈黙を通していると味気ないセックス以上に、ふたりの距離を広げてしまいます。

波風の立たない関係と親密な関係は同意語ではありません。要望を言わずにいれば、パートナーの気分を害さずにすむでしょう。ですが、あなたの最終目標が単なる仲直りではなく、親密な夫婦関係を築くことなら、自分にとって重要だと思うことを隠してはいけません。言いづらい内容であっても伝えるべきです。いざ伝えてみれば、パートナーはもっと早く知りたかったと思うはずですし、あなたを満足させる機会が増えたことを喜ぶに違いありません。

新しい試みの検討

自分の提案や要望を出すだけでは、ふたりの親密度は上がりません。相手のアイデアに耳を傾けることも大切です。パートナーの言うことにすべて同意する必要はありませんが、前向きに検討する姿勢を忘れないでください。

クライエントのマリリンは、その姿勢に欠けていました。不倫をした夫から「オーラルセックスを試したいから清潔にして」と言われて、頭に血が上ってしまいました。「私の体には自浄力があるわ。においが気になるなら、鼻を寄せなきゃいいでしょ！」

マリリンでなくとも、初めての試みには誰もが抵抗を感じるものです。しかし、一方が抵抗を続けていると、どちらのパートナーも快楽を得て親密になるチャンスを逃してしまいます。パートナーがベッドの外でも親密になろうと真剣に努力しているなら、パートナーの申し出を否定的に解釈せず、夫婦生活への〝プレゼント〟と考えてください。

ただ、どんな申し出もやみくもに飲んでしまうのは考えものです。嫌悪感をおぼえたり、時期尚早に思えたり、自尊心や品性を卑しめるような提案は拒否すべきです。ある不実なパートナーは「フェラチオを想像すると吐き気がしてくるんです。でも、主人への誠意を示すにはやるしかないんでしょうね……」とつぶやきました。また、浮気性の夫を持つ女性は、こんな体験を話してくれました。「意外な方法で興奮させてほしいと主人に頼まれました。そこで、主人を空港で出迎えるとき、レインコートの下に何も身に着けずに出かけたんです。主人は大喜びでしたが、私はものすごく惨めでした。やりすぎたと反省しています」

罪の意識からパートナーを満足させても、不実なあなたは癒されません。不安や焦りからパートナーを喜ばせても、傷ついたあなたは癒されません。愛情や誠意を示すことが唯一の目的になってはいけないのです。どちらのパートナーも〝ノー〟を言う権利を大切にしてください。

提案

互いの提案や要望を検討しやすいように、次のような一覧表（＊9）を作ってはいかがでしょう。表の中に具体的な項目を並べました。多くのクライエントから好評を得ています。まずは各項目に1～3の評点（1＝賛成しない　2＝やや賛成　3＝大いに賛成）をつけてください。その後で、あなた自身の提案や要望を書き加えます。言い回しは否定的・抽象的ではなく、肯定的・具体的に。例えば〝挿入を焦らないでほしい〟よりも〝挿入の前にしばらくキスや愛撫をしてほしい〟と書いてください。一覧表を作成する目的は、お互いの要望を伝えるためであり、強制するためではありません。

7．オーガズムはふたり同時に達するものだ／毎回得られるものだ／何度でも得られるものだ／性交によって得られるものだ

「あなたもこう考えていますか」と聞くと、ほとんどのクライエントは「とんでもない」と否定します。ところが、このとおりにならないと「とんでもない」と否定していたクライエントが、がっくり肩を落とすことがあります。理由を尋ねると「期待できないのは分かっているが、心のどこかで期待してしまう」とか「よその夫婦はともかく、自分たちはこうあるべきだと思っている」という答えが返ってくる

（＊9）空欄に各自の評点を記入

シャワーを浴びて清潔な体でベッドに来てほしい		
セックスの前に一緒にシャワーを浴びたい		
セックスの前に歯を磨いてほしい		
セックスの2～3時間前からタバコを控え、洗口液で口をゆすいでほしい		
挿入している間は私の腰に両脚を回してほしい。		
こうやって（具体的に示す）耳、指、バストに舌を這わせてほしい		
愛撫をする前に、私の好みのやり方を尋ねてほしい		
局部に触れる前に、しばらく唇にキスしてほしい		
指先で軽く全身をなでてほしい		
“一緒にいこう”と言葉をかけてほしい		
あなたが先にオーガズムに達したとしても、私が達するまで行為を続けてほしい		
優しくなでてほしい		
潤滑剤を塗ってほしい		
ベッド以外の場所で誘ってほしい		
ロマンチックでスローな音楽をかけてほしい		
ベッドに入る前に、スローなダンスを楽しみたい		
耳元で愛していると囁いてほしい		
下品な言葉を浴びせてほしい		
全裸でベッドに来てほしい		
セクシーな装いでベッドに来てほしい		
欲情したら（私の都合を聞かずに）迫ってほしい		
私の気持ちを確かめてから迫ってほしい		
暖炉の前でセックスしたい		
アダルトビデオを観ながらセックスしたい		
オーラルセックスを楽しみたい		
行為が終わっても、しばらくじゃれ合いたい		

のです。

このようにセックスに過剰な期待を寄せる人は少なくありません。だから性欲の減退に悩む人が多いのでしょう。高すぎるハードルを前にすれば、やる気が失せて当然ですから。

セックスに貪欲な女性、十分に興奮した女性は愛撫よりも性交を好み、性交だけでオーガズムに達するというのが定説のようになっています。しかし、これは大きな誤解です。体の構造を考えても、ほとんどの女性はクリトリスを刺激されないとオーガズムを得るのは難しいでしょう。

男性も、挿入以外の方法で快感を得たいと思いながら、恥ずかしくて言い出せないようです。〝性交至上主義〟がプレッシャーを生み、挿入でオーガズムに達しないと、自分に欠陥があるのではないかと不安になる人もいます。

ジェリーは妻がオーガズムに達しないのを自分ひとりの責任と決めつけました。「妻がいかないのは僕の力不足が原因だと思いました。サイズが足りないから、早漏だから、スタミナ不足だからと自分を責めていたんです。そんなコンプレックスから浮気に走りました。相手の女性は挿入を始めたとたんに、いってくれる。男として名誉を挽回した気分になりました。ところが、あるとき彼女に言われたんです――性交だけでオーガズムに達しているわけではないことを。彼女は女性の体についていろいろ教えてくれたのですが、僕には知らないことばかり。僕も妻も自分の体についてあまりに無知でした。だから、お互いを満足させることができなかったんです。僕は夫婦生活の挫折から逃げていました。乗り越えられるものだと知っていたら、逃げる必要もなかったのですが……」

セックスのたびにオーガズムを得られて当然という発想も理想論でしかありません。全米規模で行われた性生活に関する白書を見ると、アメリカ人の過半数が性生活のハードルを途方もなく高く設定していることが分かります。白書はこう結論づけました――オーガズムに対するこだわり、オーガズム至上主義が顕著に見られるが、一方で、オーガズムの達成度と性生活の満足度は必ずしも一致していない。パートナーとのセックスで毎回オーガズムを得ている人は男性が七五パーセント、女性はわずか二九パーセント。それでも「性生活に満足している」と回答した人は男女ともに四〇パーセントでした。この数字を見ても、性生活を充実させる鍵はオーガズムだけではないことが分かります。

オーガズムへの偏見にも注意が必要です。理想が高すぎると不満やコンプレックスが助長されるだけ。愛情の通うセックスを営むには、結果よりもプロセスを大切すること。イギリスの文筆家レオナード・ウルフが言うとおり「目的地に到達するよりも、そこまでの道のりをどう過ごすか」が重要です。

提案

オーガズムを得る方法について自分の好みをパートナーに伝えましょう。テクニックさえあれば万事解決と思うのは間違いです。

女性の場合、性交で得るのが難しいときは自分でクリトリスを刺激すると効果的。このときパートナーには背後から挿入してもらうといいでしょう。潤滑剤の使用も有効です。男性も挿入だけでオーガズムを得るのが難しいなら、パートナーに協力を仰いでください。仰向けになり、パートナーの舌や手などで刺激してもらいます。そのあいだ、マスターベーションをしてもかまいません。男は挿入だけでオーガズムを得られるという先入観が妨げになっているのです。

どちらのパートナーも〝自分なりの〟方法を追求するべきです。どうすれば気持ちがいいのか、そうでないのかを研究しましょう。お互いに抵抗がないのなら、どんな方法であってもいいのです。自分の体に耳を傾ければ、体が望んでいることはおのずと分かるでしょう。

8．両方がその気にならなければ、セックスは成立しない

不倫の発覚後は両パートナーの性欲にギャップが生じることを理解してください。不実なパートナーがセックスに無関心になる一方で、傷ついたパートナーが貪欲になったり、その反対に、不実なパートナーが性生活を再開しようと焦り、傷ついたパートナーが拒むパターンも見られます。

夫に愛人がいたことを知ってから、バーバラの欲求はとどまるところを知りませんでした。「夫が二度と浮気できないように精力をしぼり取ってやろうと思いました。私だって夫を満足させられる、不倫相手と張り合えると証明したかったんです」

しかし、バーバラの夫は対応に困りました。「性欲のギャップを埋めるのに必死です。その気がなくても、妻の求めに応じることはあります。妻を安心させたい一心でね。やんわりと断る場合も、妻への愛情表現は欠かさないようにしています。それなのに、妻は私が乗り気でないと疑いの目を向ける。昔は夫婦生活も楽しかったけれど、今は妻の貪欲さにうんざりです」

性生活を充実させるカギは欲情のタイミングではなく、それに対する解釈です。タイミングが合わなければ満足な性生活は送れないという前提があると、わずかに合わないだけでパートナーに失望を感じ、

タイミングの合う相手をほかに探すしかなくなります。しかし、性欲に個人差があると心得ていれば、タイミングの違いを受け入れて調整することができるでしょう。

傷ついたパートナーは性欲のギャップを埋めるために相当な妥協を強いられるかもしれません。とくに女性は、パートナーの求めに応じなければ嫌われてしまうという危機感が強いようです。〝こうして妻は夫の欲情につき合う、あるいは欲情したふりをする。そうでないと手痛い仕打ちを受けるからだ〟とカウンセラーのテルマ・ジーン・グッドリッチ博士は記しています。〝カウンセリングの現場においても、夫の求めに応じない妻は問題視されるケースが多い〟。

あなたが女性なら、パートナーの求めに応じるときはその動機をよく考えてください。あなたをイエスと言わせたのはパートナーへの思いやりなのか、嫌われたくないからなのか、あるいは単純に欲情したからなのか。男性のほうも、パートナーが応じてくれた理由を考えてみましょう。それは思いやりなのか、嫌われたくないからなのか、純粋にセックスがしたいからなのか。

パートナーの要求に応じることは必ずしも不健全ではありません。一方にやり直す意志があり、もう一方はその求めを素直に受け入れられる場合――つまり、不倫をした夫が妻の信頼を取り戻すために努力し、妻は夫の努力に報いるためにセックスに応じる場合は問題がないのです。問題なのは、一方が常にわがままを通し、もう一方が常に我慢を強いられるケース。どのような人間関係もギブ・アンド・テイクの精神なくしては機能しません。

性欲は年齢とともに変化することも心に留めておいてください。この変化には性別も不倫経験の有無も関係ありません。加齢による性欲減退はホルモンの変調が原因です。一般的に、男性の性欲は思春期から二〇代半ばにピークを迎え、その後は徐々に低下します。女性のピークは男性よりもやや遅れて三〇～四〇歳くらい。その後だんだん低下しますが、更年期後の数年間は上昇に転じる場合もあります。

人生の転機も性欲に影響します。「出産してからしばらくは女としての自覚がなくなりました」とクライエントのベティは話します。「あのころは母親に徹していましたから。育児に明け暮れ、頭のなかは子供のことでいっぱい。セックスなんて二の次でしたから、しつこく迫る夫がうとましかった。赤ん坊がもうひとり増えたように感じましたし、夫に胸を触られるだけでむしずが走ったんです。あれから十八年が過ぎ、子供も大学生になった今、ふたりの性欲は逆転しました。夫はローンの返済のために残業の毎日。私は体がほてって仕方がありません」

反応の鈍いパートナーを見ていると拒絶されたように思えるかもしれません。しかし、パートナーの態度を悪いほうに解釈すれば、ふたりの気持ちは離れる一方です。パートナーの反応だけに気を取られないでください。それよりも愛情関係には幻滅や不満がつきものと割り切って、愛情が冷めるのを食い止めなくてはいけません。パートナーが自分の要望をかなえてくれない、あるいはかなえる余力がないときでも心を通わす方法を探る――これも親密な関係を築くために必要です。

提案

難局を迎えたカップルは性欲のギャップを深刻に考えがち。一人がその気にならない〝石〟なら、もう一人は毎日が発情期の〝ウサギ〟かもしれません。そこで、これから紹介するエクササイズを〝石とウサギ法〟と名づけましょう。この方法をとおして相手の性欲を理解し、落としどころを見つけてくだ

(＊10) 性欲のギャップに対処する「石とウサギ」法

● 妻の希望	**● 夫の希望**
本人……週に１度	本人……週に２～３度
夫の予想……月に１度	妻の予想……毎日
● 妻が妥協できる回数	**● 夫が妥協できる回数**
本人……週に２度	本人……週に１度
夫の予想……月に２度	妻の予想……週に３度

さい。

性生活の頻度について、まずは各自の希望（パートナーの意向を気にする必要はない）を紙に書きます。次に、パートナーの希望を予想して書き入れます。最後に、各自が妥協できる回数（パートナーの意向を想定する）とパートナーが妥協できると思われる回数をそれぞれ記入します。お互いの結果をつき合わせてみましょう。ふたりのギャップは想像していたよりも小さく、たいした妥協は必要ないことに気づくと思います。参考までに、ある夫婦の結果を上にまとめました（＊10）。

お互いの勘違いに気づいて、ふたりは笑い出しました。そして、歩み寄ることができたのです――セックスは原則、五日に一度。妻がその気になったときは増やしてもよい。ベッドに誘うのは交代制で。この約束を守れないときは、チェック法（２０７ページを参照）で原因を分析し、相手の了解を得る。

妻は一度だけセックスの予定をキャンセルしたいと思いましたが、チェック法リストにこう書きました――〝不愉快な出来事を思い返して、夫に腹が立った。姑が訪ねて来た日、夫は私ひとりに姑の世話を押しつけたのだ。あの日は私も忙しかったのに。夫は私の都合を考えない。いつも人を振り回す〟。

続いて、そのときの気持ちを分析しました。〝1週間前の出来事なのに、なぜ今日になって怒りがぶり返してきたのだろう。不満があるなら、その場で夫にぶつけるべきだった。夫と父をだぶらせてはいけない。父も自分勝手な人だったが、私は母のようにはなりたくない。母は私のためを思って離婚しなかったが、内心では父を恨んでいた。夫に事情を話してみよう。カウンセリングのときと同じ要領で。私の言い分を復唱してもらい、私も夫の言い分を復唱しよう。セックスを盾にしてはいけない。正直に話せば、夫は分かってくれるはずだ〟。

妻は夫を拒む代わりに自分の気持ちを客観的に分析し、幼少期のトラウマに気づくことができました。数日後、妻は予定どおりに夫をベッドに誘いました。

9. 夫婦仲がそれなりに安泰で、ふたりともノーマルな人間なら、空想や性具は必要ない

セックスの正道は、パートナーとの間で快楽をやりとりすること――これが大方の意見だと思います。あなたも、正常な人間が性具や空想に頼って快楽を得るのは言語道断と考えているはずです。

この理屈を裏返せば、バイブレーターやアダルトビデオの類を利用するのは、アブノーマルな人間のやることで夫婦間に問題があることになります。

快楽を得る手段は肉料理のレシピと同じくらい、いや、それ以上にバリエーションがあります。性の営みに厳しいルールを設けると、最上のスリルや官能まで締め出してしまいます。夫婦関係がギクシャクしているときはなおのこと、こうしたうまみを簡単に切り捨てるべきではありません。

昔から、もっとも重要な性感帯は〝脳〟と言われてきました。頭の中で起きていることは肉体の反応を左右します。セックスの最中にエロチックなシナリオや禁断のシーンを思い描けば興奮に拍車がかかるはず。しかし〝夫はなぜ食器を洗ってくれないのかしら？〟と考えていれば恐らく大した興奮は得られません。

ふたりの関係がもろくなっている今は自信喪失や、愛人への未練などがセックスへの集中力を妨げがちです。官能的な空想には、こうした雑念を払う作用があります。また想像力を巧みにすれば、性感を高めることができます。

相手はパートナーだけで十分ではないか、パートナーと愛し合っている最中に他人を思い浮かべるのは不謹慎だ――そんな反論が聞こえてきそうですが、決してそうではありません。他人とのセックスを思い描くことと、それを実行に移すことには大きな隔たりがあるからです。〝愛する人がいればほかの異性に気を取られることはない、違う相手とのセックスを想像することはない〟という理論は自然に反しています。パートナー以外の相手との情事が頭をかすめても、それは決して異常ではありません。肝心なことは、あなたとパートナーが性生活に楽しみを見出すこと。ベッドを共有する時間が濃密で充実したものになるよう工夫を凝らすことです。そのために想像力を動員しても何の支障もありません。

ただし、空想の中に愛人を登場させるのは控えてください。無理を承知で両パートナーにアドバイスします。不実な側にとって、愛人との情事は空想ではなく思い出です。それを美化するような真似は避けてください。傷ついた側にとって、パートナーと愛人の情事をイメージするのは、興奮を掻き立てるのに有効かもしれませんが、不安まで掻き立ててしまっては意味がありません。空想の画面に愛人が登場したら、すばやくチャンネルを換えてください。

そのためには、日ごろからチャンネルを増やしておく必要があります。例えば、官能小説を読んだり、アダルトグッズを利用するのも有効です。性具に抵抗を感じるのは、何らかの偏見があるからではないでしょうか。一度効果を実感すれば、考え方も変わってくると思います。クライエントのジョンがそうでした。

不倫をしたジョンと妻のジュディは、夫婦生活の立て直しに向けて努力していました。別居中にバイブレーターを使い始めたジュディは「これからも使い続けたい。オーガズムを得るためのツールにしたい」とジョンに打ち明けたのです。彼はこの申し出を嫌味と解釈しました。「不倫をした僕への当てつけですよ」と彼は憤然と言いました。「〝妻と愛人を取り換えられるなら、夫とバイブレーターも取り換えられる〟と言っているようなものです」

これに対して、ジュディは今の夫婦生活に満足していることを説明したうえで、「挿入だけではオーガズムに達しないので、私がバイブレーターを使っている間、愛撫をしてほしい」と頼みました。最初は渋っていたジョンも、妻の要望をさまざまな角度から検討するうちに、受け入れようという気持ちになりました。今ではバイブレーターを使う妻の姿に、興奮することもあると言います。

傷ついたパートナーのマージも同じような経験の持ち主です。夫がやり直す努力をしているのは認めていましたが、夫の目を満足させることには屈辱を感じずにいられなかったのです。夫の要望どおり、買ってもらった黒いレースの下着をつけて、アダルトビデオを一緒に見たときは、すっかり惨めになりました。「ああいうオモチャがないと夫はその気にならないんです」と彼女は漏らしました。「私だけでは用が足りないんでしょう。本気で私を愛しているなら、私の体に満足しているなら、あんなくだらない物は必要ないはずです」

私のアドバイスを受けたマージは、夫の趣味を曲解していたことに気づき、反省しました。〝主人は浮気をする以前から、私にランジェリーを買い与えていた。私にセクシーな格好をさせるのも、ポルノが好きなのも今に始まったことではない。そういう趣味があっても法に触れるわけではないし、夫婦関係に支障が出るわけでもない。夫の趣味を色メガネで見るのは間違っている〟

これを機に、マージと夫の絆は深まりました。それはビデオや下着のおかげではありません。偏見を正し、パートナー相手の嗜好を理解しようとした姿勢だったのです。

提案

①エロチックな場面を、数パターン頭の中で完成させ、セックスのときにすぐに引き出せるようにしておきます。マスターベーションをしながら、あるいはシャワーを浴びながら予行演習をしておくといいでしょう。セックスの最中は、エロチックな場面と肉体の快感とを交互に意識してください。ファンタジーだけに没頭するのはいけませんが、パートナーと不倫相手の情事が頭に浮かんできたら、迷わずに空想を始めてください。ファンタジーの世界に遊び、自由に想像を膨らませましょう。刺激的なシーンを次々とイメージしてかまいません。その際のキーワードは禁断と冒険。普段のあなたが不道徳としていること、大胆すぎて実行できないと考えていることを採り入れると、スリリングなイメージになるでしょう。空想していることやその内容をパートナーに知らせる必要はあり

ません。婚外空想と婚外交渉は別物ですから。

②パートナーを誘ってアダルトショップを覗いてみましょう。一人で行っても結構です。店内にはグロテスクな商品やユニークな商品が置いてあるはずです。使ってみたい性具が見つかったら、パートナーに相談します。

10. エイズや性病が心配だが、きわどい話題なので避けたほうがいい

夫婦生活の再開にあたって、避けてはとおれない問題がいくつか出てきます。とくに懸念するべきはエイズを始めとする性行為感染症です。

不実なパートナーは不倫相手と安全なセックスを心がけたと主張したいでしょう。しかし傷ついたパートナーは証明が欲しいはずです。性病検査の結果が出るまで、傷ついたパートナーがセックスを拒否したとしても無理はありません。パートナーが性病を攻撃材料にしていると感じたのなら、不愉快になるのも分かります。しかし、パートナーの思惑が何であれ、人の健康を害することは許されません。どうか考えを改めてください。性病は広く蔓延している深刻な病です。人の命を危険にさらす権利は誰にもありません。性病検査を受けることはパートナーを尊重し、償うチャンスでもあります。検査を受けることを至上命題と考えましょう。健康状態の分からない相手との性生活はリスクと不安を伴います。不倫相手と安全なセックスを心がけたと言っても、パートナーをあざむいていたわけですから、信じてもらえなくても仕方ありません。

傷ついたパートナーはふたりで検査を受けることを権利、というよりも義務と思ってください。しかし、それに乗じてスキンシップをわざと避けたり、パートナーを非難したりするのはいけません。健康に不安を感じているなら、パートナーにそう言いましょう。

提案

ふたりで一緒に検査を受けてください。検査の結果が出たら、お互いに見せ合うこと。いつまでもパートナーを不安にさせてはいけません。

11. 容姿や性のコンプレックスは決して克服できない

性的な親密さを深めるときに邪魔になるのがコンプレックスと差恥心。自分の体に自信がない、ベッドの中でどう振る舞うべきか分からないといった悩みです。

コンプレックスがあると快感に身を委ねることも、セックスを楽しむこともままなりません。ふたりの心の距離を縮めるためにもコンプレックスの対象をパートナーに打ち明けましょう。恥を忍んで告白するのですから、相手の反応が気になるのは分かりますが、おそらくパートナーはあなたの考えすぎと思うでしょう。そして、ありのままのあなたを受け入れてくれるはずです。コンプレックスや羞恥心は言葉にして初めて克服できます。

（＊11）代表的な性の悩み

太りすぎ、やせすぎ／バストやペニスにコンプレックスがある／勃起不全／オーガズムに達したことがない／人に言えない願望がある／早漏／不感症／体臭／パートナーの悦ばせ方が分からない／パートナーにこうして欲しいと言えない／感じていても素直に表現できない／セックスに没頭できない／オーラルセックスに抵抗がある／同性とのセックスを空想することがある／自分から誘えない

提案

上に挙げるのは多くの人に共通する悩みです（＊11）。自分の場合と比較してみましょう。またパートナーが打ち明けるのは極めて個人的な悩みですから、そのつもりで傾聴してください。気にする必要はないと思ったら、そう指摘してあげましょう。

クライエントのベラは乳首に毛が生えていることを恥じていました。「男性みたいで恥ずかしい」と夫に話すと、「僕が気になるのは自分の鼻毛とすね毛だけ。それを気にしないと約束してくれたら、僕も君のムダ毛に目をつぶるよ」と答えました。

コンプレックスを話して羞恥心を克服できれば、ふたりのあいだの壁がひとつ取り払われたことになります。

親密になる不安、変わることへのためらい

本章をとおして、あなたは性欲や欲情やオーガズムに関する誤解を知りました。寝室から愛人の残像を追放し、性生活の心がけを学び、自らの葛藤とも向き合いました。それでもなおパートナーを愛することをためらっているかもしれません。

壊れかけた関係を修復する自信がない、パートナーの愛を素直に受け入れる勇気がない、希望を持つこと自体が怖い――こうした不安は、不倫から立ち直ろうするカップルに必ずと言っていいほど襲いかかってきます。

さらに追い討ちをかけるのが、変わることへのためらいです。今までの思考パターンや行動パターンは健全でなかったかもしれませんが、それでも第二の習性になっていたはず。それを今さら変えなさいと言われても無理だと思うかもしれません。

「歩き慣れた歩道から反対側の歩道へ渡るようなものです。渡った先には何が待ち受けているのか分かりません」。ある傷ついたパートナーはそんなふうに表現しました。「夫に対して心も体も開くことができたら、夫への接し方だけではなく、自分とのつき合い方も変わると思います。新しい自分になれるのは分かっていますが、孤独や失望や不満を手放したら、今までの私はどうなってしまうのでしょう?」

良かれ悪しかれ、人間は習慣の動物ですが、パートナーとやり直せる可能性はあなたが考えるよりも大きいのです。

そのためにも、人との関わり方を見直さなければいけません。パートナーを遠ざけた経緯、パートナーの努力を認められない理由を考えてください。時計を逆戻りさせましょう。幼少期からパートナーの不倫が発覚するまでのあいだに、対人関係で同じ過ちを繰り返してきたのではありませんか。だとしたら、今までとは違う接し方を試みるほかはありません。幼いころに身につけた不健全なパターンを繰り返してはいけません。冷え切った人間関係を続けていくのはエネルギーの無駄使いです。

迷っている場合ではありません。今こそパートナーと再出発する絶好の機会。これを逃したら、チャンスは二度とめぐってこないと自分に強く言い聞かせましょう。

欠点のある私をパートナーは受け入れてくれる――そんな安心感、信頼感を得るには、そう思える体験を積み重ねることが必要です。時間もかかります。それでも、ふたりを隔てている壁を取り払い、一歩ずつでも歩み寄ってほしいと願っています。

9

許し——パートナーと自分を許す

許容は、愛と同じで、感じ方と同時に考え方の問題です。誤解や思い込みがあると、許す気持ちになれなかったり、許す気持ちが先走ったりしがちです。本章では、許容に対する考え方を見直し、いつ、どうやってパートナーや自分を許したらいいのか検討します。

許す対象は不倫の一件だけではありません。ふたりの歴史のなかで、お互いが繰り返してきた小さな過ちも含まれます。

許容というと〝私怨を捨てたうえでの寛容な行い〟といったイメージがあります。しかし生身の人間である以上、自分を傷つけた相手を無条件に許すことは容易ではありません。

私が考える許容は自己犠牲のうえに成り立つものではありません。傷ついたパートナーが不実なパートナーに与える評価であり、ふたりの努力の結晶です。その努力は不倫の痛手を分かち合うことに始まり、時間をかけて関係を修復し、信頼と絆を取り戻すまで続きます。許容とは努力のあかしとして与え、授かるもの。しかし、次のような先入観があると、パートナーを許す気持ちにはなれないかもしれません。

1．人を許すなら、一度にすべてを許さなくてはならない

あなたは自分の限界を無視していませんか。少しずつ許していたら一生かかってしまうと思うかもし

れませんが、実はそのとおりなのです。許容は一朝一夕にはいかない作業。ふたりの関係が続く限り続きますし、終わりがありません。一日ですべてを水に流そうというわけにはいかないのです。

現時点ではパートナーの過ちを許せるとしても一割がせいぜいでしょう。やり直す過程で、もう七割くらい上乗せできるかもしれません。しかし、それ以上は無理なら、それでいいのです。ハーバード大学精神医学科のジュディス・ルイス・ハーマン教授は「心の傷が消えてなくなることはない。全快はあり得ない」と述べています。すべてを許せば立派というわけでも、すべてを許せなければ悪いというわけでもありません。許容範囲はあなたが許せる範囲、パートナーが努力した範囲で十分です。

2. 人を許したら、反感が好意に変わってしまう

許容=反感の消滅と思い込んで、パートナーを許す気になれない人もいます。相手を許せば怒りや憎しみがきれいに消し飛び、愛情や同情が芽生えると思っているのでしょう。

しかし、私はクリニックを開業して以来、そんなに見事に気持ちを切り替えたクライエントに会ったためしがありません。心の傷が跡形もなく消えたり、手品のように肯定的な感情と入れ替わったりすることはないのです。どちらのパートナーも相手から受けた傷は何年たってもうずくものです。

傷ついたパートナーが不実なパートナーに同情することはまずないでしょう。不倫相手への未練を理解できないのも、しないのも当然です。不実なパートナーを許したとしても、不倫の事実は消えない以上、わだかまりは残ります。しかし許した分だけ、過去を蒸し返す回数も、恨みや憎しみにかられる時間も減ります。心の中央を占拠していた反感が心の隅に移動することで、肯定的な感情が入ってくる余

地が増えます。そして不倫問題を大局的にとらえることができます――それは歴史の一ページであってすべてではないこと、パートナーは単なる裏切り者ではなく、あなたも単なる被害者でないことが分かるはずです。

不実なパートナーは自分の期待を裏切ったという理由から、傷ついたパートナーを完全には許せないかもしれません。これも当然の心理です。しかし、少しずつでも許すことで、愛情と反感は共存できることが分かるでしょう。パートナーを許しても否定的な感情と肯定的な感情が入れ替わることはありませんが、欠点ばかりのパートナー、理想の不倫相手、哀れな自分という幻想は消えるはずです。

3. 人を許したら、自分の怒りを否定することになる

相手を許せば相手の罪が軽くなると思うと、許す気持ちも失せてしまいます。相手の罪が軽くなったぶん、自分の怒りや心痛は否定されてしまうからです。

しかし、あなたが許すべきは罪そのものではありません。罪を犯した相手への処罰だけです。聖職者のマジョリー・J・トンプソンは次のように説明します。

許容とは加害者に対する処罰をあえて取り下げることだ。たとえ、その処罰が妥当だとしても。許容とは加害者を罰したい気持ちをあえて退けることだ。たとえ、その気持ちが正当だとしても――（中略）――傷つけられた事実が消えることはないが、傷の痛みは引いていく。痛みがピークを過ぎれば、苦い過去を思い出し、怒りを蒸し返すことも減るだろう。許容とは判決を変えずに刑の執行を取りやめるこ

と。有罪を言い渡しても、懲らしめるのをやめることだ。

罪を問うことと許すことは両立します。罪を問えなければ、何を許していいのか分かりません。ソーシャルワーカーのビバリー・プラニガンは言います。「傷つけられたら、傷を負わせた者に責任を取ってもらう権利がある。加害者は必ずいる。その人物を特定すべきだ。そうすれば許す相手が決まる」

4．人を許したら、責任を問えなくなる

許容＝免罪符と考えていると、許した相手を責めるわけにはいかなくなります。私を傷つけたパートナーを無罪放免にするなんてとんでもないとあなたは考えているのでしょう。

あなたが考える許容は自分の権利を犠牲にし、相手に屈することを意味するのではないでしょうか。かつてニーチェは「相手を不当に許すのは自分の正当性を主張できない臆病者のすることだ」と断じましたが、あなたも同感ではないかと思います。

しかし、許すあなたは臆病者ではありません。許されるパートナーも無罪放免にはなりません。仲直りすることだけが目的なら、あなたが一方的に「許します」と宣言し、自分の心を癒すことに専念すればいいのです。しかし、パートナーとやり直すことが目的ならば、ふたりで許容を成立させなければいけません。過ちを反省せず、償うつもりのない相手とは、そもそもやり直す価値がないからです。

パートナーにもやり直す意志があるなら、償う努力をさせ、許しを乞わせるべきです。見返りのない許容は、報われない恋にしがみつくようなもの。あなただけがやり直すために奮闘し、パートナーは責

任を逃れることになります。プライドがあるなら、無条件に許すことは不当だと分かるでしょう。

5．人を許したら、心に受けた傷を忘れてしまう

パートナーを許した瞬間から苦い記憶が薄れてしまうのではないかと心配する人もいるようです。つらい経験をおぼえていなければ、パートナーを戒めることも、不倫の再発を防ぐこともできないと考えるからでしょう。

しかし、傷ついたパートナーが不倫の事実を忘れることは決してありません。事実を知ったときのショックは何年たっても鮮明に思い出されるものです。不実なパートナーは一刻も早くすべてを水に流したいと考えがちですが、焦りは禁物。傷ついたパートナーの心はなかなか癒えるものではありません。傷ついたパートナーは、たとえ相手を許したところで屈辱感は消えません。しかし、屈辱へのこだわりは徐々に薄れていきます。苦々しい記憶は生き続けますが、それを頭の隅へ追いやることができます。不倫の爪あとはあちこちに残りますが、それでも不実なパートナーを許したことで心通う一瞬にも目が向くようになります。当時を思い出すたびに心は痛みますが、その痛みは今後の教訓として生きるはずです。

無条件の許容は偽りの許容。それはパートナーの努力を認めた結果ではなく、プレッシャーに屈したり、理想論にとらわれたりした結果でしょう。許すことを早まると心の傷は生き埋めになり、癒すことも糧にすることもできません。

次のような思い込みがあると、反省も償いも得られないままにパートナーを許すことになります。

1. 人を許すことは精神衛生上、好ましい

相手を許せば気持ちがいいし、健康的であるという考え方は広く浸透しているようです。あなたも、自分を傷つけたパートナーを無条件で許すことに淡い期待を持っているのではありませんか。例えば、許すことで心が癒えて過去を水に流せる、恨みや憎しみが消えて苦しみから解放される、人生の再スタートを切れる、など。

許しを絶対的な善と見なす傾向は一般社会にも専門家のあいだにもありますが、今のところ科学的な裏づけはありません。むしろ安易な許しは自己否定につながる恐れがあります。「安易な許容は自尊心の欠落であり、自己の権利を認めていないか尊重していない証拠である」と、アリゾナ州立大学哲学科のジェフリー・マーフィー教授は指摘しています。教授によると、それは愛情のあかしではなく依存心の表れだとか。

私自身の経験から考えても、無条件の許容が心痛を癒すことはありません。笑顔と理想論で心の傷口を覆っても、傷は膿んでしまいます。

2. 人を許すことは人間関係を円満にする

かどを立てないためなら手段を選ばないという人がいます。依存心が強かったり、虐待を受けて育ったりすると、自分が傷ついたことを否定してまで、人との衝突を避けようとしがちです。あなたも、自

分の本音を殺すことで波風を立てないようにしているのでしょう。パートナーを簡単に許そうとする背景には、正当な怒りを表現できないことに加えて、人と対立することに恐れがあるのだと思います。

加害者に対して反省や償いを求めない許容を〝便宜的許容〟と呼びますが、こういう許し方をすると失意と不満が募り、相手に対して知らないあいだに敵意を育ててしまいます。許容を急ぎすぎた人は面従腹背の傾向があり、パートナーとの関係は一見すると平穏でも、実際には心も愛情も通わないことが多いのです。こういう関係に明るい未来はありません。

クライエントのパットは夫を便宜的に許しました。不倫問題の背景を探ることもせず、闇に葬ってしまったのです。夫は同じ過ちを繰り返しませんでしたが、それから八年たった今も信頼関係を取り戻せずにいます。繰り返しますが〝いい顔〟をしても何の解決にもなりません。本気でパートナーを許そうと思うなら、不倫問題を早々にしまい込むのはやめてください。あなたの務めは心の傷をパートナーに見せ、反省と償いを促し、誠意を示してもらうこと。ふたりの関係を修復するのに許容は欠かせませんが、その前に心の傷をケアしてもらうべきです。

自分自身を許す

許す相手はパートナーだけではありません。伴侶として、親として、人間として未熟だった自分にも寛大な目を向ける必要があります。次に挙げるのは、それぞれのパートナーが反省すべき点と許すべき点（＊1と＊2）。これを参考にしながら、我が身を省みてください。

（＊1）傷ついたパートナーの反省点

- あまりにもうぶで、人を疑うことを知らなかった。パートナーに対する不信感に目をつぶってしまった
- 自分を責めすぎた
- パートナーから不当な扱いを受けてきたのに、問題視しなかった
- 自分や他者に対する認識が未熟で、自分を大切にできなかった
- 不倫相手と自分とを比べて卑屈になってしまった
- パートナーを取り戻そうとして、パートナーの家族や知人、不倫相手の前で失態を演じた
- 自分らしさを失い、プライドを捨ててしまった
- 子供を巻き込んだ。子供を味方につけて理解や同情を得ようとした
- 親としての務めを忘れた
- 心配してくれた知人、友人、身内を遠ざけて、自分から孤立した
- パートナーの不満に気づけなかった（話を聞かなかった、仕事や育児に気を取られていた、パートナーに厳しすぎた、または甘えすぎていた）

（＊2）不実なパートナーの反省点

- 自分の都合だけを考えて、パートナーを思いやる余裕がなかった
- 生涯の伴侶であり、子供の親であるパートナーを性病感染のリスクにさらしてしまった
- 日ごろの不満をすべてパートナーのせいにした。誤った固定観念やひとりよがりな考え方が不満の原因であることに気づかなかった
- 不倫を肯定し、正当化するような固定観念に縛られていた
- パートナーに対して言うべきことをきちんと言わなかった
- 非現実的な恋愛観、結婚観にとらわれ、理想と現実のギャップに我慢できなかった
- 自分や他者に対する認識が未熟で、パートナーとの関係に満足できず、信頼を築くことができなかった
- 子供、親族、知人に迷惑をかけた

不実なパートナーの多くは日常の不満をパートナーのせいにしていたでしょう。しかし、不倫に限ってはあなた一人の過ちです。パートナーに背き、心労をかけた責任を重く受け止めたうえで、自分を許さなくてはいけません。子供に対しては手本となることで償えるでしょう。両親が過去の過ちをともに悔い改め、再出発する姿を見せてあげてください。

人間に間違いや失敗はつきもの。自分もその一人と自覚することで、寛大な気持ちになれます。あなたもパートナーも自分の限界や不安と闘いながら、思うに任せない人生を精いっぱい生きています。自分を許しても過去の過ちが消えるわけではありませんが、自己嫌悪に陥ることは少なくなります。至らない自分、弱い自分を許してやることで自尊心を取り戻せるでしょう。

誓約書を交わす

約束自体に大した意味はありませんが、具体的な努力が伴えば、話は別です。その努力を通して、パートナーに忠誠を示せます。またあなた自身にとっても、今後の戒めになるでしょう。次の誓約書（＊３）を参考に、オリジナルを作ってみましょう。

再出発に向けて――新しいパートナーシップの構築

丈夫で長持ちさせたければ、解体作業が必要なものがあります。エビは脱皮を重ねて成長し、森林を

（以下、傷ついたパートナーの追記）

- あなたが、信頼と愛情を取り戻すために努力していることを認めます。その励みとなれるよう、あなたを受け入れ、その努力に応じてあなたを許し、あなたとともに再出発します。
- きちんと自己表現できるように努力します。怒りや冷たい態度ではなく、あなたと直接対話することで自分を表現します。
- 不倫の背景にある自分の非を認め、反省します。以前から尾を引いていたふたりの問題についても同様に対処します。私は一方的な被害者ではありません。

（以下、両パートナーの追記）

円満な関係を築くには地道な努力と献身が必要だと心得えたつもりでいました。しかし、実際にはいらだちや不満をたびたびおぼえました。人を愛することの意味と責任を理解できなかったことを反省します。

- この誓いは一時の感情から出たものではありません。あなたの価値と自分の希望を十分に検討した結果です。
- 傷つけ合い、憎しみ合う日があっても、ふたりの関係を長い目でとらえていきます。私はあなたの生涯の伴侶です。
- 人間関係に幻滅や失望はつきものと認識し、あなたの短所を受け入れる努力をします。あなたは私にふさわしいパートナーです。
- やり直しへの道のりは遠く険しいことを念頭に置き、根気強く対処します。
- あなたと一致協力して、希望と喜びのある未来を育んでいきます。
- あなたを傷つけたことを心から謝罪します。
- あなたを愛しています。やり直せることに感謝します。

（あなたの署名）

（＊３）誓約書の例

（パートナーの名前）へ

　あなたとともに、新しいパートナーシップを築けることに感謝します。そのためには、もっと積極的に互いを理解し、互いの要求を知る努力をします。不貞を犯さないというだけでは満足な夫婦関係は築けません。

　今までは、自分の不満の多くをあなたのせいにしてきました。自分の内面を見つめて不満の出所を探るすべを知らなかったのです。満足も幸せも癒しも、あなたが与えてくれるものと決め込んでいました。心に問題を抱えていたために、あなたを誤解し、不当に扱いました。それが原因で、あなたは私を理解することも、私の要求を満たすこともできませんでした。あなたが必要なときに、あなたを遠ざけてしまいました。

（以下、不実なパートナーの追記）

　歪んだ結婚観・恋愛観にとらわれて不倫を肯定していたことを認めます。その原因は、過去に遡って確認しました。今後は、ひとりよがりの理想にあなたをつき合わせたりしません。不倫に至った理由を理解したからには、二度と同じ過ちを繰り返しません。ここに、あなたへの忠誠を誓います。言葉だけでなく、行動を持って、この忠誠を貫く覚悟です。誘惑に接しても、次の約束を守ります。

● 自重を怠らず、全身全霊をかけて忠誠を貫きます。
● 愛人関係を解消したという言葉に偽りはありません。不倫相手が脅威とならないことを言葉と行動で証明します。
● 個人的な悩みや問題は、あなたと共有して解決していきます。
● 二度と、不倫はしません。疑われるような行動も取りません。心から信頼してもらえるように努力します。

焼き払うと新木が芽吹きます。あなたとパートナーにとって不倫という壊滅的な出来事は、ほころんだ関係を基礎から立て直すために必要だったのかもしれません。

「危機は転機になる」と精神分析医のエリック・エリクソンは言いました。人は危機に直面してこそ前向きに変われます。失いかけて初めてありがたみが分かったり、断崖の下を覗いて初めて足がすくんだり、現実から逃げ出す寸前になって今の幸せに気づくこともあります。

不倫問題を一度でも経験すれば、天敵にさえ同じ思いを味わってほしくないと思うでしょう。しかし、それほどつらい経験でも、ふたりのあいだのわだかまりを一掃し、個人としてもパートナーとしても成長する糧になれば、無駄ではなかったと思える日が必ず来ます。かつてユングは「一度もつまずくことなしに、愛情が友情に進展する可能性はほぼない。痛みを伴わない気づきはない」と記しました。

人は一瞬にして恋に落ちます。人を好きになるのに努力はいりません。恋の魔法に酔い、相手を美化し、この恋心は一生続くと信じ込みます。とかく人は将来に対して無防備です。パートナーと添い遂げるためには何が必要なのか分かっていません。分かったつもりが、なんと無知だったことか。不倫という大きなダメージを受けて、ようやく目が覚めたりします。幸いにも、このダメージは挽回できます。

老朽化した関係を修復していく作業は決してロマンチックではありません。しかし、長い月日をともに過ごし、お互いの欠点も弱点も受け入れた今、ふたりのあいだに今までにない連帯感が生まれ、将来の展望が開けたはずです。今のふたりが交わす誓いは、教会で交わした誓いよりもはるかに固いものです。

今こそ、再出発のとき。カップル再生というライフワークに着手し、ふたりの将来に好きなだけ希望を託してください。今こそ、エネルギーの使い方を改めるとき。新しい未来を一から築くことに全力を注いでください。恐れることはありません。ともに過ごした楽しい日々、幸せな日々を思い出し、そんな日々がこれから増えていくことを想像してください。きっと勇気がわくでしょう。今が、そのときです。

10

インターネット時代の不倫――オンラインセックスという新たな火種

一九九八年に本書の第一版が出版されたころは、スカイプも、フェイスブックも、ユーチューブも、出会い系サイトも、スマートフォンもありませんでした。インターネットがほとんど普及していなかったのです。それでも不倫はありました――それが意味するところは人によってまちまちでしたが。

このところ、不倫の定義はますますあいまいになっています。なにしろ、世界中で二〇億もの人たちがインターネットという仮想空間に連日アクセスし、画像や動画をとおして、触れることも、顔を合わせることもない相手とつながっているのですから。ネット空間は新しい出会いの場になりました。遊び相手や生涯の伴侶と出会えるかもしれない世界に、家から一歩も出ることなく入っていけます。

ネット空間における不倫とは何を指すのでしょう？　セックス絡みの関係、愛情関係、それとも秘密の関係？　黙っていれば、バレなければ、それですまされることなのか。あるいはオンラインでの交流がオフラインに切り替わったときから始まる関係なのか。例えば次ページ項目（＊1）はどうでしょうか。

インターネットがなかったころは、不倫とは一般的に貞操義務に違反することを指しました。婚姻関係にある男女のうち一方が、他方の了解や同意なしに婚外交渉を持つことことされたのです。現在では、その解釈を同性婚や事実婚にも、そしてインターネットを通じた関係にまで拡大する必要があります。

プロローグでも言ったように、何をもって不倫とするかは、あなたとパートナーのコンセンサスによ

（＊1）これは不倫？

- 高校時代の恋人とフェイスブックでひそかに旧交を温める
- チャット相手に誘い文句を送る
- みだらな会話でオンラインセックスに興じる
- 自分のヌード画像を面識のない相手に送る
- 知り合いの妊婦の動画を見ながら自慰行為をする
- 離婚したばかりのテニス教室のインストラクターに頻繁にメールを送り、テニスとは関係のないプライベートな相談をする
- 夫（妻）からのメールよりもチャット相手からの返信を喜ぶ
- 特定の相手とプライベートな話（『夫は私よりもゴルフに夢中なの』）をする
- 出会い系サイトで知り合った相手と実際に会う
- パートナーとのセックスの最中に、ネットで知り合った相手のことを考える
- パートナーとのセックスよりもオンラインでのセックスを好む

ります。健全なパートナーシップを保つには、ふたりのあいだで不倫の解釈が一致していることが大切です。

参考までに、不倫の定義をひとつ挙げておきます。それは**不倫とは、結局のところ、隠蔽行為であり、背信行為である**。ふたり揃ってオープンな関係を良しとしていれば、何をしても隠し事にはあたらないので不倫は存在しないことになります。しかし実際には、ひとりがオープンな関係に反対で、もうひとりが内心で賛成していると、しばしばトラブルになるのです。たしかな信頼関係を築き、続けていくには、ふたりのコンセンサスが欠かせません。

本章では、性的な目的でネットを利用したパートナーを**動揺させたパートナー**、パートナーのネット利用に心を痛めたパートナーを**動揺したパートナー**と呼びます。前者を男性、

後者を女性と仮定して話を進めますが、現実はそう単純ではありません。男性がアダルトサイトなどにアクセスする目的は、主に刺激的な映像をひとりで楽しむため。一方、女性は親密な交流を求めてチャットなどに参加する傾向が強いようです。女性にとって、ネット空間での恋愛はひときわ魅力的。男性と同等の立場で会話し、主導権を握ることもできるし、性病、妊娠、暴力を心配する必要も人目を気にする必要もありません。

本章のテーマは、インターネット絡みの不倫問題について自分自身やパートナーと冷静に向き合うこと。あなたがセックス、秘密、浮気、依存症に関してどのような先入観を抱いているかによって、あなたの反応も、それに対するパートナーの反応も大きく変わります。この先を読み進めれば、過剰に動揺しているパートナーも少しは冷静になれると思いますし、動揺させたパートナーは自分の行動が思いのほか深刻なことに気づくはずです。

インターネット絡みのセックス、秘密、浮気、依存症にまつわる思い込み

動揺したパートナーの思い込み①

「彼がインターネットで知り合った相手と頻繁にやりとりをしているのは大問題。その女は私たちにとって脅威だ」

パートナーがオンラインで誰かといちゃついていたことを知ったときは、裸のふたりがベッドの中で

抱き合う姿を目撃したのと同じくらいショックを受けるかもしれません。ですが結論を急ぐのは禁物。あなたの思い込みは当たっているかもしれないし、取り越し苦労かもしれません。インターネットや交流サイトを利用する理由は人それぞれ。パートナーとの関係を改善するために利用する人もいるのです。

クライエントの夫婦を例にとりましょう。

ある晩、夫のジョンがコンビニに出かけているあいだ、妻のロビンが夫のパソコンを開くと、アダルト動画が保存されていました。ロビンは帰宅した夫を問い詰めました。「この『エックスハムスター・ドットコム』って何？　バービーって誰なの!?」。するとジョンは、四カ月前からチャットに参加していたこと、アダルト系の動画投稿サイトにアクセスしていたこと、バービーを名乗る女性とやりとりしていたことを白状しました。ロビンはとっさに夫婦関係は終わったと思いました。ところが、カウンセリングの席で、この話には複雑な事情があることが分かったのです。

「僕は昔から劣等感にさいなまれてきました」とジョンは話し始めました。「四カ月くらい前、四〇歳になったとき、あるテレビ番組でトラウマを抱えた肥満児のことが取り上げられていました。その子たちは食べることで心を満たそうとしていた。僕は自分の姿を重ね合わせました。僕の姉が幼くして亡くなって以来、母はずっとうつ状態でした。子供だった僕は母にかわいがってもらえないのは自分のせいだと思ったんです」。ジョンの目に涙が浮かびました。「そのときから僕も食べ物に救いを求めるようになり、この歳になってもむさぼるように食べてしまうんです」

ジョンは隣に座るロビンに訴えました。「コンプレックスを克服できない僕が悪いんだ。それが性生活にも影響してしまった。君を一度でも満足させたことはあったんだろうか。君を喜ばせたい気持ちはあるけれど、短小なんじゃないか、テクニックが足りないんじゃないかと不安になってしまう。だからインターネットを使って学習しようと思ったんだ。本当だよ。ウェブサイトで人がセックスしているのを見ながら、相手の体や自分の体をどう刺激するのか観察した。よその夫婦の営みも研究したんだ。たしかに興奮したよ。チャットに参加して、君に話したことのないような話もした。そのうちバービーという女性が先生のような、友達のような存在になったんだ。だけど、彼女と会いたいと思ったことさえないよ。君に内緒にしていたのはやましいからでも、浮気したいからでもない。恥ずかしくて言い出せなかったんだ！ 君とこれからも一緒にいたい。今までとは違う、新しい関係を築きたいんだ」

ジョンのように、男性としての自信不足を解消し、好ましいパートナーになるためにインターネットで情報収集する人たちはいます。また、好奇心を満たすためだけにアクセスする人もいます。男女の裸体を見たい、他人のマスターベーションをのぞいてみたいなど。それは好奇心からの閲覧ですから、浮気願望があるわけでも、パートナーに不満があるわけでもありません。

一方で、自分が正常であることを確認するためにネットを利用する人もいます。「夫とセックスしている最中に、女性の姿を想像して興奮することがあるんです」とクライエントのメアリーは打ち明けました。「私、異常でしょうか。それともレズビアンなのかしら。この妄想はどういう意味でしょうか」

ネット空間の魅力は「同好の仲間と出会えること」とメアリーは言います。仲間内なら、どんなに大胆な夢を語ろうと、非難されることも、白い目で見られることもない。自分の素性を明かすことなく胸の内を話せる。メアリーのように、同好のコミュニティが心の支えになることもあります。

また、ひそかな願望を満たすことが目的の人もいます。例えば、ムチで打たれたい、オムツを着けたいなど。パートナーには言えない願望でも、ネット上のコミュニティなら、セックスカウンセラーのタミー・ネルソンが「性的共感」と呼ぶ安心感や連帯感を得ることができ、欲情の対象を自由に追求できます。

お互いの性的嗜好や性欲の違いを配慮した結果、インターネットを利用する人もいます。パートナーがセックスに応じないときや応じられないとき、あるいはパートナーの反感を買うような行為がしたくなったときにアクセスするのです。その目的は、あくまでも個人的な欲求を満たすことであって、不倫相手を見つけることではありません。

健康上の問題や物理的な距離を理由として、アダルトサイトを活用する例もあります。ある女性は、夫が陰茎形成性硬化症という難病にかかり、ペニスが湾曲してしまったために性交が苦痛になりました。そこで、勃起したペニスの画像を見ながらマスターベーションしたり、画像をイメージしながらフェラチオに励むことにしました。彼女にとってポルノ画像は夫婦関係を良好に保つためのツールです。

パートナーとのセックスに満足していても、いわば〝急場しのぎ〟としてアダルトサイトを利用するユーザーがいます。男性なら、セックスカウンセラーのイアン・カーナーに共感できるのではないでしょうか。カーナーはブログにこう書き記しました。「女性には理解できないかもしれないが、たいていの男にとってポルノとは、豪華なフルコースというよりはチーズ入りのホットサンドであり、一日がかりのエステというよりは三〇秒のマッサージだ。しかもハッピーエンドのおまけつき。気持ちが良くて、ストレス解消になって、手軽に小腹を満たしてくれる――べつに大した問題じゃない」

問題は線引きです。どこまでが罪のない欲情で、どこからがふたりの関係に影響しかねない執着なのか。オンラインの関係がオフラインの恋愛になり、さらに本気の恋にまで発展したら、ふたりの性生活は危機にさらされるでしょう。マスターベーションも、度を過ぎれば精力の減退につながり、パートナーを愛する余力を奪います。また、手の刺激に慣れてしまってパートナーとの性交ではオーガズムに達することができなくなるかもしれません。エロチックな映像を見ながら短時間でオーガズムが得られるとなれば、生身の女性と時間をかけて愛を交わすよりも手軽に感じるかもしれません。

映画俳優のウディ・アレンはしゃれた警告を発しました。「マスターベーションをあなどっちゃいけない。好きな相手とセックスすることには違いないんだから」

動揺したパートナーの思い込み②

「夫のチャット相手の画像を見たら、私とは似ても似つかない女性ばかり。夫は私と正反対のタイプを求めているに違いない」

あなたの夫もインターネットがない時代は、よその女性の悩殺ポーズをひそかに想像して興奮していたかもしれません。それだけであれば、あなたにもふたりの関係にもほとんど影響はなかったはずです。しかし、パートナーのパソコンに欲情の対象を見つけてしまった今、あなたはあきれ、傷つき、自信を失い、パートナーの神経を疑っているのではないでしょうか。ですが、結論を急いではいけません。

ほとんどの人は自分の空想とうまく折り合い、日常生活のスパイスとして取り入れているだけで、パートナーとの関係を犠牲にするつもりはありません。たとえマスターベーションの対象があなたの知り合いだとしても、その女性とのセックスや交際を望んでいるとは限らないのです。

性的な空想が膨らむのは非日常的できわどいシーン、禁断の関係、倒錯した愛などをイメージするときでしょう。例えば、産婦人科医に誘惑されたり、知り合いのセールスマンと危険なプレイに興じたり。こうした空想はあなたにとっても、パートナーにとっても〝正常範囲〟から逸脱しているはずです。ネット空間で空想を膨らませる良さは、いつもの自分を脱ぎ捨てて大胆に、セクシーに、アブノーマルになれることで、そのときに得た興奮をパートナーとのセックスに生かすぶんには代償も犠牲も伴いません。

あなたが動揺したのはパートナーの（あるいは自身の）空想を額面どおりに受け取ったからではないでしょうか。空想の内容には根の深い問題が隠れており、幼少期のトラウマや憧れから発することが多いのです。空想の背景を探ることは体を交えることと同じくらいに親密な行為であり、多くの発見につながります。

バーニスと夫のケースがそうでした。夫はバーニスが大学時代の同級生と深い仲になったことを知ると、フェイスブックにアクセスし、バーニスと別の同級生がセックスしているところを想像しながらマスターベーションにふけりました。そのことを知ったバーニスは戸惑い、怖くなり、屈辱を感じたのです。夫はゲイだったの？　それとも私へのあてつけ？　バーニスは気づきませんでしたが、夫の行為には深い意味がありました。彼は物心ついたときから人の面倒をみてきました。障害のある弟、自分の病院に来るガン患者、高齢の両親をケアしてきたのです。しかし、空想のなかでは他人を優先することなく、自分勝手に振る舞うことができました。彼が興奮したのは空想のなかの**自分の姿**。義務や責任から解放されて、実に生き生きとした自分でした。バーニスは夫がダウンロードした画像に気を取られてしまい、この一件を大局的にとらえることができませんでした。性的な興奮と解放感をもたらすのは、空想の内容よりも空想の**解釈**にある場合が多いのです。

では、どの時点でパートナーの空想癖に警戒したらいいのでしょう? これについては個人としても、カップルとしても、はっきりさせておく必要があります。

パートナーは自分の空想にあなたをつき合わせようとするかもしれませんが、嫌悪感をおぼえたり危険を感じたりしたときは、きっぱりと拒んで、自分の気持ちを尊重してください。

弁護士のジュディはそうしました。夫がグループセックスの動画を見ながらマスターベーションしていることを知ったときはさすがに動揺しましたが、それでも夫の頼みを聞き入れて一緒に動画を鑑賞し、興奮したこともあったと言います。ところが、まもなくおかしなことになりました。夫が、共通の友人を交えて三人でセックスを楽しもうと言い出したのです。ジュディが夫の空想に理解を示し、みずから楽しむこともできたのは、そのシナリオが動画というフィクションにとどまっていたから。空想のなかには架空の世界にとどめておくべきもの、現実の世界に持ち込んではいけないものがあるはずです。

続いては、動揺させたパートナーに話を移します。インターネットに関する固定観念がパートナーとの関係に、どのような影響をもたらすのか考えてみましょう。

動揺させたパートナーの思い込み①

「チャット相手に恋愛感情が起きやすいのは事実だけれど、僕はのめり込んだりしない。ネットで知り合った相手が脅威になることはない」

不倫相手を求めてSNSに参加する人はほとんどいません。通常、ネット上での交流は共通の話題（趣味や時事問題など）をとおしてさりげなく始まるものです。それでも油断は禁物。クリックひとつで恋愛感情に火がつくこともあるからです。〝自分はそんなに浅はかではない〟などと浅はかなことを言ってはいけません。現実の世界でも、盲目の恋に落ちれば、自分と相手を客観視することは難しいですが、ネット空間にはネット空間ならではの甘い罠があります。例えば――

1. ネット上では別人になれる

ネット空間では思いのままに自分を演出し、印象づけ、振る舞うことができます。あなたは昔から口下手ですか？　でも、オンラインなら話し上手に変身できます。実際のあなたは背が低くて、太っていて、お金がない？　それでもネット上ではハリウッドセレブでとおせます。ニキビや貧乳がコンプレックス？　電脳空間では美肌とナイスボディの持ち主を装うことができます。白人が有色人種に、ストレートがゲイになりすますことも可能。人気や注目を求めてSNSに夢中になる人が多いのもうなずけます。そこでは、どんな変身願望もかなえられるのですから。

インターネットの匿名性は新しい人格を手に入れるのに好都合。着古した自分を脱ぎ捨てるのはスリリングで、日常では味わえない感覚でしょう。オンライン仲間との深い話、活発な意見交換、ある種の連帯感はあなたを心酔させるかもしれません。でも、よく考えてください。あなたが好意を持った相手は想像の産物かもしれいし、生身の人間とは限らないのです。

2．ネット上では相手も別人になれる

自作自演の機会は、当然ながら、相手にもあります。印象を操作し、あなたが望む人物になりすませる。それも指一本、動かさずに。あるいは指一本、動かすだけで。

ある女性クライエントは「牧師」を相手に毎晩チャットし、夫への不満を聞いてもらっていると言いました。しかし、相手は本当に「牧師」なのか。セックスカウンセラーかセックス依存症では？ そもそも男性なのでしょうか。

3．ネット上では相手を美化できる

インターネットは、自分や日常に欠けているものを見ず知らずの相手に埋めてもらえる空間。そこで知り合った相手は、どんなニーズも満たしてくれるように思えます。まさに文句のつけようがない相手。あなたを癒し、満たし、幼少期のトラウマも、伴侶への不満も、日常の憂さも晴らしてくれます。オンラインの相手を美化すれば、実生活のパートナーは見劣りしてきます。この現象は現実の世界でもよく起きますが、幻想が支配するネット空間ではなおさらでしょう。相手の素性がよく分からないだけに、美化する余地も大きくなるのです。

「彼女は特別なんだ！」と五八歳の証券マンは断言しました。結婚三〇年目を迎えた彼は二週間前に出会い系サイトで知り合った女性をそう絶賛したのです。「特別どころか、すべてにおいて別格な女性です！」。二週間もあれば、一面識もない相手をここまで買いかぶることができるようです。

しかし、そこが落とし穴。生身の人間は想像の産物にはかないません。実生活のパートナーは美化さ

れたチャット相手に勝てません。それどころか当のチャット相手でさえ、美化された自分には勝てないはずです。お互いに理想の自分を演じていると、ふたりの関係は確実に行き詰まるでしょう。どんな恋愛にも幻滅はつきものだからです。それは相手が悪いからでも相性が悪いからでもなく、あなた自身の認識の問題です。あなたは自分の思い込みや感情に惑わされ、幻想に恋しているのでしょう。

この現象は脳科学の観点から説明するほうが分かりやすいかもしれません。私たちの性欲は生存本能と直結しており、ネット上に気になる相手が登場すると、心も頭も奪われます。欲情を司る脳の部位には一瞬にしてスイッチが入りますが、その速さは実に二〇万分の一秒以下。ほかの部位が刺激されたときに比べて二割以上も速い計算です。

だからこそ、寝ても覚めても携帯電話やスマートフォンが手放せなくなってしまう。顔も知らない相手とツイートやメールでつながっていないと不安になるのです。しかし、いくら相手に興味があるからといって、一日に三〇～四〇回もメッセージをやりとりする必要があるでしょうか。ここまで来ると常軌を逸しています。はっきり言えば、ネット依存症の予備軍。いずれ自制心を失って、病みつきになるおそれがあります。

動揺させたパートナーの思い込み②

「アダルトサイトにはまるのは自制心のない、病んだユーザーだけ。僕は違う。絶対にネット依存症にはならない」

アダルトサイトの依存症患者は深刻な気分障害やトラウマを抱えていることが多いのですが、インターネットに依存する危険性なら誰にでもあります。ネット空間に足を踏み入れれば、エロチックな動画がよりどりみどり。そのなかから気に入った一本を選び、いちばん刺激的なシーンにスキップできる。しかも人目を気にすることなく、心ゆくまで堪能できます。あなたは実害はないと自分に言い聞かせているのでしょう。

動画やチャットに刺激されてマスターベーションし、オーガズムに達すると、脳内にはドーパミン、アドレナリン、セロトニン、エンドルフィンといった神経伝達物質が大量に分泌され、さらに強い刺激が欲しくなります。こうした脳の依存性を証明する調査報告はいくらでもあります。

アダルトサイトに依存するのは性行為が楽しいからでも、チャット相手に心酔しているからでもありません。キーボードから手を離せなくなるのは神経伝達物質に対する依存が主な原因です。こうした物質は日常では得がたい刺激を求めたり、体験したりするうちに分泌されます。そして危険や恐怖を感じたときに放出されるPEA、テストロステンといったホルモンも脳の報酬系を刺激します。あなたをハイにしているのは外側からの刺激（アルコールやドラッグなど）ではなく、エロチックな空想や性行為によって脳内に分泌される自前の刺激なのです。

こうした天然の〝自家製ドラッグ〟は日々の憂さを晴らし、高揚感を味わわせてくれます。しかし、その効果も長くは続きません。魔法が解けて（オーガズムに達して、あるいはパートナーにばれて）現実に引き戻されると、不安、羞恥心、焦り、むなしさといった感情に襲われ、また自家製ドラッグに手を伸ばしたくなります。そのうちドラッグの刺激に慣れてしまい、さらに強いドラッグが欲しくなると

(＊2) オンラインセックス依存症チェック

□	パートナー以外の誰かに親密なメッセージを送ったり、ポルノ動画をダウンロードしたりすることに長時間かけている
□	インターネットの閲覧時間が予定をオーバーする。あるいは健康を損ねるほど長引いてしまう
□	ネットにアクセスしていないときでも、アダルトサイトのことを考える
□	ネットにアクセスする主な目的が性的な刺激や快楽を得ることである
□	ネット上の交友関係をパートナーに内緒にしている
□	パートナーのために時間や労力をかけることが少なくなった
□	性生活の中心がオンラインセックスになった
□	オンラインセックスのためにモラルを捨てたことがある
□	オンラインセックスが原因でパートナーとの関係が悪化した、学業や仕事に支障が出た、経済的に苦しくなった

いう悪循環に陥ります。キリがないのは当然と言えるでしょう。

依存症に共通する特徴は強迫性です。自分の行動をコントロールできなくなり、道徳心、家族、仕事、私財を投げ打つこともあります。依存の連鎖を断ち切るには問題意識を持って自分の行動に向き合うこと。あなたのケースは依存症にあたるのかどうか、上の項目（＊2）をチェックしてみてください。

動揺させたパートナーの思い込み③

「いろいろな女性と知り合うことでパートナーの良さを再確認できるし、ふたりの絆も強くなる」

交流サイトやアダルトサイトにアクセスする自由を認めてもらうことで、パートナーに対する愛情が深まるケースがあります。プライバシーの尊重がふたりの親密さを育むからでしょう。パートナーと一定の距離をおくことで、かえってパートナーの存在や魅力を再認識できます。逆に、監視下に置かれ、がんじがらめに束縛されたら、パートナーへの愛情は冷め、息苦しさをおぼえるかもしれません。

パートナーも、オンラインでの交流を許可することで、あなたへの思いを強くするかもしれません。相手の自由を認め、尊重すれば、相手を独占できないこと、失うかもしれない可能性を意識せざるを得ません。あなたに選択の自由があると自覚したパートナーは改めてあなたを男性として意識するはずです。

そう考えるのは私だけではないようです。夫婦問題と家族問題が専門のカウンセラー、エステル・ペレルは「アメリカでは隠し事をしない関係を親密な関係と定義してきた結果、夫婦関係は息が詰まるほど密接になってしまい、セックスレスのカップルを増やしてしまった」と指摘します。

それに対して、オンラインの不倫の関係を燃え立たせるのはふたりを隔てる謎であり、新鮮味であり、好奇心であり、罪の意識であり、追いかけるスリルです。そばにいる相手に欲情するとは限りません。距離が近すぎると、離れたくなることもあるでしょう。

インターネットという空間は、解放感を味わい、プライバシーを確保するのに絶好です。問題は、ある人にとっての天国が別の人には地獄かもしれないということ。あなたが興奮をおぼえることにパートナーはまったくついていけず、あなたへの愛情も欲情も冷めてしまうかもしれません。

夫婦問題やセックス問題の専門家も言っていますが、とくに女性はパートナーのチャット相手に脅威や対抗意識をおぼえると、パートナーとのセックスを楽しんだり、オーガズムに達したりするのが難しくなります。それは警戒心を司る脳の部位（扁桃体や海馬）が活性化し、リラックスできなくなるからです。パートナーとの関係を健全に、新鮮に保つ秘けつは「心の同調」にあると専門家は指摘し、ふたりがどれだけ理解し合い、信頼し合い、尊重し合っているかにかかっていると言います。あなたがインターネットに興じることでパートナーが不信感と孤独感を募らせてしまったら、情熱的なセックスはあきらめるしかありません――少なくとも、パートナーとのあいだでは。

個人の交友関係をめぐって意見が対立したときは、どうすれば建設的に折り合うことができるのか。ある夫婦の事例を紹介しましょう。

夫のエバンは高校時代の恋人から数十年ぶりに連絡を受け、同窓会の案内をもらいました。それ以来、エバンは毎日のように元恋人とメールをやりとりするようになりました。妻はそれを承知していましたが、しだいに危機感をおぼえ、夫の行動に目を光らせるようになりました。エバンはスマートフォンをこまめにチェックしては、元恋人からのメールに嬉々として返信します。妻は焦りをおぼえ、攻撃的になりました。エバンはそんな妻に戸惑い、距離を置くようになりました。ふたりのあいだには口論が絶えなくなり、性生活もなくなってしまったのです。エバンは妻に訴えました。「彼女とは昔話に花を咲かせているだけで、やましいことは何もない。なのに、どうして干渉するんだ？」

すると妻は「バカにしないで！」と言い返しました。「あなた、昔は彼女と寝ていたんでしょ？最初の奥さんとも浮気が原因で別れたくせに。私の前の夫も浮気をしていたわ。私の不安を取り越し苦労で片づけないで。嫌な予感がするのよ。あなたを、今の生活を失いたくない。だから少しは自分の行動を反省して、私の身になってほしいの」

しばし激しくやり合ったあと、エバンは「僕にどうしてほしい？　どうすれば君の不安を取り除けるんだ？」と言いました。すると妻は「彼女に私たちのことを話した？」と尋ねました。「いいや」とエバン。「僕が結婚していることは彼女も知っているからね」。「でも、私のことは話題に出ないの？　彼女が尋ねてくることは？」と妻が言うと「あるわけないじゃないか」とエバンは返答。妻は声を荒らげました。「私の友達は会えば必ずあなたのことを聞いてくるわ。なのに、あなたたちの会話には私の名前さえ出てこない。やっぱり危険だわ！」

ふたりとも相手に対して要望がありました。エバンはメール交換する自由を認めてほしかったし、妻の不安は妻自身で解消するべきだと考えました。一方の妻は、自分の不安には根拠があるのだから、その不安をエバンに解消してもらいたかったのです。

最終的に、ふたりは歩み寄ることができました。エバンは、メールのなかで妻について触れ、結婚生活に満足していることをそれとなく伝える（実際に満足していたので）ことにしました。また、受信したメールを妻にすべて見せることも約束しました（妻はそこまで要求しませんでしたが、エバンが寝ている間にメールを盗み読みしたことがありました）。妻のほうは昔から抱えていた心の問題を専門家に相談することにしました。

エバンが元恋人からランチに誘われたとき、妻は快くオーケーし、夫が正直に話してくれたことに感謝しました。しかし、オペラに誘われたときはエバン自身がカップルデートを提案。エバンは妻を、元恋人は交際中の男性を同伴しました。

ふたりの努力は今も続いていますが、なかなか万事解決とはいきません。エバンは引き続き情報公開を心がけ、妻への配慮と自分のプライバシーを両立させようと奮闘中。妻は夫のプライバシーをできるだけ尊重していいます。ふたりは完璧とはいかないまでも十分に折り合うことができました。

エバンと妻のように、合理的、現実的な妥協点を見つけようと悪戦苦闘しているカップルは大勢います。しかし結論はひとつではないし、正解も不正解もありません。大切なのは徹底的に話し合ったうえで具体的な約束事（ふたりだけの〝ネット利用規約〟とでも言いましょうか）を決め、譲れない点をはっきりさせること。例えば〝画像や動画を見ながらマスターベーションするのはかまわないけれど、チャットしながらは禁止〟という具合です。前にも言いましたが、パートナーの意見に反対なら、正々堂々と反対を表明してください。疑問や異議があるのに胸の内にしまい込んではいけません。見つけた地雷は撤去すべきですが、その前に地雷のありかを知ることが必要です。

カップルとしてネット社会を生き抜くには

不倫相手と手を切ることはできても、パソコンやスマートフォンを手放すわけにはいきません。デジタル時代を生きるカップルにとって、パートナーの信頼を得ることやパートナーの自由を尊重することは大きな課題です。

次に挙げる要望リスト（＊3と＊4）は第6章で紹介したものと似ていますが、今回はインターネット利用に関する項目に特化しました。それぞれがパートナーに実行してほしいことを書き出し、一覧表にします。要望は具体的に、そして信頼関係の回復に役立つものにしてください。これらの要望を**愛情**

(＊3) 動揺したパートナーの要望リストの例

- パソコン、携帯、スマートフォンに登録してあるパスワードをこころよく（ためらいや言い訳は無用）教えてほしい。私にも、そのパスワードを使ってアクセスさせてほしい
- 私が部屋に入ってきてもパソコン画面を隠さないでほしい
- アダルトサイトへの接続をブロックするソフトを導入してほしい
- 私に言われなくても携帯やスマートフォンの通話記録を見せてほしい
- 私に言われなくてもクレジットカードの利用明細書を見せてほしい
- 私が指定するメールマガジンをキャンセルしてほしい
- ポルノ動画やアダルトサイトを見るときは私を誘ってほしい
- インターネットの利用時間に制限を設けるので、守ってほしい
- 外出先や出張先でインターネットをするとき飲酒をしないでほしい
- 特定の相手から連絡が来ないようにメールアドレスを変えてほしい
- モバイル端末は、私が許可したもの以外、すべて処分してほしい
- 私が留守電やメールを入れたときはなるべく早く折り返してほしい
- 特定の相手から連絡があったら知らせてほしい。受信したメールや画像を私の端末に転送し、返信する前に相談後にしてほしい
- ネットの利用制限に不満や不便さを感じたときはそう言ってほしい。それについて冷静に話し合いたい
- ネットの利用状況について質問したときは正直に答えてほしい
- 動画を見ながらマスターベーションしたくなったときは、そうする前に私をベッドに誘ってほしい
- アダルト動画を一緒に見たい。何に興奮し、どんなセックスがしたいのか教えてほしい
- 不倫相手から連絡が来なかったら、それも報告してほしい。私に気をもませないでほしい
- 旅先や出張先から電話やメールをしてほしい

（＊4）動揺させたパートナーの要望リストの例

- 君を安心させようと努力していることを分かってほしい。その努力を言葉に出して認めてほしい。例えば、「さっき私が部屋に入ったとき、ノートパソコンを開いたままにしてくれてありがとう」など
- 話し合うときは穏やかな口調でいてほしい。声を荒げないでほしい
- 僕の言い分に賛成できなくても理解だけはしてほしい
- 僕の気持ちに共感できるときはそう言ってほしい
- 僕のことを信じられるようになったら、ネットの利用制限をゆるめてほしい
- 僕のどんな言動に不安を感じるのか教えてほしい
- インターネットをひとりで閲覧させてほしい。その代わり、君との約束にそむいたときは正直に話し、決して隠し立てはしない
- アダルトサイトを見て空想したことを、君との性生活に役立てたいので相談に乗ってほしい
- 君にセックスを拒まれたときはどうしたらいいのか、話し合いたい
- 寂しさを分かってほしい。心の距離を縮める努力をしてほしい
- 性欲のはけ口をインターネットに求めた理由（ふたりの性欲のギャップ、すれ違いの生活が続いているなど）について専門家に相談したいので、つき合ってほしい
- やり直すチャンスを与えてほしい

のボタンと考えましょう。ボタンを押せば、パートナーを安心させ、思いやりと理解を示すことができる。押さなければ、ふたりのあいだの溝は深くなってしまいます。

お互いに相手の要望を尊重することで、個人としてもパートナーとしても成長できます。人間関係を育むのは協調であって、強制ではありません。要望のリストが命令のリストになってはいけないし、パートナーにしぶしぶ実行してもらっても意味がありません。要するに心がけの問題です。

どんな人間関係においても、信頼と絆を育て、プライバシーを尊重することが必要——つまり〝私〟と〝私たち〟との両立です。問題はあなたとパートナーが一心同体ではないということ。〝ふたりはひとつ〟というのは恋愛感情が生んだ大いなる幻想です。ふたりは、あくまでも、ふたつ。物の見方も違えば、望むことも違います。ひとりが喜ぶことに、もうひとりが幻滅することすらあります。

インターネット社会に生きるカップルは、誘惑や誤解や背信に接する機会がたくさんあります。そのなかで絆を保ち、深めていくには、お互いのプライバシーを柔軟かつ慎重に扱うことです。パートナーを大切に思う気持ちは相手に尊重されることで大きくなり、相手を尊重することで育っていくのです。

エピローグ　まだ不倫を明かしていないあなたへ――告白のメリット、デメリット

ここからは、不倫を告白すべきかどうか迷っている、不実なパートナーに向けて書きます。

今までは両パートナーが不倫の事実を共有したうえで、再出発する意志があることを前提に話を進めてきましたが、あなたの不倫がまだ秘密だったとしたらどうでしょう。

不倫を隠しておきたい理由はいくつかあると思います。パートナーも愛人も失いたくないが、事実を明かせば一方をあきらめなくてはいけない。パートナーと泥仕合になったら、どうしていいのか分からない。パートナーに責められたり、悲しい顔をされたりすることに耐えられそうもない……。

告白する必要に迫られているケースもあるでしょう。愛人の存在を告げて、不毛な結婚生活を終わらせたい。冷たい仕打ちを繰り返してきたパートナーにリベンジしたい。倦怠期に入った夫婦関係に刺激を与えたい……。

いずれにしろ、決断は慎重に行わなければいけません。また、決断するに至った理由と、その後の影響を熟慮してください。一度口にしたことは、取り返しがつかないからです。

告白すれば、あなたとパートナーの歴史に不倫の爪あとが残ることになります。告白をやめた場合は秘密を抱えて生きるつらさに耐えなくてはいけません。

恐らく、あなたはパートナーとの関係を改善したい、和解のきっかけだけでも探りたいと考えている

のではないでしょうか。この先を読み進めていけば、それぞれの選択肢のメリットとデメリットが分かり、正しい決断ができると思います。おぼえておいてほしいのは、**この二者択一に正しいも間違いもないということ**。どちらがいいとは言えません。パートナーとやり直すために事実を告げてもいいし、告げなくてもいいのです。

不倫問題の専門家のあいだでは告白の是非をめぐって意見が分かれていますが、カップルに与える影響については結論は出ていないようです。ここで検討するのは過去の不倫を打ち明けるかどうかであって、パートナーと別れるかどうかではありません。

告白のデメリット

私の経験から言うと、告白が災いになるのは次のようなケースです。

1. パートナーが立ち直れなくなる可能性が高い
2. パートナーが不倫の事実そのものに固執してしまい、不倫の原因を一緒に探ることができそうにない
3. パートナーが障害を抱えており、自分は介護をしている
4. パートナーに暴力を振るわれる恐れがある

3と4は本書のテーマから外れますので、1と2について考えていきましょう。どちらもよくあるケー

スですから、共感できる人も多いのではないでしょうか。

1．パートナーが立ち直れなくなる可能性が高い

パートナーが繊細で傷つきやすく、事実に対処できそうにない場合は告白しないほうが無難でしょう。不倫問題が長年のトラウマになっている場合は、なおさらです。あらたにあなたの不倫を知れば、自分を責めたり、自分には愛される価値がないと考えたりするかもしれません。パートナーの反応を正確に予想することはできませんが、性格や過去の体験を考えたうえで、事実を知らせることは酷だと思ったら胸にとどめておくのが賢明です。

ティムは過去の不倫を妻に打ち明けましたが、けじめをつけるための告白は逆効果になってしまいました。ティムは妻のトラウマを考慮せず、告白後の影響を予測できなかったのです。

妻のティナは十代のころに義理の父から性的虐待を受け、かつての婚約者に二股をかけられました。夫の不倫の告白を聞いたときは〝男は冷酷なけだもの〟という思いをさらに強くしました。「もう男なんて信じない。あなたに心を許すことは二度とないわ！」と彼女は吐き捨てるように言いました。ティムは二年がかりで説得に努め、離婚だけは避けることができましたが、ティナは自分の不幸を嘆き、自信を取り戻すことはできませんでした。今もふたりの心は離れたままです。

四五歳の会社役員のジェレミーは、妻の繊細な性格を考えて、より建設的な手段を取りました。妻のアンは幼いころから「あんたは美人じゃないから男の子にモテない」と母親に言われ、容姿にコンプレックスを持つようになりました。「結婚して十七年になりますが、今でも夫の前で服を脱ぐのはいやです。

鏡に映った自分の裸を見るたび、たるんだバストや太い足がいまいましくて仕方ありません」

ジェレミーはベッドの中で反応しない妻を見るたびに自分のテクニックが不足しているのではないか、ペニスが短小なのではないかと悩みました。男としての自信をつけたくて取引先の女性と肉体関係を持ちましたが、そのときは上々の結果が得られたのです。これをきっかけにジェレミーは悟りました――夫婦生活がうまくいかなかった本当の原因は妻の容姿でも自分のペニスでもなく、お互いの自信不足にあったのだと。

ジェレミーはアンのルックスを繰り返しほめることで、コンプレックスを取り除いてやりましたが、情事の件は口にしませんでした。打ち明けたところで、アンのコンプレックスに拍車をかけるだけだと判断したからです。それから四年たった今もジェレミーは当時の判断は間違っていなかったと確信しています。

事実を告げることが事実そのものと同じくらいに破壊力を持つのではないか、事実を知ったパートナーがショックから立ち直れず、別れ話にまで発展するのではないかと考えられる場合は胸にとどめておくことをお勧めします。

2. パートナーが不倫の事実にだけこだわり、問題解決に協力してくれそうにない

これも、告白をやめる理由としては十分でしょう。今後に向けて建設的に話し合うべきときに、過去を蒸し返して口論している場合ではありません。事実を知ったパートナーが苦しみ、悩み、怒りにのまれてしまう可能性は十分にあります。そうなったら、不倫に至った原因について冷静に話し合うどころ

ではなくなるでしょう。本題（ふたりの関係改善）に集中するためには、あえて事実を告げないほうがいい場合もあります。

私の友人であり同業者でもあるパート・ディアメントは、「パートナーのためにも、夫婦関係を立て直すためにも、まずは不倫関係を断ち切り、事実を口外しないことが重要だ。夫婦の絆を強くするには、夫婦の問題をともに考え、ともに解決しなくてはいけない」とアドバイスしています。

告白のメリット

次のような場合は事実を告げることが有効と考えられます。

1．よそからバレるよりは自分の口から告げたほうがいい

不倫の事実を自分から正直に告げることで少しは信頼も得られるでしょう。少なくとも、パートナーに問い詰められて白状するよりはましです。パートナーにしても二重に裏切られた（不倫と隠し立て）と分かったら、立ち直るまでに倍の時間がかかります。

ゲイルの夫は女性上司と頻繁に出張に出かけるようになり、ほとんど家に帰らなくなりました。ゲイルが問いただしても否定するばかり。そこでゲイルは誘導尋問を試みました。「探偵に頼んで、不倫相手のマンションに入るところを写真に撮った」と言うと、夫はマンションに行ったことは認めたものの、あくまでも仕事の打ち合わせだったと主張。しかし、聖書に誓って潔白と言えるのかと詰め寄られたと

き、ついに不倫を認めました（夫は敬虔なカトリック教徒）。

ゲイルにとって何よりも腹立たしかったのは、夫が嘘や言い逃れを重ねてきたこと。それでも夫を愛していたゲイルは結婚生活を続けようとしましたが、屈辱感と怒りは日増しに大きくなり、もはや良妻ではいられなくなりました。結局、ゲイルは自分の気持ちを尊重し、家を出ました。

カップルにとって不倫そのものも問題ですが、その事実が携帯電話の通話記録やクレジットカードの利用明細書といった〝動かぬ証拠〟から発覚した場合は別の問題を招いてしまいます（性病に感染したことで夫の浮気を知ったクライエントもいました）。一度地に落ちた信頼は一生取り返せないかもしれません。たとえ離婚を回避できても、疑心暗鬼になったパートナーはあなたの行動を監視するでしょう。二重に裏切られたのですから、疑いたくなるのも無理はありません。改心したことをパートナーに信じてほしいなら、問い詰められて白状するよりも、自分から打ち明けたほうが得策です。

2. 過去の不倫関係を明かして今後の戒めにしたい

罪の告白は罪の深さを実感することにつながります。したがって不倫の再発防止に役立つことはたしかでしょう。むしろ、このくらい思いきった行動を取らないと罪の重さを自覚できないかもしれません。事実を知ったパートナーがあなたの行動を厳しくチェックするようになれば、ますます同じ過ちを繰り返すわけにはいかなくなるでしょう。

コロラド州の心理学者レン・ローディスは「不倫の事実を伝えるときは細かいことまで明かすように」とアドバイスしています。不倫相手と密会するためにどのような工作をしたのか。それを詳細に、具体的に話すことで同じ手口は二度と使えなくなります。手の内を明かし、今後の戒めとすることで、パートナーへの忠誠を示すこともできるでしょう。

3．自分の満たされない気持ちをパートナーに知らせる機会になるかもしれない

不倫の告白が警鐘となり、パートナーがあなたの不満を真剣に取り合おうとするかもしれません。

三九歳のトムは愛人の存在をひたすら隠してきました。夫婦でカウンセリングに通い始めてからも、誰にも言いませんでした。トムの妻は異変を感じていました。もう四カ月以上も夫婦生活がなかったからです。しかし、夫が家族を見捨てるわけがないと信じ切っていたために、夫が不満を漏らしても真に受けませんでした。トムがほかの女性と暮らすと宣言したとき、妻は初めて夫の怒りや苦悩を知り、夫婦関係の危機に気づいたのです。結局、トムは家を出て行きました。「主人は何度となく泣き言を漏らしました」と元妻は振り返ります。「でも、その深刻さに気づいたときにはもう手遅れだったんです」

トムが愛人の存在をもっと早く告白していたら、妻はトムの不満に善処できたかもしれません。

事実を明かせば、パートナーも最初はショックを受けるはずです。しかし、あなたを失うか仮面夫婦を続けていくよりも、事実を知って良かったと思うときが来るでしょう。

4．パートナーのことを大切に考えているあかしにしたい

不倫関係があなたと不倫相手だけの秘め事だとしたら、別れたあともふたりは共通の秘密でつながっていることになります。不倫を隠すことは、不倫をすることと同様に、パートナーとの関係にダメージ

を与えかねません。秘密を共有する相手がいることも問題なら、共有しない相手がいることも問題なのです。前者は同志、後者は部外者になってしまいます。しかし、パートナーにその秘密を打ち明けることで、パートナーとの関係を第一に考えているあかしになるでしょう。

事実を伝えることは、パートナーに知識とパワーを同時に授けることになります。なぜなら、あなたの告白は〝私には重要な情報を独占し、あなたの将来を決める権利はない。ふたりの将来は、すべての情報を共有したうえで、一緒に決めたい〟というメッセージを含んでいるからです。こうしてふたりは同じスタートラインに立ち、一から再出発できます。

クライエントのジェーンは、好きな仕事をやめて育児に専念していましたが、夫は会社の経営に行き詰まり、酒に溺れ、心を閉ざすようになりました。ジェーンは社会との接点を失い、育児に疲れ、女としての自信を失いました。だから婦人科医に誘惑されたときは喜んで応じたのです。

ジェーンは不倫関係を隠し続け、家庭の不和を夫ひとりのせいにしていましたが、やがて自分のずるさに気づきました。「夫も私もストレスから逃げたかったことには変わりありません。だったら、夫だけを悪者にするのは間違いだと思いました」と彼女は説明します。「夫を目の前に座らせ、事実を話し始めました。最後まで聞いてもらえるとは思っていなかった。ところが夫は宙を見つめて座り込んだまま、泣き出してしまったんです。そのとき初めてお互いの苦しさや孤独の深さが分かりました。どちらにも非があることが分かって、肩の荷が下りた気分でした。これからはアルコールや愛人ではなく、お互いを支えに生きていこうと思います」

事実の告白はパートナーに本音を聞いてもらい、受け入れてもらう好機にもなります。それがかなわないうちはパートナーを近くに感じることはできないかもしれません。

決断のとき

一部の専門家は、事実を明かさずに信頼を回復するのは不可能だと主張します。ある心理学者は〝パートナーの目をあざむくための工作はひとつの暴挙であり、ふたりの関係を悪化させる〟と述べ、〝あざむかれたパートナーは依存心が強くなり、情緒不安や過剰反応を示すことがある。偽りは親密な関係を育むうえで大きな障害であり、有益とは考えられない。偽りは心の隔たりを生む〟と結んでいます。ソーシャルワーカーのエミリー・ブラウンは隠し立てを〝災いの元〟と表現。本当のことを明かすことが家庭崩壊の危機を救うカギであり、率直な対話と反省を促すと指摘します。

私としては、カップルの事情は千差万別であり、正解は一つではないと考えます。やり直しに向けて行くべき道も一つではありません。

あるカップルにとって破局を招く不倫の発覚が、別のカップルにはやり直しのきっかけになります。その意味で、不倫の告白は病気の告知と似ているのかもしれません。事実を知ったほうが回復の早い人と、そうでない人がいるからです。あなたとパートナーは、ふたりでひとつではなく、ふたりでふたつです。したがって最良の選択を考えるときは、誰にとっての最良なのかを念頭に置くことが大切。あなたにとっての最良がパートナーにとっての最悪かもしれませんし、その反対もあり得ます。

事実を打ち明けようと決めたら、これだけは忘れないでください。**パートナーの反応は、あなたの真**

意をどう解釈したかによって変わってきます。あなたの告白に対して〝私の知る権利を尊重して正直に話してくれた〟と解釈すれば、好意的な反応を返してくるはずです。しかし〝罪悪感から逃れたい一心で私に打ち明けたのではないか〟と受け取ったら、共感もしないし、許そうとも思わないでしょう。真意が誤解される可能性は十分にあります。誤解を避けるためにも、明快な言葉で伝えてください。

一夜限りの情事やかなり昔の不倫については判断が分かれるところです。現在に影響がないから黙っておくと考える人もいれば、だからこそ打ち明けるという人もいます。後者の場合は、取るに足らない秘密でも隠しておくと大事になると考えるようです。

不倫の告白に成功しても、その後の対処に失敗すれば、パートナーとの関係はいずれ破綻するか形だけになってしまいます。関係を改善するには事実を明かすだけでは足りません。何も言わず、何もしなければ、ふたりのあいだに波風が立つことはないかもしれませんが、結局は何ひとつ解決しません。

多くの人が選ぶのは〝不倫の件は伏せて、不満だけを打ち明ける〟というもの。これは一考の価値があります。不倫の事実を知ったパートナーは今後あなたを信頼し、許すまでに長くつらい努力を重ねなくてはいけません。しかし、そこまで苦労をかけなくても、あなたの満たされない気持ちをパートナーに理解してもらうことはできます。

過去の事実をどう扱うにしても、その方法に優劣はありません。Xという方法を取れば、Yという結果が出るとは限らないからです。人の心に方程式は通用しません。本気でやり直す覚悟があるのなら、告白するかしないかは重要ではないのです。不倫をひとつの教訓として、いかにふたりの関係を確かなものにしていくか、これがいちばん大切な課題です。

初公開　クリニックでの相談事例

不倫問題に悩む個人やカップルと向き合うこと四三年、本書の第二版を出版してから八年がたちました。その間にたびたび受けた相談のなかから未公開のものを選び、アドバイスとともに紹介します。不倫問題の影響を食い止め、ひとつの参考になれば幸いです。

1．傷ついたパートナー「私、そんなに醜いですか」

本書が不倫問題の処方箋として大いに貢献したことがあります。それは不倫というテーマを貞操の喪失だけでなく、**自己**の喪失としても初めて論じたこと。人はパートナーの裏切りを知ったとき、ふたりの絆を信じられなくなるばかりか、個人としてもパートナーとしても自信を失ってしまいます。これほど大きな喪失はありません。

夫の浮気を知ったテリーは私に助けを求めてきました。私は全力で支えましたが、二回目の面談（午前八時）に来たテリーは私の前でコートを脱ぎ、ネグリジェ姿になったのです。ヘアもメイクも完璧でした。テリーは涙をこらえ、絞り出すような声で言いました。「失礼を許してください。気がおかしくなったと思うかもしれませんが、私がどんな格好で毎晩ベッドに入るのか先生に見てほしかったんです。正直に言ってください。**私、そんなに醜いですか**」

ショックに対する自然な反応を知っておくと役に立ちます。これは不倫問題の当事者だけでなく、当事者を面談するカウンセラーにも心得てほしいのですが、傷ついたパートナーは羞恥心が邪魔をして、不倫のショックを上手に言い表すことができません。ですから、醜態をさらし、自暴自棄になったとしても不思議はないのです。不実なパートナーは、自分の行いがふたりの関係だけでなく、相手の人格や自尊心をも傷つけたことを理解しなくてはいけません。私もカウンセラーとしての心得を繰り返し教わってきましたが、カウンセラーのいちばんの務めはクライエントが心の痛みを言葉にできるように導き、羞恥心を取り除いてあげることです。

2. 僕は加害者です。不実なパートナーです。でも本当は〝傷ついたパートナー〟でもある。僕もつらい思いをしてきました。

本書では、不倫問題を挟んで**傷ついたパートナー**、**不実なパートナー**という線引きをしました。しかし、その線引きは必ずしも明確ではないことを傷ついたパートナーは心得ておいてください。不実なパートナーが、傷ついたパートナーに傷つけられたすえに不倫の誘惑に屈してしまうことがあるからです。すべてのケースに当てはまるわけではありませんが、少なからず見受けられます。

私は不倫を正当化するつもりはありませんし、傷ついた側が不実な側を不倫に**追いやった**と言っているわけでもありません。そんな神通力は誰にもありませんから。ただ、不倫問題の根本には長年くすぶってきた夫婦間のトラブルが潜んでいることがあり、どちらかが一方的に悪いということはほとんどありません。

不倫に走ったポールは妻とともに私のクリニックにやって来ました。〝傷ついたパートナー〟の妻はポールに対する怒りと不満を吐き出し、ポールは妻の非難を甘んじて受け止めていました。しかし、後日の個別面談でポールはこう言いました。「悪いことをしたのは分かっています。言い訳するつもりもありません。だけど、妻は酒飲みです。しかも、酒ぐせが悪い。酔うと、罵詈雑言を浴びせるんです。僕をなじった母親にそっくりだ」。ポールは一呼吸置いてから話を続けましたが、そのときの言葉を今でも忘れることができません。「たとえ妻に城をプレゼントしたとしても、妻は城の屋根に落ちた鳥のフンにしか注目しないでしょう。だけど、浮気相手と一緒にいるときは認められた気分になり、自分を肯定できました。たしかに、いけないことをしました。妻を傷つけたことは反省していますが、妻だって罪がないわけじゃない。**彼女も僕を**傷つけてきたんです」

お互いに許し合い、親密な関係を取り戻すためには、どちらのパートナーも相手の心痛にじっくり耳を傾けなくてはいけません。その際は相手の言い分を否定せず、ありのまま受け止めること。お互いに共感と理解を得られたと実感する必要があります。ふたりの間に他人が入り込むすきができたことについては、どちらも相応の責任を負わなくてはいけません。その責任の程度は軽い場合も、重い場合もあります。

3．夫は女性を自宅に連れ込んでいました。バスルームで、夫婦の寝室で、子供部屋でセックスしていたんです。玄関を開けるたびに、そのことが思い出されます。プライベートな空間を汚されたことが腹立たしくて仕方ありません。引っ越したほうがいいでしょうか。

そのほうがいいかもしれません。カップルあるいは個人によっては心機一転が必要です。引っ越しを提案したからといって、必ずしも不実なパートナーを追い詰めたり、懲らしめたりすることにはなりません。言うまでもなく、嫌な記憶は頭の中について回りますから、転居をしても根本的な解決にはならないかもしれませんが、それでも不実なパートナーが本書でいう〝高コストの要望〟に応じた――すなわち、信頼を回復するため、そして配慮を示すために犠牲を払って行動したというだけで救いになることがあります。

不倫のトラウマを解消する方法としては〝記憶の書き換え〟も効果的。これはトラウマになった記憶をポジティブなイメージに更新する作業です。必ず傷ついたパートナーがイニシアティブを取り、不実なパートナーに協力を求めてください。例えば、「あなたは、あの女性をパリに連れて行ったけれど、今度は**私を**パリ（あるいは以前から行きたかった場所）に連れて行ってほしい」というふうに提案します。また、プライベートな空間をリフレッシュしたいなら、浴室などのリフォームを持ちかけてもいいでしょう。もちろん、不倫問題の背景を探り、夫婦間のほころびを修復する作業を忘れてはいけませんが、思い出を新たにすることにも効果があります。

ミシェルの夫は勤務先近くの道路沿いのモーテルで愛人と密会を重ねていました。ミシェルはその道を通るたびに、夫と愛人の姿が頭に浮かんで息苦しくなりました。ある日、夫の運転する車でモーテルの近くにさしかかったとき、ミシェルは「あのモーテルに車を入れて」と夫に頼みました。「あなたと彼女のことを想像するのは、もうたくさん。これ以上、不安でみじめな気持ちになりたくないの。モーテルに部屋を取ってちょうだい。今日はそこで過ごしましょう。カウンセラーの先生もふたりの距離を縮める努力をするようにおっしゃってたわ。どうかしら？」。すると夫は「君が望むなら、喜んで」と応じました。「先に部屋に入っていて。十分後に合流しよう。ミシェル、僕が必要なのは君だけだ。君とやり直したいんだ。君以外に大切な人はいないからね」

こうして、ふたりはその日をモーテルで過ごしました。部屋にこもり、話したり、食べたり、触れ合ったり、笑い合ったりして苦い記憶を中和したのです。多少の気まずさはありましたが、トラウマを引きずったままでいるのも楽しくはありません。

記憶の更新には焚火をするのも一案です。不倫相手からもらったプレゼント、写真、手紙などを火にくべて燃やします。この場合は不実なパートナーがイニシアティブを取りますが、傷ついたパートナーは準備を手伝うか費用をカンパするといいでしょう。

4．私はエジプト出身です。父には妻が二人いて、家庭が二つあります。私は最初の結婚で生まれた第一子ですが、父はもうひとつの家族を、向こうの子供たちのほうを大事にしていると感じていました。夫の浮気を知ったとき、あの悲しみと不安がまた押し寄せてきたのです――私は誰かにとって唯一無二の存在ではないし、愛される価値もないのだと。そう思う私はおかしいですか。

おかしいどころか、まったく正常です。まさに心の古傷がうずいたのです。私はそれを〝トラウマの箱〟と呼んでいます。トラウマに対する正常な反応を知っておくと救いになるでしょう。幼いころにできた心の傷は完全には癒えず、むしろ生傷のように残ることが多いものです。大人になり、何かの拍子にかさぶたが取れ、傷口がむき出しになると、トラウマの箱にしまい込んでいた痛みが生々しくぶり返します。心にも記憶力がありますが、心の記憶が古傷を呼び覚まし、初めて傷ついたときの深く激しい痛みを蘇らせるのです。

父親が自分よりもほかの子供を大事にしていたという解釈は思い込みにすぎないかもしれません。父親やきょうだいに直接、確認してみるといいと思います。もちろん、その解釈が正しい可能性もありますから、夫の不倫を知って再び自己否定したくなったのも無理はありません。ですが、もし友人が同じことを相談してきたら、あなたはどんな言葉をかけますか。その言葉を、どうか自分にもかけてあげてください。

幼少期から続くトラウマは不倫問題の受け止め方だけでなく、不倫の原因に影響することがあります。ヘンリーは四歳のとき、母親に叱られ、広いデパートに置き去りにされたことがありました。それがトラウマとなり〝好きになった相手には見捨てられる。傷つきたくなければ、人を好きになってはいけない〟という思い込みが生まれ、ずっと尾を引くことになったのです。ヘンリーは二四歳で結婚しましたが、一年もしないうちにSNSで知り合った女性たちと遊ぶようになりました。そのときは自分の行いに疑問を感じませんでしたが、カウンセリングをとおして自分の思考パターンや行動パターンを振り返ったとき、遠い昔に自分に言い聞かせたことがあると気づいたのです。それは〝人を愛すれば失うことになるから、二度と人に心を許してはいけない〟という無言の誓いでした。

幼心に正しいと思ったことが、今となっては意味をなさない場合があります。心の古傷の存在やそれがどうしてできたのかを理解することで、無用な思考パターンを繰り返さずにすむでしょう。

5．僕は不実なパートナーです。浮気相手だった女性とは二カ月前から連絡を絶っていますが、先週、ショッピングセンターで偶然に出くわし、少し立ち話をして別れました。このことを妻に話すべきでしょうか。話せば怒られるだろうし、ショッピングセンターへの出入りを禁止されそうです。

あいにく、パートナーの信頼を回復するには隠し立ては禁物です。**パートナーが「聞きたくない」**というなら話は別ですが、不倫相手と遭遇したり、連絡があったりしたときはもちろんのこと、**そうでない場合も**報告するように勧めます。不倫相手と接触したら、すぐに報告。**接触がなかったら、それも報告**してください。「今日は何もなかった」の一言だけでいいのです。不実なパートナーは痛くもない腹を探られたり、不倫問題について話し合うことを避けたりする傾向があります。しかし、傷ついたパートナーは大きな不安を抱え、不倫関係がまだ続いているのではないかと、**あなたが思う以上に**疑心暗鬼になっているはずです。

いずれパートナーのほうから「不倫の話はもうしたくない」と言い出す日が来るかもしれません。しかし、それを決めるのは**傷ついたパートナー**であって、**あなた**ではありません。不倫相手は、言うなれば、パートナーの庭に入り込んできたヘビのようなもの。「僕が見張るから、君は見張らなくていいよ」と安心させてください。あなたがパートナーの目となり、耳となるのです。別の自著にも書きましたが、私はこれを〝監視役の交代〟と呼んでいます。パートナーの信頼を取り戻し、警戒心を解き、やり直す気にさせるための確実な方法です。

6．私の不倫相手は女好きで野性的でした。お坊ちゃん育ちの夫とは、いろいろな意味で対照的。私は若いころ、兄の友達に体をもてあそばれ、乱暴に扱われたことがあります。そのせいか……恥を忍んで言いますが、今も夫に抱かれるときは（マスターベーションをするときも）手荒なプレイを想像しないとオーガズムを得られません。優しくされたのでは物足りないんです。こんなことを夫に話しても仕方がないし、状況が変わるとも思えません。だったら、自分を変えるしかないのでしょうか。

まず始めに、若いころに性的虐待を受けたとのこと、本当に残念に思います。もうひとつ言うと、セックスの流儀を容易に変えられないのはあなただけではありません。ですから今の自分を受け入れ、どんなことに興奮をおぼえようとも自分を責めないでください。願望は自分の胸にしまっておけばいいのですから。

あなたに限らず、性的願望（性的嗜好）を口に出す人は**ほとんどいません**。たいていの人はパートナーにも、カウンセラーにも話そうとはしないのです。願望の内容はきわどくて言葉に出しづらいもの。だからこそ、普段とは違う自分を仮想体験できるのでしょう。不倫などしなくても、ワイルドで激しいセックスを楽しむことはできます。想像力を駆使すれば、家庭の外に刺激を求める必要はありません。

7．夫の浮気を知りました。夫は「彼女とはもう終わったし、ただの遊びだった」と言いますが、その言葉をどう信じたらいいのか分かりません。私としては相手の女性に直接会って、夫との関係を問いただしたい。いけませんか。

傷ついたパートナーが不倫相手に会ってみたいと思うことはめずらしくありません。その理由は〝どんな顔をしているのか見てみたい〟から〝面と向かってガツンと言ってやりたい〟まで、さまざま。大切なのは相手に会う目的や、その目的を果たすにはどう振る舞うべきか心得ておくことです。

ある女性は夫と女性秘書の不倫に気づき、生まれたばかりの子供を抱いて夫の会社に押しかけました。そして、女性秘書のデスクに子供を座らせ、社内に響き渡る声で叫んだのです。「これが、あんたの壊した家庭よ。この泥棒ネコ！　さぞ誇らしい気分でしょうね」。女性は夫や同僚の前で怒りと悔しさをぶちまけましたが……今では後悔しきりです。

一方で、不倫相手との対面が非常に役に立ったというケースもあります。タミーの夫にはスーザンという女性がいました。しかし、スーザンの存在が明るみに出たあと、夫はタミーの前でスーザンに別れのメールを送り、「子供たちのためにも彼女とは二度と会わない。約束するよ」と言いました。タミーは夫の言葉を信じました。夫は夫婦でカウンセリングに通うことに同意し、やり直しに向けて努力していたからです。それでもタミーには疑問が残りました。その疑問は、夫よりもスーザンにぶつけたほうが正直な回答が得られるような気がしました。

ある日、タミーは夫がシャワーを浴びているすきに夫のスマートフォンを拝借し、夫のふりをしてスーザンにメールを送り、『明日、いつものバーでもう一度だけ会いたい』と呼び出しました。バーにやってきたスーザンはタミーの姿を見て、とっさに引き返そうとしましたが、タミーは「悪いようにはしませんから」と穏やかに引き留め、「その逆です。**力になってくれませんか**」と言いました。スーザンが質問に答えてくれることになり、タミーはさっそく尋ねました。「あなたとの関係は終わった、という夫の言葉を信じています。でも、夫がやり直そうと思った理由が気になるの。夫が大事なのは子供と世間体だけで、**私のことはどうでもいいん**じゃないかと思って……」

奇妙な対面になりました――タミーは誰にも言えなかった不安を夫の不倫相手（今ではタミーの親友）に打ち明け、不倫相手は親身に相談に乗り、具体的で説得力のある回答をする。正直言って、夫やカウンセラーが相手では、こうはいかなかったかもしれません。スーザンは言いました。「奥さん、よく聞いてください。今さら嘘をつく必要もないので、正直に申し上げます。ご主人は、あなたとお子さんたちを心から愛しています。私には、そんな愛情を一度だって見せたことはありませんでした。ご主人が私とつき合い始めたのは寂しかったから。それに、ご主人は悩んでいました。自分は奥さんにとって給料取りでしかないと思い込んでいたようです。おふたりは、もっと話し合うべきだと思います。私は奥さんにはかないません」。的確な回答です。タミーにとっては説得力があり、信じるに足る内容でした。おかげで不倫相手へのこだわりが消え、夫とやり直す覚悟を新たにできたのです。

8．夫には愛人がいました。私がその事実を知ると、夫は相手の女にメールで別れを告げました。夫が改心したことは信じています。けれども、本当はそれだけでは満足できません。夫から相手の女に言ってほしいんです――君は特別な存在ではなかった、セックスは最悪だった、今も昔も本当に愛しているのは妻だけだと。夫にそう頼んでもいいでしょうか。

やめたほうがいいと思います。

強制的に辛辣なことを言わせても、不実なパートナーが誠実になる保証はないし、不倫相手から心が離れるとも限らないからです。不実なパートナーにとって不倫相手は良き友人であり、自尊心をくすぐる相手だったかもしれません。それなのにパートナーに頼まれて冷たくあしらってしまったら、罪の意識が芽生え、わびたい気持ちになっても不思議はありません。わびるために不倫相手と再び連絡を取り、こっそり再会することにでもなれば、夫婦関係はさらに危うくなってしまうでしょう。それでは本末転倒です。不倫相手と正式に別れてほしいなら、きつい態度を取らせる必要はありません。むしろ、その逆が得策です。丁重かつキッパリ縁を切ってもらい、なるべく穏便にすませましょう。

次に紹介するのは、不実なパートナーが不倫相手に宛てた絶縁状の文例です。正式に別れを宣言するもので、郵送しても送信してもかまいません。丁寧な物言いですが、意志ははっきり伝わります。

●●●（不倫相手の名前）へ

この文面をもって、あなたとの関係を正式に終わらせます。

妻（夫）や子供をひどく傷つけてしまったので、これからは家族に償っていこうと考えています。あなたには二度と連絡しません。あなたも連絡してこないでください。万一、連絡をもらっても返事はしないし、ただちに妻（夫）に報告します。

それでは元気で。

●●●（自分の氏名）より

傷ついたパートナーはこんな文面では生ぬるいと感じ、書き直しを命じたくなるかもしれません。「元気で」ではなく、「あなたと出会ったことを後悔している」「あなたとは単なる遊びだった」「一生、連絡するな」といった厳しい文言を入れるように迫りたくなるかもしれません。

しかし、それは禁物です。

9．愛人との関係を清算しました。おかげで最近は派手な夫婦喧嘩や泥仕合は減りました。夫婦で不倫問題を乗り越えるつもりですが、心の距離がなかなか縮まりません。どうすればいいですか。

ある段階を過ぎたら、言葉からスキンシップへとコミュニケーションの方法を変えるといいでしょう。お互いに心痛を打ち明け、相手の理解と共感を得られたと感じた時点で、すぐにでも切り替えることをお勧めします。

要するに**話し合いよりも触れ合い**を増やすこと。**肌の触れ合いなくして心の触れ合いはない**と思うからです。

ハグの肉体的、心理的な効果は数々の研究によって立証されています。人を抱きしめると、脳内に〝愛情ホルモン〟と言われるオキシトシンが分泌されます。また、人に抱きしめられると血圧が下がり、ストレスホルモンのノルアドレナリンが低下します。三〇秒間のハグでも効果があるとされますが、抵抗がなければ、もっと長く続けてください。抱き合っている間は**言葉は無用**です。

不倫問題を克服しようとするカップルには話し合うことがたくさんあります。壊れかけた関係を修復し、信頼を回復するには、それぞれが本音を話し、聞き、誤解を正していかなければいけません。しかし、安心感と愛情と絆を取り戻すことにかけては、お互いのぬくもりが伝わる抱擁が百の言葉よりも効果的です。

10．僕は不実なパートナーです。妻に浮気がばれてから相手の女性ときれいに別れました。そろそろ夫婦生活を再開したいのですが、妻は身も心も及び腰。僕の前で裸になるのが恥ずかしいそうで、「私はあの女性と違って貧乳だから」と言うのです。でも、浮気相手の女性は豊胸手術を受けていました。第一、彼女に惹かれたのは胸が大きいからではありません。彼女と一緒にいると、男として自信がもてたから――頼られ、認められ、求められていることを実感できたからです。彼女の魅力はバストではなく、包容力にありました。それを妻にどう説明すればいいでしょう？

私のクリニックを訪ねてくるクライエントは正直な気持ちを打ち明けたあと、必ずと言っていいほど「妻（夫）にどう話せばいいか」と尋ねてきます。それに対して私は「今ここで話したことを、ここで話したように話してください」と答えることにしています。ありきたりのアドバイスに思えるかもしれませんが、ふたりが感情的にならず、意地を張らずに話し合うことができたら、そして非難中傷を交えずに事実だけを伝えることができたら、どちらも相手の言い分を聞けるようになり、夫婦間に溝ができたのは自分の責任でもあることを認められるはずです。

この相談事例が、傷ついたパートナーにとって自己批判をやめるきっかけになれば幸いです。傷ついたパートナーが陥りがちなのが、不倫相手の写真や画像をいたずらに眺めては自分の容姿に引け目を感じてしまうこと。こういう比較はたいていナンセンスですし、そもそもパートナーが不倫をした理由とは無関係な場合が多いのです。それよりもパートナーへの接し方を反省するほうが被害者意識から脱するのに効果があります。これまでパートナーをどの程度いたわり、尊重し、認めてきたか考えてください。多くの場合、不実なパートナーが不倫相手に惹かれた理由はルックスではありません。相手のおかげで自分を肯定できたからなのです。

11．ファンドマネージャーの妻は上司と深い仲になりました。でも、不倫が発覚したあとは会社を辞め、転職しました。今では僕をいたわり、安心させるためにいろいろ気遣ってくれます。お互いにとても和やかに接しているのですが、肌を重ねるまでには至りません。まだ妻を抱く気にはなれないけれど、失いたくもないのです。

自分を裏切ったパートナーの前で肌をさらすことは難しく、ときには不可能にさえ思えます。それでも〝触れ合えない相手とは親しくなれない〟というのが私の持論。パートナーと不倫相手に肉体関係があったのならなおのこと、パートナーとやり直すには指先だけでも触れ合うべきです。

不倫問題で傷ついた心を癒すには、両パートナーが体のつながりを通じて心の距離を縮めなくてはいけません。ドラマチックで激しいセックスは必要ありませんが、夫婦ならではのスキンシップは必要。大切なのは、ほかの相手とはかなえられない触れ合いを、ふたりでかなえることです。

12．僕は先生の言う〝不実なパートナー〟ですが、今後は家族を捨て、運命の女性のジョアン

ナと一緒になるつもりです。ジョアンナとは共通の趣味がたくさんあるし、ワイン愛好会の仲間でもある。妻は酒を一滴も飲まず、セックスにも無関心です。それでも離婚を思いとどまる理由はあるでしょうか。幸せになるチャンスを捨ててまで、みじめな結婚生活を続ける必要はありますか。

一度きりの人生ですから、気の合う女性と一緒になるなとは言えません。ですが、この相談には気になる点が二つあります。第一に、アルコール（またはドラッグ）が判断力を鈍らせているのではないかということ。お酒は現時点であなたと愛人をつないでいるようですが、晴れてふたりが一緒になったとき、お酒がトラブルのもとになり、価値観や性格の違いに対処できなくなるかもしれません。

第二に、今のあなたが恋心に惑わされている可能性です。心理学者のジョン・ゴットマン、ジュリー・ゴットマンの研究によると、どんなに仲の良いカップルでも夫婦喧嘩の六九パーセントは決着がつかないとか。そこで、行動を起こす前に考えてほしいのですが、愛人の嫌なところや不快に思うところを挙げてみてください。ひとつも思いつかないとしたら、それは相手のことをよく知らない証拠です。

恋愛中は極端な考え方に陥りがちで、配偶者は**欠点だらけ**、愛人は**理想そのもの**に思えたりします。どちらも同じようなものだと言っているのではありません。ただ、恋愛感情は人を幻わすことを忘れないでください。そこにアルコールやドラッグの影響が加われば、相手を見る目はますます曇ってしまうでしょう。

結婚一五年目のマークとペイリーは、離婚を踏みとどまる理由を確認するために面談に来ました。すでにマークは別の女性と暮らしていて、その女性とはお酒を含めて共通の趣味が多いとのこと。妻のペイリーは落ち込んでいて、自分が悪妻だったことを認めました。育児に手一杯で、夫の求めを拒んでいたと言います。ペイリーはやり直すつもりでいましたが、マークは愛人のほうを選びました。ペイリーは腕のいい弁護士を雇い、多額の慰謝料を得て、カナダの実家近くに子供を連れて引っ越しました。

そして四カ月後。私は街中でマークと出くわしましたが、マークは毎日深酒をしているようす。独身に戻り、愛人の女性と正式に一緒になれたというのに今では喧嘩が絶えなくなったとか。この事例の教訓は何でしょう？　結婚とは、しょせんこんなもの？　いいえ、結婚生活は大変だということです。そこにアルコールや不倫問題が絡めば、なおさら大変になってしまいます。

13. 女性は不倫相手に愛情を求め、男性はセックスを求めると言いますが、本当ですか。

男女の違いにまつわる通説は正しいこともあれば、そうでない場合もあります。ニューヨーカー誌に掲載された漫画では、路上で客引きをする男娼の前に女性ドライバーの車が停まります。女性が車のウインドウを開けると、男娼は甘い口調で「やあ、お姉さん。**話を聞くよ。**一晩中ずーっと聞いてあげるから」と誘います。このセリフには男性はセックスを、女性は会話を親密な行為と考えるという含みがあります。

男女差に関するステレオタイプはほとんどが的外れか誤解で、はっきり言えばナンセンス。実例をひとつ紹介しましょう。サムは幸せな結婚生活を送っていましたが、妻がセックスに無関心なことだけが不満でした。面談にやって来たサムは「うちの近くに風俗店ができたと聞いたので、妻に許しを得たうえで、行ってみようと思います」と言いました。サムによれば、妻は夫の風俗通いに抵抗はないとのこと。

サムの妻がどうして性生活に興味を失ったのか。その原因をあらゆる角度から探ってみましたが、結局は分からずじまい。そこで私は既婚者向けの出会い系サイトがあることをサムに伝え、そのサイトを利用するメリットとリスクについて話し合いました。もし利用するなら、妻に包み隠さず話すように勧めたのです。

その一週間後、再びクリニックに来たサムは「妻は出会い系サイトの利用を許すどころか歓迎してくれた」と言いました。こうしてサムは出会い系サイトで知り合ったアンドレアという女性と、自宅近くのホテルで会うことになったのです。

アンドレアとのデートは最初のうちこそ夢のようでした。人肌に飢えていたサムは、セックスに貪欲で自分に関心を向けてくれるアンドレアを新鮮に感じたといいます。ところが、何度か会ううちに「セックスのあと、アンドレアを抱き寄せようとしたら、彼女は背を向けて寝てしまいました。あのときは、いつになく気が滅入って寂しくなりましたよ」と漏らしました。

この事例から分かるように、男女差に関する通説には誤解が多く、また人間の欲求は単純ではありません。性欲を満たすだけでなく、不安や孤独を解消したいと願うのは男性も女性もほぼ同じです。

14. 不妊治療中に夫が浮気しました。夫の精子に問題があると分かっただけでもショックですし、妻の私がこれほどつらい治療に耐えているのだから、せめて身を慎むのが夫としての義務だと思います。私たち夫婦は、もう終わりでしょうか。

不実なパートナーが償えることには限りがありますが、不倫の引き金となった〝間接的な要因〟をリストアップすることは償いへの大きな一歩になります。その目的は不倫を正当化したり、言い訳したり、人のせいにしたりすることではありません。間接的な要因を探ることで不倫の誘惑に屈した背景や、夫婦の絆を強くするための課題が見えてきます。代表的な要因としてはアルコールや薬物への依存、長年放置してきた夫婦間のトラブル、スキンシップの欠如などが挙げられます。

ふたりで一緒に考えてみましょう。不倫問題はなぜ起きたのか。そこから自分やパートナーやふたりの関係について分かることはないか。ふたりの間に溝ができたのは、それぞれの何が原因なのか。

クライエントと面談していると、最近とくに増えてきたと感じるのが不妊治療という要因です。治療中は個人としても夫婦としても大きなストレスにさらされますが、その説明を事前に受けている夫婦はほとんどいません。不妊治療は決して楽しいものではないし、つらく恥ずかしい思いをすることもしばしば。不妊治療によるホルモンの変動が原因で深い失望感、攻撃的な言動、急激な気分の変化が起きることもあります。

こうした感情の浮き沈みを覚悟していないと、高額な不妊治療がうまくいかなかったとき、お互いを責めることになり、喪失感、敗北感、後悔の念にうまく対処できません。こういう状況下で人は不倫に走りやすくなるのです。不実なパートナーが不倫相手に惹かれたのは相手が魅力的だったからではなく、相手が自信をつけてくれたからというケースがほとんどですから、おぼえておくといいでしょう。配偶者の期待に応えたくても子づくりが思うようにいかないとき、不実なパートナーは自分のセックスアピール、甲斐性、頼りがい、性的能力に自信を失いがちです。

15．妻を誘って、近所の二人のレズビアンと４Ｐする予定です。僕自身はすごく楽しみだし、妻も賛成しているので問題はないと思います。これなら隠しごとや浮気にはあたらないはずですが、何かアドバイスはありますか。

くれぐれも慎重に、とだけ申し上げておきます。他人と交わるグループセックスをイメージして興奮をおぼえる既婚者は少なくありません。パートナーもその気になっているなら、なおさらでしょう。しかし、いざ試してみると、パートナーとの関係が思いがけない形で壊れてしまうことがあります。

私は性道徳を説くつもりはありません。むしろ、夫婦そろって他人を招き入れることに合意しているのですから、それは不倫とは言えないでしょう。本章でも触れましたが、不倫とは**パートナーの信頼に背き、隠し立てをすること**ですから、この場合は違います。

私のクリニックに来るのは、言うまでもなく、不倫に悩む個人やカップルだけです。婚外交渉を容認している人はそもそも相談に来る必要はありません。カウンセリングを必要とするクライエントは感情のコントロールに苦労していて、嫉妬や屈辱感にさいなまれたり、パートナーに裏切られ、見捨てられたと感じたりしています。その一人であるサムはグループセックスに大いに期待していました。妻のサラを説得し、近所に住むレズビアンのカップルを誘って四人で楽しむことにしたのです。最初の数回はスリリングで刺激的でした。とくに妻が恥じらいながら服を脱ぐ姿に興奮したといいます。やがて妻はレズビアンのカップルと定期的に会うようになりました――しかも、**サム抜きで**。二人に会うことをサムに話すときもあれば、内緒にするときもあり、サムはどちらがましなのか分からなくなりました。

こういうケースを不倫と言えるでしょうか。妻に二人の女性を引き合わせたのは、ほかならぬ**夫のサ**

ムです。その結果、サムはつまはじきにされ、妻の心を女性たちに奪われ、以前のようにグループセックスを楽しめなくなりました。それどころか、想像すらしなかった感情が押し寄せてきたのです。それは傷ついたパートナーに特有のショック、嫉妬、憎悪でした。

何ごとも後先を考えて行動することが大切です。軽い気持ちで始めたグループセックスが、あらぬ方向に発展することは少なくありません。メンバーのあいだで抜け駆けや仲間割れが起きれば、楽しく刺激的だった冒険も苦痛の種になってしまいます。

それなら、一夫一妻制だけがハッピーエンドを迎えられるのか。私は夫婦のありかたについて批判や説教をするつもりはありません。ただ、忠告したいと思います。夫婦の間に他人を招き入れるときは、よく考えてからにしてください。夫婦関係を壊すのは不倫問題だけではありません。合意の上の婚外交渉であっても結果を想定せずに行動に移せば、どちらかが立場を失ったとき、やっかいな状況に陥るものです。

16.　婚約者が、結婚前に夫婦カウンセリングを受けたいと言い出しました。僕たちには何のトラブルもないのに、そんなことをしたら、やぶへびになるだけだと思います。僕は間違っているでしょうか。

臨床心理士として開業したばかりのころ、忘れられない出来事がありました。当時の私はオフィスを二カ所に構えていました。一つは自宅、もう一つはテナントビルの一室です。その日、私は高校生の息子と自宅におり、息子の友達のジョナサンが遊びに来ていました。そこに知り合いの女性から電話がありました。女性の息子さんは結婚をまじかに控えていました。「息子とフィアンセに夫婦カウンセリングを十回分プレゼントしようと思うの」と女性は話し始めました。「ずいぶん前だけど、私と夫も結婚前にカウンセリングを受けて、とても勉強になったのよ」

しばらく話して電話を切ると、その話をキッチンで聞いていたジョナサンが笑い転げていました。「ウソだろ！」とジョナサンは絶叫し、「バカじゃないの⁉　まだ結婚もしていないのに、夫婦カウンセリングだって？　笑えるぜ」と言ったのです。

私はとっさに〝バカはどっち？〟と言い返したくなりましたが、今にして思えば、まだ若かったジョナサンは健全で円満な結婚生活を続けることがどれほど難しいか想像もつかなかったのでしょう。

それから十年後、ジョナサンも結婚しました。しかし、昔のガールフレンドとただならぬ関係になり、四カ月後に離婚。婚前カウンセリングもバカにしたものではありません。

どんな人間関係においても過剰な期待はせず、何が現実的なのかわきまえることが大切。例えば、仲のいい夫婦は喧嘩をしないとか、大事なことを決めるときはふたりの意見が（いつもとは言わないまでも）たいてい一致するなどと思っていると結婚生活は期待外れに終わり、失望がトラブルにつながるかもしれません。夫婦の意見が一致することは、めったにないもの。円満な夫婦はそのあたりを心得ていて、意見の相違が深刻なトラブルにならないように努力しているのです。

17．妻は僕の不倫を知って逆上し、声を張り上げましたが、その怒鳴り声を子供たちに聞かれてしまいました。僕は愛人ときれいに別れたので、過去を振り返りたくありません。しかし、妻は三人の子供（十二歳、九歳、六歳）に事情を話したいようです。助言をお願いします。

注意したい点がいくつかあります。まず始めに、子供に**自分の不倫**を打ち明けるときは言い訳をしないこと。**パートナーの不倫**について話すときはパートナーを悪く言わないこと。詳しい経緯は後日ゆっくり説明すればいいのです。幼い子供がいちばん知りたいのは**自分は**どうなるかということですが、子供も年齢が上がるにつれて、もっと具体的なことが気になるはずです。例えば、家族はばらばらになるのか、引っ越さなければいけないのか、転校して友達を失うことになるのか、習い事の送り迎えは誰がしてくれるのか等々。子供に何か聞かれたら、子供のレベルに合わせて答えてください。答えるときは具体的に、はっきりと。子供にとっては安住の地が奪われてしまったのですから。

親の不倫に感づいている子供も少なくありません。その場合は、子供が一人で抱え込んでいた苦悩、怒り、隠しごとを吐き出させ、受け止めてやる必要があります。十四歳のアメリアは春休みに父親に誘われ、フィラデルフィアまで遠出しました。親子水入らずの旅になるはずでしたが、目的地に着いたアメリアは父親に利用されたことに気づきました。父親は現地で愛人と密会するつもりだったのです。アメリアは裏切られたばかりか、母親に言えない秘密ができたことで自分も父親と同罪だと感じるようになりました。それ以来、母親との関係はぎくしゃくし、孝行娘としてのプライドも傷ついてしまったのです。親である以上、原則として、子供に口止めしてはいけません。口止めされた子供は親を恨むか自己嫌悪に陥るだけです。

不実なパートナーは自分の行いが子供の世界を壊してしまったことを自覚してください。夫／妻のせいにしてはいけません。問題を軽くあしらうのも禁物です。今は子供の心痛と怒りに素直に耳を傾けましょう。漫然と「ごめんなさい」を繰り返すのではなく、子供の訴えを真剣に聞く姿勢が大切。弁解があれば、あとで時間を取り、自分の言い分を話して聞かせ、理解を求めばいいのです。今はそのときではありません。

18. 僕は不倫をした側です。二カ月前に愛人と別れてから、妻には数えきれないほど謝りました。なのに夫婦の溝はいっこうに埋まりません。どうすればいいでしょう？

不倫問題などのトラブルで誰かを傷つけてしまった場合、相手の心を癒し、許しを得るにはどうしたらいいのか。それについては前著『How Can I Forgive You? The Courage To Forgive, The Freedom Not To』で具体的な方法を紹介しました。不実なパートナーにありがちなのは「すまなかった。でも、すんだことは仕方がない。この話はもうしたくない」といった言い方をしてしまうこと。こんな謝り方では、口先だけで誠意がなく開き直っていると思われても仕方がありません。

私の孫娘は五歳の誕生日に謝罪の極意を教えてくれました。その日は、みんなでレストランのテーブルを囲み、ホットドッグでお祝いしながら、質問が印刷してあるカードで遊びました。一枚目のカードには『きちんと謝るにはどうしたらいい？』と書いてありました。幼い孫には難しいのではないか思った私は別のカードに手を伸ばしましたが、孫は私の手を止め、言ったのです。「ジャニスおばあちゃん、謝るときは『ごめんなさい』だけじゃだめ。**なんで『ごめんなさい』なのか**も言わなくちゃね」。私は五歳児の知恵に圧倒されました。

きちんと謝罪するには、いくつか条件があります。まずは内容が具体的で、反省と誠意がうかがえること。迷惑をかけたという自覚があり、償う姿勢が表れていること。そして、他意がないこと──つまり「**こんなこと**をして悪かったけど、君だって**あんなこと**をしたよね」などと言わないことです。謝罪と批判は両立しません。

不倫問題を起こしたあとで過ちを正すことは難しいかもしれませんが、パートナーの心痛に耳を傾け、心から丁寧に詫びることには効果があります。そのときは意地を張らず、自己弁護に走らないこと。それが相手の心を根本から癒す特効薬になります。

最善の結末を迎えるために

精神科医で作家のクラリッサ・ピンコラ・エステスが言うように、どんな愛にもさまざまな結末があります。

先日、そのフレーズを思い出す出来事がありました。コンサート会場で、隣り合った女性と言葉を交わしたときのこと。女性は、私が臨床心理士で夫婦問題のカウンセラーと知ると、横に座る男性を指しながら「**二番目**の夫です」と紹介してくれました。男性が女性の手を握ると、女性は「この人は**最初**の夫でもあるの。私たち、再婚したばかりなんです」と言いました。私は、微笑みを交わすふたりから目を離すことができませんでした。

不倫問題にもさまざまな結末があります。ここで紹介したアドバイスや相談事例が参考になり、あなたの苦しみが和らぎ、大切な人との関係が安定し、深まり、円熟するように願っています。

本書は『もう一度ベストカップルを始めよう』（パンローリング、二〇一三年）を改訂し、新章「初公開　クリニックでの相談事例」を増補したものです。

■著者紹介

ジャニス・エイブラムズ・スプリング（Janis A. Spring, Ph.D.）

医学博士。ABPP（アメリカ心理学専門家協会）認定の臨床心理士として、40年あまりにわたり、米コネチカット州ウエストポートでクリニックを開業。対人関係のエキスパートとして広く知られ、イエール大学心理学部では指導医として後進の育成にあたった。米ブランダイス大学を優秀な成績で卒業し、コネチカット大学で臨床心理学の博士号を取得。その後、ペンシルベニア大学認知療法センターにて認知療法の第一人者であるアーロン・T・ベック博士に師事した。開業医、指導医としての実績が高く評価され、コネチカット州心理学協会の功労賞を受賞。テレビ、ラジオの出演に加え、ニューヨークタイムズ紙やハフィントンポストへの寄稿も多数。ほかの著書に、許容とトラウマをテーマにした『How Can I Forgive You?: The Courage to Forgive, The Freedom Not To』、自身の介護体験をつづった『Life with Pop: Lessons on Caring for an Aging Parent』がある。公式ウェブサイト www.janisaspring.com（英語）

マイケル・スプリング（Michael Spring）

米ハーバーフォード・カレッジを卒業後、コロンビア大学で英文学の修士号を取得。フロマー刊行のガイドブックシリーズの著者、発行者として知られる。著者である妻ジャニスとの間に４人の息子、８人の孫がいる。

■訳者紹介

永井 二菜（ながい にな）

主な訳書に『月と幸せ ムーンスペルズ』『ザ・ゲーム ４イヤーズ』『ヘビってオナラするの？』（いずれもパンローリング）、『夫婦仲の経済学』『これが答えだ！ 人生の難題をことごとく乗り越える方法』（共にＣＣＣメディアハウス）など。20作品を超える出版翻訳のほか、映像翻訳や海外タレントのインタビューも手がける。

2021年1月2日 初版第1刷発行

フェニックスシリーズ ⑯

ベストパートナーの対話術《たいわじゅつ》

――浮気・不倫から信頼を取り戻すプロの極意

著 者 ジャニス・エイブラムズ・スプリング、マイケル・スプリング
訳 者 永井二菜
発行者 後藤康徳
発行所 パンローリング株式会社
〒160-0023 東京都新宿区西新宿7-9-18 6階
TEL 03-5386-7391 FAX 03-5386-7393
http://www.panrolling.com/
E-mail info@panrolling.com
装 丁 パンローリング装丁室
印刷・製本 株式会社シナノ

ISBN978-4-7759-4244-4